Stefanie Ernst

Machtbeziehungen zwischen den Geschlechtern

Stefanie Ernst

Machtbeziehungen zwischen den Geschlechtern

*Wandlungen der Ehe
im ‚Prozeß der Zivilisation'*

Westdeutscher Verlag

Die Deutsche Bibliothek – CIP-Einheitsaufnahme

Ernst, Stefanie:
Machtbeziehungen zwischen den Geschlechtern:
Wandlungen der Ehe im „Prozeß der Zivilisation" /
Stefanie Ernst. – Opladen: Westdt. Verl., 1996
   ISBN 978-3-531-12803-0   ISBN 978-3-322-92505-3 (eBook)
   DOI 10.1007/978-3-322-92505-3

Umschlaggestaltung: Horst Dieter Bürkle, Darmstadt

Gedruckt auf säurefreiem Papier

ISBN 978-3-531-12803-0

Max Frisch

Fragebogen

13.   Was hat Sie zum Eheversprechen bewogen:

a.   Bedürfnis nach Sicherheit?
b.   ein Kind?
c.   die gesellschaftlichen Nachteile eines unehelichen Zustandes. Umständlich-
       keiten in Hotels, Belästigungen durch Klatsch, Taktlosigkeiten, Kompli-
       kationen mit Behörden oder Nachbarn usw.?
d.   das Brauchtum?
e.   Vereinfachung des Haushalts?
f.   Rücksicht auf die Familien?
g.   die Erfahrung, daß die uneheliche Verbindung gleichermaßen zur Gewöh-
       nung führt, zur Ermattung, zur Alltäglichkeit usw.?
h.   die Aussicht auf eine Erbschaft?
i.   Hoffnung auf ein Wunder?
k.   die Meinung, es handle sich lediglich um eine Formalität?

Inhaltsverzeichnis

EINLEITUNG

Wenn man versucht, das Verhältnis zwischen Mann und Frau zu beschreiben, mutet es scheinbar problematisch an, von *Machtbeziehungen* zwischen den Geschlechtern zu sprechen. Macht wird zum einen eher mit den sogenannten 'großen' Bereichen der Gesellschaft, wie beispielsweise denen der Politik und Wirtschaft assoziiert, als daß sie auf der mikrosoziologischen Ebene der zwischenmenschlichen Beziehungen verortet wird.

Macht unterliegt zum anderen insgesamt in der öffentlichen und zuweilen auch wissenschaftlichen Diskussion ambivalenten, unhinterfragt vorausgesetzten und pejorativen Zuschreibungen, die es erschweren, einen differenzierten Zugang zu einer erforderlichen 'Soziologie der Macht' zu erlangen.

Versucht die Rezipientin, sich dem spätestens seit der Entstehung der Frauenbewegung kontrovers und engagiert diskutiertem Thema der Benachteiligung oder Unterdrückung von Frauen anzunähern, stößt sie häufig auf eine fortgesetzt problematische und dichotomisierende Sichtweise, die Macht einseitig den Männern als absolute Verfügung über Frauen zuschreibt. Hier wird vielmehr deutlich, wie schwierig es ist, Macht differenziert zu lokalisieren, wenn sie gleichsam personifiziert und anthropologisiert wird. Titel wie "Frauen und Macht" (B. Schaeffer-Hegel 1984) explizieren diesen Antagonismus und stehen exemplarisch für weite Teile der wissenschaftlichen, feministischen Diskussion. Auf das grundlegende Problem politisch ambitionierter Frauenforschung auf der einen und der Notwendigkeit zur wissenschaftlichen Differenzierung und Distanznahme auf der anderen Seite haben mit Nachdruck G.A.Knapp (1990) und C.Hagemann-White/M.S.Rerrich (1988) hingewiesen. Seitdem hat die wissenschaftliche feministische Debatte einen hohen Grad an Differenziertheit und Komplexität erreicht, die bis hin zur Überprüfung ihrer theoretischen Grundkategorien reicht. Der Begriff der Macht selbst bleibt allerdings nach wie vor pejorativ und dichotomisch belegt, zählt aber mit zu einer der zentralen Kategorien, wenn es darum geht, soziale und insbesondere Geschlechterverhältnisse in der Gesellschaft zu analysieren.

Innerhalb der soziologischen Beschäftigung mit dem Thema der Macht ragt Norbert Elias' Theorie vom 'Prozeß der Zivilisation' heraus. Die Weite des figurationalen Machtbegriffes gestattet es, Macht sowohl auf der makrosoziologischen Ebene zu lokalisieren als auch in ihrer Referentialität mit dem mikrosoziologischen, zwischenmenschlichen Bereich zu verküpfen. Gesellschaftliche Differenzierungsprozesse können so mit den in ihnen enthaltenen Veränderungen des Geschlechterverhältnisses verwoben und ausbalanciert werden.

Die vorliegende Arbeit will am Beispiel der selbstverständlich scheinenden Institution der Ehe gesellschaftlich vergegenständlichte und historisch hervorgebrachte Machtbeziehungen zwischen den Geschlechtern aufspüren. Elias schenkt diesem zentralen Aspekt der ehelichen Machtstrukturen in seiner Studie über den Prozeß der Zivilisation leider wenig Aufmerksamkeit, wenn er auch seine Dringlichkeit unterstreicht:

> "Dieses Spezialproblem, wichtig, wie es ist, mußte hier zunächst beiseite gestellt werden. Es verlangt zu seinem Abschluß eine Darstellung und eine genaue Analyse der Wandlungen, denen im Laufe der abendländischen Geschichte die Struktur der Familie und der gesamten Geschlechterbeziehung unterworfen war" (N.Elias 1989b: 401).

Im Vordergrund der Arbeit steht weniger die Familie, sondern ihre zentrale Grundlage, die Ehe, weil sie unmittelbar die Geschlechterbeziehung umreißt. Die Ehe galt dabei bis in die sechziger Jahre des 20. Jahrhunderts als die einzig legitime und sozial anerkannte Form der intimen Geschlechterbeziehung. Mit der Bewußtwerdung über ihre Konfliktträchtigkeit erfährt diese Form der Beziehung auch zusehends wissenschaftliche Aufmerksamkeit und es finden sich Aussagen, die einen 'Zerfall' der Ehe prognostizieren. Es wird dabei zu wenig berücksichtigt, ob nicht auch positive Veränderungen der Machtbalance zwischen den Geschlechtern zugunsten der bislang benachteiligten Frauen enthalten sind.

Die vorliegende Untersuchung ist in einen theoretischen und einen empirischen, sozial-historischen Abschnitt gegliedert. Zunächst soll im theoretischen Teil I. (Macht und Zivilisationsprozess) die Exponentilität des figurationssoziologischen Ansatzes gegenüber dem Machtverständnis Max Webers in Kapitel I.1.1 und gegenüber den neueren Ansätzen Niklas Luhmanns im folgenden Kapitel I.1.2 vorgestellt werden.
Ein kurzer Abriß über die Verknüpfung historisch gewandelter Machtdifferentiale mit gesellschaftlichen Differenzierungsprozessen wird in I.2. gegeben, bevor in Kapitel I.3. der Versuch unternommen wird, einen theoretischen Rahmen zur Umschreibung der Machtbeziehungen zwischen den Geschlechtern zu entwickeln.

Kapitel II. stellt sich schließlich im Hauptteil der Arbeit die Frage nach der sozio- und psychogenetischen Entwicklung der Ehe, die (zuvor als Institution begriffen) zu definieren ist. Die Grundlagen der erst in der heutigen Zeit vergleichsweise radikal hinterfragten und zur 'zweiten Natur' geronnenen Verhaltensstandards und Zwänge zwischen den Geschlechtern werden in den Machtkämpfen des Mittelalters vorgeformt. Sie sind historisch nachvollziehbar und in der Institution der Ehe konkret zu verorten.
Die kirchlichen Machtansprüche an eine bestimmte Form der Ehe treffen dabei zum Beispiel auf die konträre Praxis der Eheschließungspolitik der weltlichen Oberschichten und motivieren jahrhundertelange Auseinandersetzungen. Sie sind

dabei in eine bestimmte Form der zivilisatorischen Entwicklung eingebettet und indizieren einen spezifischen Grad gesellschaftlicher Befriedung. Problemen des Sexualverhaltens, seiner Entkoppelung oder Einbindung in die Ehe wie auch der Sexualreglementierung gilt eine besondere Aufmerksamkeit in jedem historischen Abschnitt der Arbeit. Die Sexualpraktiken und -auffassungen gestalten sich nicht nur im Mittelalter als konkreter Kulminationspunkt ehelicher Machtbeziehungen.

Die Kapitel II.2.2.2, II.2.3, II.2.3.1 stellen zum Beispiel die Gestaltung der subtilsten Ressource ehelicher Macht am Beispiel zeitgenössischer literarischer Quellen vor.

Die Auffassungen über die Ehe und das Sexualverhalten innerhalb und außerhalb dieser Institution sollen exemplarisch an den Leitbildern und Orientierungen der Rechtsprechung, in literarischen Quellen und Manierenschriften aufgezeigt werden. Dieser Zugriff ermöglicht es, gegenüber der offiziellen zeitgenössischen Geschichtsschreibung, die formellen und informellen Kriterien, durch die die gesellschaftliche Stellung und Machtposition von Männern und Frauen festgeschrieben wird, zu erfassen und die historisch sich spezifisch eröffnenden Handlungsspielräume zu untersuchen.

Nachdem in Kapitel II.2. bis II.2.4.3 insgesamt das Zustandekommen der institutionellen Rahmensetzung der Eheschließungsformen und Ehegebote als Kontext dieser Handlungsspielräume untersucht wird, soll in Kapitel II.3 der Machtzuwachs der Frauen in der höfisch-absolutistischen Gesellschaft der Neuzeit untersucht werden.

Gerade in dieser Gesellschaftsformation sind für die Nachfolgezeit der bürgerlichen Gesellschaft zentrale Entwicklungen auf der Ebene der Staatsbildung, der Triebmodellierung und der Machtbeziehung zwischen den Geschlechtern zu erkennen. Sie tradieren in eigentümlicher Weise Altes und Neues über die Gebote und Verbote der ehelichen und außerehelichen Geschlechterbeziehung. Das Fortschreiten einer Scham- und Peinlichkeitsschwelle ist hier ebenso zu untersuchen wie die spezifische Rechtsprechung des aufgeklärten Absolutismus, die abschliessend in Kapitel II.3.3 analysiert wird. Im vorangehenden Kapitel II.3.1 wird zunächst die Herausbildung des affektbeherrschten, höfischen Verhaltensstandards untersucht. Die spezifische Auswirkung dieses allgemeinen Trends der Triebmodellierung wird in Kapitel II.3.2, bezogen auf die Geschlechterbeziehung, skizziert.

Mit der Herausbildung der bürgerlichen Gesellschaft finden auf einer weiteren politischen und sozio-ökonomischen Ebene Entwicklungen statt, die die in der Aufklärung ansetzende Entwicklung vorantreiben. Neue Lebensbereiche bilden sich aus, die Produktionseinheit des 'ganzen Hauses' wird überführt in die Entstehung von Haus- und Berufsarbeit. Diesem Aspekt ist das Kapitel II.4.1 gewidmet. Vormals öffentliche Bereiche werden privat und hinter 'Kulissen' verlagert. Sie werden, mit Blick auf die Polarisierung und Disziplinierung der Geschlechterbeziehung, im folgenden Kapitel II.4.2 untersucht und zeigen neue Komponenten weiblicher Handlungsspielräume. Die Untersuchung fährt damit fort,

die Diskrepanz neuer, spezifisch bürgerlicher Leitmotive der Ehe mit den Zwängen
der Realität des 19. Jahrhunderts in Kapitel II.4.3 aufzuzeigen. Die Eigentümlichkeit dieser neuen Sinngebung, die zugleich eine spezifische und widersprüchliche
'Demokratisierung' indiziert, soll abschließend in Kap.II.4.4 aufgezeigt werden.
Die Ehe unterliegt in der Moderne des 20. Jahrhunderts einem weiteren und
womöglich radikalen Wandlungsprozeß. Sie ist als einzig mögliche Beziehungsform
brüchig geworden. Alternative, nicht-eheliche Lebensformen scheinen die Institution der Ehe und der ihr zugrundeliegenden geschlechtsspezifischen Zuschreibungen und Zwänge in Frage zu stellen. Die gesamtgesellschaftlichen objektiven
Tendenzen der Moderne sollen mit den subjektiven Zielsetzungen der sozialen
Bewegungen in Kapitel III.1. der Untersuchung nicht-ehelicher Lebensgemeinschaften in Kapitel III.2. vorangestellt werden.

Die Auseinandersetzung um die Gestaltung der ehelichen Machtverhältnisse kulminiert dabei besonders an der Ausrichtung der staatlichen Familienpolitik
und der Rechtsprechung gegenüber den gewandelten Lebensformen und Ansprüchen des individuellen Paares. Sie sollen in Kapitel III.3. analysiert werden. Die
aus der Moderne ebenso resultierenden Probleme, das Gefühls- und Affektleben,
die 'Liebe' mit den Widersprüchen einer gleichgerichteten Machtbalance zu
vereinbaren, werden abschließend in Kapitel III.4. resümiert.

Kapitel I
Macht und Zivilisationsprozeß

I.1. Definitionen zum Begriff der Macht

Das herkömmliche Verständnis von Macht ist durch einen Grad mangelnder Distanzierung gekennzeichnet. Nicht nur der allgemeine Sprachgebrauch, sondern auch die wissenschaftliche Annäherung an das 'Phänomen Macht', impliziert eine eigentümliche und tabuisierte Vorstellung. Es wird eher von den Rechten einzelner Individuen oder Gruppen gesprochen, als daß Macht als eine "Struktureigentümlichkeit" (N.Elias 1971: 77) und damit als eine alltägliche Erscheinung menschlicher Beziehungen begriffen wird. B.Taureck (1983) und Elias (1971,1987b) skizzieren die problematische Verwendung des Begriffes, der sich einem Zugriff zu verschließen scheint. Taureck konstatiert zum Beispiel in seinem 'philosophisch-politischen Essay', man spreche von Macht "mit einer Geste, als fühle man sich bedroht, als sei sie etwas Böses" (1983: 11).

Indem Macht unreflektiert allein in ihrem instrumentellen Gebrauch gesehen wird, scheint es unmöglich Macht auch dort wahrzunehmen, wo sie nicht vermutet wird. Macht wird vorrangig mit dem politischen System assoziiert und nicht als ein integrales Problem gesellschaftlicher Auseinandersetzungen gesehen. Konflikte zwischen Alten und Jungen oder zwischen Männern und Frauen können so von vornherein nicht als Probleme der Machtverteilung formuliert werden (vgl. Elias 1987b: 13).

Der "unangenehme Beigeschmack" (Elias 1971: 76), der sich mit dem Begriff verbindet, resultiere jedoch über seine einseitige Verengung hinaus aus der Erfahrung, daß die bisherige Geschichte die eines Machtmißbrauches und ungleicher Machtverteilung sei. Die Verabsolutierung der Macht als negative Konstante des Menschen wird gerne an diese Erfahrung theoretisch angeschlossen. So wird angenommen, Macht müsse, weil sie "suspekt [und] unethisch" (Elias 1971: 97) ist, überwunden werden. In diesem Wunschbild bleibt allerdings die reale Schwierigkeit, daß zu ihrer "Überwindung (...) selbst Macht" (Taureck 1983: 11) gehört, ausgeschlossen.

Die moralische Implikation der Machtvorstellungen evoziert dabei polemische Reaktionen, die gerade die historischen Kämpfe um eine andere, 'gerechtere' Machtverteilung zwischen den gesellschaftlichen Gruppen schon vorab zum Scheitern verurteilen (vgl. T.Molnar 1988: 104).

Auch die begriffsgeschichtliche Entwicklung zeigt die problematische Auffassung über Macht. Der einseitigen Verengung auf einen gesellschaftlichen Teilbereich gesellt sich die vereinfachte Reduzierung und Stillstellung der Macht als anthropologische Grundkonstante hinzu. Indem von einem 'triebhaften' Macht-streben des Menschen oder vom einem 'Willen zur Macht', der bis hin zur 'Machtliebe' reichen soll, ausgegangen wird, erübrigt sich jede differenzierte Annäherung (vgl. K.Röttgers 1980: 601). Gesellschaftlich hervorgebrachte Figurationen der Macht werden damit verabsolutiert, um der vermeintlichen Gefahr, daß das menschliche Dasein ohne die Steuerung durch Machthabende in Chaos und Anarchie enden könnte, entgegenzuwirken (vgl. Röttgers 1980: 601).

Diese Auffassung hat ihr Erbe in der Antike und reicht bis hin zur Zeit der Aufklärung, in der Macht nach wie vor als ein zwingend notwendiges Instrument des menschlichen Zusammenlebens festgeschrieben wird. Für eine soziologische Betrachtung ist es jedoch, neben der Untersuchung über unterschiedliche Formen der Machtlegitimierung, interessant, nach dem Wandel sozialer Machtbeziehungen zu fragen.

Die Gleichsetzung von Macht mit Gewalt, Autorität, Herrschaft und Recht trägt zusätzlich zu einer Begriffsverwirrung bei, so daß die Äußerungsformen und Bedingungen der Macht in ihrer Vielschichtigkeit unberücksichtigt bleiben (vgl. Röttgers 1980: 585ff.). Auch die Soziologie ist in die ideologische Begriffstradition involviert und folgt häufig "ohne weitere Reflexion dem alltäglichen Wortgebrauch" (Elias 1971: 97f.). Als engagierte WissenschaftlerInnen, die die Formen des menschlichen Zusammenlebens aufzuzeigen versuchen, bleiben die SoziologInnen dabei in einem Dilemma gefangen:

> Sie "selbst sind mit in diese Muster einverwoben. Sie können nicht umhin, sie -
> direkt oder durch Identifizierung - als unmittelbar Beteiligte von innen zu erleben" (Elias 1987a: 25).

Elias stellt fest, daß gerade die Sozialwissenschaft in einer Zeit stetig zunehmender sozialer Konflikte und Risiken gefordert sei, sich zu distanzieren. Um zu einer "realistischen Beurteilung des kritischen Prozesses und damit [zu] einer realistischen Praxis ihm gegenüber" (Elias 1987a: 83) zu gelangen, sei kritische Reflexion unabdingbar. Betrachte der Rezipient beispielsweise Machtbeziehungen allein von innen heraus, so bleibe er diesem Dilemma verhaftet und trage nicht dazu bei, die überall anzutreffenden "Positionskämpfe" (Elias 1987a: 27) um gesellschaftliche Macht "unter Kontrolle zu bringen" (ebd.: 156).

Die Beziehung zwischen den Geschlechtern zählt dabei mit zu einer der grundlegenden Konfliktpotentiale zwischenmenschlicher Machtbalancen. Elias konstatiert, daß in "unserer Zeit eine lebhafte Diskussion um die Machtbalance zwischen den Geschlechtern" (1986: 447) anzutreffen sei. Aber auch oder gerade hier ist eine mangelnde Distanzierung festzustellen, wenn es darum geht, Machtbeziehungen zwischen den Geschlechtern zu erforschen. Die feministische Diskussion zwischen engagierten Sozialwissenschaftlerinnen ist zum Beispiel partiell von der Tabuisierung und moralischen Abqualifizierung der Macht gekennzeichnet, womöglich auch, weil die "Vorstellung von Macht als aktives Verfügen oder passives Verfügtwerden" (Taureck 1983: 17) zum Erfahrungshorizont vieler Frauen zählt. Die von Elias allgemein festgestellte Problematik der Macht findet hier ihren exemplarischen Niederschlag. Macht erscheint 'irgendwie suspekt und unethisch'. Es wird danach gefragt, wie Macht die Frauen verändert oder ob Frauen einen Zugang zur 'männlichen' Macht erlangen wollen (vgl. I.Lenz 1983; vgl. Schaeffer-Hegel 1984). Die Diskussion verdoppelt aber die skizzierte Problematik, Macht stillzustellen und "begrifflich zu personifizieren" (Elias 1971: 98), als ob "Macht ein Ding sei, das er [der Mächtige] in der Tasche mit sich herumtrüge" (Elias 1971: 77). Sie scheint Frauen nur soweit zu eigen, als daß sie die 'andere' Seite der Macht, die Ohnmacht, verkörpern. Aber anstatt darauf zu drängen, daß eine unmittelbare "Lösung der Machtfrage" (Elias 1971: 97) im Sinne ihrer Abschaffung gelingt, ist es für die soziologische Betrachtung ergiebiger zu analysieren, "wie es Menschen gelingen könnte, die Machtaspekte menschlicher Beziehungen besser zu handhaben als bisher" (Elias 1987b: 14) und so schließlich zu einer ausgeglicheneren Machtverteilung innerhalb der ungleichen Geschlechterbeziehung zu gelangen. Eine Betrachtung der historischen Hintergründe der Geschlechterbeziehung kann dabei "auch für das Verständnis gegenwärtiger Probleme lohnend" (Elias 1986: 447) sein. Macht, als ein historisch wandelbares Kontinuum menschlicher Beziehungen begriffen, prägt auch die Beziehungen zwischen Mann und Frau spezifisch.

Um die soziologische Begriffsgeschichte im einzelnen genauer aufzuzeigen, soll im folgenden zunächst die klassische und bedeutsame Implikation Max Webers (1976) betrachtet werden. Sie gilt nach wie vor als aktueller Bezugspunkt soziologischer Grundbegriffe und scheint einen "rituellen Kniefall" (E.Dunning 1979: 327) abzuverlangen (vgl. H.Hartmann 1987: 469ff.; vgl. O.Stammer 1969: 650ff.).

I.1.1 Macht und Herrschaft

Max Webers idealtypische Konzeptionierung der Macht bemüht sich um eine grundsätzliche Festschreibung des Begriffes. Die spezifische Erscheinungsweise und Äußerungsform von Macht steht im Zentrum der Betrachtung und wird mit dem Begriff der Herrschaft in Beziehung gesetzt. Weber konstatiert:

> "Macht bedeutet jede Chance, innerhalb einer sozialen Beziehung den eigenen Willen auch gegen Widerstreben durchzusetzen, gleichviel worauf diese Chance beruht" (Weber 1976: 28).

Abgesehen von ihrer militärischen oder wirtschaftlichen Gestalt scheint Macht also beliebig jedem einzelnen verfügbar und zugänglich. Die zwischenmenschliche Interaktion eröffnet somit theoretisch jedem Akteur die Chance, "seinen Willen in einer gegebenen Situation durchzusetzen" (M.Weber 1976: 28f.). Nicht zuletzt hier wird die Form- und Gestaltlosigkeit der Macht sichtbar, so daß ihre konkrete Verortung und Sichtbarmachung erschwert ist. Die Frage "inwiefern und weshalb Macht für die Gesellschaftswissenschaft amorph bleibt" (Taureck

1983: 17) wird allerdings nicht beantwortet. Weber verweist eher auf den Vollzug und die Möglichkeit "denkbare(r) Konstellationen" (Weber 1976: 28f.) der Macht. Die Ebene individueller und aktuell herstellbarer Bedingungen von Macht wird hervorgehoben, so daß Machtbeziehungen letztlich jederzeit kraft eigenen Wollens variier- und veränderbar scheinen. Letztlich könne jede "Qualität() eines Menschen" (ebd.) dazu beitragen, sich durchzusetzen. Persönliche, charismatische Eigenschaften eines Machthabenden seien beispielsweise unter anderem konstituierend, um Herrschaft über Macht hinausgehend zu etablieren.

Strukturelle Macht, die sich nicht zuletzt in gesellschaftlichen Institutionen verfestigt und den situativen Einwirkungen des einzelnen widerstrebt, wird dabei zu wenig berücksichtigt. Allein die interaktionistische Ebene des Machtvollzugs oder der allgegenwärtigen Chance auf Macht reicht nicht aus, um versteckte, nicht genutzte und unhinterfragte Potentiale der Macht aufzuspüren. Macht besteht in einer sozialen Beziehung fortdauernd, auch wenn der einzelne Akteur darauf verzichtet, seinen Willen durchzusetzen. Die Zählebigkeit hervorgebrachter Ordnungs- und Organisationsmuster kann dem individuellen Wirken eines potentiellen Machthabers Grenzen stecken.

Weber bleibt dem rationalen und intentionalen Aspekt sozialer Beziehungen verpflichtet und schließt damit im vorhinein, auf der "begrifflichen Ebene" (A.Bogner 1989: 41), die Wahrnehmung unbeabsichtigter und unsichtbarer Ordnungen und Handlungsmuster aus. Wenn auch die Eigendynamik sozialer Kämpfe als Rahmen des individuellen Willensvollzugs gesehen wird, hebt Weber einseitig die Intentionalität menschlichen Verhaltens hervor (vgl. Bogner 1989: 122). Explizit gehen seine Überlegungen davon aus, daß soziale Kämpfe sich um die "absichtsvolle Realisierung von Machtchancen" (ebd.) bemühen. Unbeabsichtigte Auseinandersetzungen, die sich automatisch einstellen, ohne daß der einzelne explizit Ziele verfolgt, nennt Weber "'Auslese'" (Weber 1976: 20).

Diese stark an die Darwinsche Evolutionsthese erinnernde Konzeption gesellschaftlicher Entwicklung läßt somit die Kämpfe, die eher durch die individuelle Absicht als durch die biologische Disposition des einzelnen entschieden werden, natürlich und mithin unumgänglich erscheinen:

> "Der ohne sinnhafte Kampfabsicht gegeneinander stattfindende (latente) Existenzkampf menschlicher Individuen oder Typen um Lebens- oder Überlebenschancen soll 'Auslese' heißen" (Weber 1976: 20).

Welche Kräfte dabei überwiegen - eigener Wille oder die Macht der physischen Überlegenheit - bleibt also den jeweiligen Bedingungen, "an denen sich (...) das Verhalten im Kampf orientiert" (Weber 1976: 20), verhaftet. Indem menschliches "Kämpfen und Konkurrieren" als "typisch und massenhaft" (ebd.) festgeschrieben wird, scheinen andere Formen der Vergesellschaftung und Entwicklung undenkbar, obgleich unterschiedliche Weisen des Konkurrierens angeführt werden: die Ausscheidungskämpfe können nach Weber äußerst gewalthafte und kriegerische Gestalt annehmen, in Wettkampfform geregelt werden oder, als friedlichere Variante, als wirtschaftliches Tauschverhältnis ausgetragen werden (vgl. Weber 1976: 20). In jeder Form der Auseinandersetzung scheint das Ergebnis, daß nur eine Seite siegreich überwiegt, denk- und realisierbar.

Ungeplante, nicht abzusehende Strukturformen menschlicher Gesellschaften werden zwar von Weber erkannt, sie werden aber implizit nicht als ein Problem gesehen, das sich bislang einem menschlichen Zugriff verschließt. Die verabsolutierte Rationalität des Individuums scheint bei Weber über Unplanbarkeiten zu obsiegen (vgl. Bogner 1989: 41,129).

Besonders für das politische System hebt Weber Rationalität als Konstituente eines komplexeren Handlungszusammenhangs hervor (vgl. Weber 1976: 29f.; vgl. Bogner 1989: 122). Sie wird schließlich zu spezifischen Formen der Herrschaftsausübung entwickelt. Um Herrschaft zu etablieren, reichen die sich natürlich einstellenden Kampfbedingungen nicht aus. Rationales Kalkül und individuelle, zum Beispiel charismatische Qualitäten, seien bedeutsame, jedoch nicht unverzichtbare Konstituenten eines Befehlsverhältnisses. Die prinzipielle Bereitschaft der Akteure ist der Möglichkeit von Herrschaft vorgeordnet: "Der Tatbestand einer Herrschaft ist nur an das aktuelle Vorhandensein eines erfolgreich andern Befehlenden" (Weber 1976: 29) gebunden.

Folgsamkeit und die Bereitschaft sich dem Befehl des einen zu beugen, übersteigt hier die Etablierung eines reinen Machtverhältnisses. Die Angewiesenheit des Herrschers auf die Untergebenen fällt ungleich größer aus als die einfachere, permanente Chance, sich wider Willen anderer durchzusetzen: "Herrschaft soll heißen die Chance, für einen Befehl bestimmten Inhalts bei angebbaren Personen Gehorsam zu finden" (Weber 1976: 28).

Während Machtkämpfe zeigten, daß die Durchsetzung des Gegenüber nicht gewünscht, sondern gegen Widerstand durchgesetzt werde, konstituiere gerade Legitimität die Ausübung von Herrschaft. Legitimität von Herrschaft, also ein "Minimum an Gehorchen wollen" (Weber 1976: 122), äußere sich in unterschiedlichen Formen und nehme spezifische Inhalte an. Traditionale, auf das Fortwirken "altüberkommener (...) Ordnungen und Herrengewalten" (ebd.: 130) beruhende Legitimität sei beispielsweise im Patriarchalismus zu sehen. Anders als in komplexeren Staatsverbänden fehle der patriarchalen Herrengewalt ein Verwaltungsstab. Patriarchalismus sei demnach in größerem Maße als die nahezu verselbständigte bürokratische Herrschaft eines Staates "von dem Gehorchen wollen der Genossen abhängig" (ebd.: 133).

Dem Aspekt der Gewalt kommt für die Etablierung von Herrschaft eine spezifische Bedeutung zu. Während die Herrschaft im modernen Staat in Form monopolisierter wirtschaftlicher und physischer Gewaltdrohung oder auch Gewaltanwendung verwaltet werde, zeige die traditionale Herrschaft einfacher Verbände die unmittelbare Androhung von Gewalt. Sie äußere sich in der personifizierten Form durch den Herrscher. Dem modernen bürokratischen Staat auf der einen und dem patriarchalen Herrschaftsverband auf der anderen Seite komme eine weitere unterschiedliche Gewichtung von Gewalt zu: sie gelte dem Staat wie auch dem

Patriarchalismus als legitimes Mittel. Weber stellt fest, daß in der politischen Herrschaft Gewalt als "ultima ratio, wenn andere Mittel versagen" (Weber 1976: 29) angewendet werde. Welcher Stellenwert der Gewalt aber im patriarchalen Herrschaftsverhältnis eingeräumt ist, wird nicht expliziert.

Weber zeigt weiterhin spezifische Formen der Legitimität auf. Sie reiche von der Akzeptanz und Hingabe an den Herrscher bis hin zur Bestätigung des kraft individueller Charakteristika herausragenden Herrschers: Der "Alltagsglaube an die Heiligkeit von jeher geltender Traditionen" (Weber 1976: 124) korrespondiere dabei häufig mit der Hingabe an die Ausstrahlungskraft ihres Schöpfers. Die charismatische Herrschaft gründe sich, gegenüber der traditionalen, auf die "Qualität einer Persönlichkeit [,die...] mit übernatürlichen oder übermenschlichen oder mindestens spezifisch außeralltäglichen, nicht jedem andern zugänglichen Kräften oder Eigenschaften" (ebd.: 140) verbunden werde.

Die Betrachtung der Herrschaftsausübung in mikrosoziologischen Zusammenhängen wird von Weber nicht expliziert. Gerade für die Umschreibung der Macht- und Herrschaftsverhältnisse zwischen den Geschlechtern wäre es fruchtbar, den spezifischen Stellenwert physischer und struktureller Macht und Gewalt aufzuzeigen.

Die Differenzierung der Äußerungsformen von Gewalt ist in die Staatsbildung eingebettet. Physische Gewaltanwendung, die als Ausdruck fremden Wollens zu verstehen ist, verwandelt sich in strukturelle Gewalt und legitime Herrschaft. Sich ihrer Macht unhinterfragt zu fügen, ist die Eigentümlichkeit des Zivilisationsprozesses.

Patriarchale Herrschaft verfügt gerade nicht als 'ultima ratio' über Gewalt. Die physische Durchsetzung des eigenen Willens ist ein Charakteristikum patriarchalischer Verfügungsgewalt und Machtanwendung gegenüber Untergebenen. Wenn auch in der modernen Gesellschaft unterschiedliche Formen von Herrschaft bzw. Mischformen bürokratischer, charismatischer und traditionaler Herrschaft anzutreffen sind (vgl. Weber 1976: 153f.), so ist doch von einer gewandelten Äußerungsform der Gewalt auszugehen. Das Fortbestehen patriarchaler Gewalt ist auf dieser Ebene als 'altüberkommenes' Relikt vergangener 'Herrengewalten' zu begreifen. Daß sie immer noch zur Anwendung kommt und allen Emanzipationsbestrebungen trotzt, ist nicht zu leugnen und ist tragisch. Ihre Benennung und Aufdeckung ist jedoch eine nicht zu unterschätzende Entwicklung, auch wenn es zunächst im konkreten Fall nicht hilfreich scheint. Die zwingend erforderliche Distanzierung ermöglicht, über die Betroffenheit hinaus, eine differenziertere Wahrnehmung neuer Ebenen des umstrittenen Aspektes.

Das von Elias entwickelte Machtverständnis stellt den Versuch dar, den Wandel gesellschaftlicher Machtverhältnisse - auch den zwischen den Geschlechtern - in den Kontext gesellschaftlicher Differenzierung und Pazifizierung zu stellen. Eine mißverständliche und pauschale Abqualifizierung des figurationssoziologischen Ansatzes, auf die sich zudem der Anspruch gründet, eine "feministische() Staatstheorie" (V.Bennholdt-Thomsen 1985: 23) zu formulieren, bleibt dem hinlänglich problematischen Machtverständnis verhaftet. Durch die These, der Zivilisationsprozeß zeige, daß "die weißen Männer (...) Oberschicht" (ebd.) sind, ist implizit die Dichotomie männlicher Macht versus weiblicher Ohnmacht festgeschrieben. Es ist dabei nicht sehr förderlich, von einem gewalthaften "männlichen Sozialcharakter" (ebd.: 26) auszugehen, der an den triebungebundenen und unabhängigen Krieger der Feudalzeit erinnert.

I.1.2 Macht als Kommunikationsmedium

Im Gegensatz zu Webers umfassender Definition von Macht und Herrschaft konzentriert sich N.Luhmann in seiner frühen Schrift (1975) darauf, das "Phänomen Macht" (ebd.: 1) spezifischer zu ergründen. Seine Kritik richtet sich gegen eine Vorgehensweise, die den "Begriff an sich selbst" (Luhmann 1975: 1) in ihrem Wesensgehalt zu erklären sucht. Auch in den jüngeren Aussagen hält Luhmann (1987,1988) an der Auffassung fest, daß der Begriff der Macht nach wie vor "nicht oder unklar oder sehr umfassend und dadurch unbestimmt definiert" (Luhmann 1988: 43) wird.

Nicht zuletzt die Forschungsdefizite der Soziologie ließen erkennen, daß "kein ausreichend empirisch gesichertes Wissen" (Luhmann 1987: 117) und kein Konsens über die Beurteilung gesellschaftlicher Machtverhältnisse vorläge. Luhmann versucht die im Machtbegriff selbst liegenden "Ausgangsschwierigkeiten" (ebd.: 117) zu überwinden, indem er Macht in ihrer Eigenschaft als Charakteristikum jeder sozialen Beziehung betrachtet und weiterhin in ihrer Funktionalität für das gesellschaftliche System einordnet (vgl. Luhmann 1975,1987). Während jedoch in der Frühschrift Macht gesellschaftstheoretisch als "Kommunikationsmedium" (Luhmann 1975: 7ff.) formuliert wird und somit in jeder Beziehung verortet werden kann, verengt Luhmann in seinem späteren Werk Macht auf ihre spezifischen Äußerungsformen in den Teilsystemen Politik und Wirtschaft. Weil die aktuelle Diskussion über die gesellschaftlichen Machtverhältnisse in "Konfusion ausgeufert" (Luhmann 1988: 43) sei und die konkrete Bestimmung von Macht blockiere, betrachtet Luhmann Macht auf der Ebene des politischen Systems: "Den wohl deutlichsten Machtbegriff gewinnt man, wenn man auf die Verfügung über negative Sanktionen [- die dem politischen System zu eigen sind -] abstellt" (ebd.: 45). Luhmann plädiert hier für die Entlastung und Vereinfachung des überfrachteten Begriffes. Die Politik könne nicht allein für die gesellschaftlichen Machtverhältnisse verantwortlich gemacht werden:

"Von der Politik wird die Gestaltung der Verhältnisse verlangt, und dann liegt es sehr nahe, die Macht der Verhältnisse, die geronnene Faktizität der sozialen Zustände, als Resultat von Politik anzusehen" (Luhmann 1988: 44).

Exemplarisch wird Macht am politischen und wirtschaftlichen System als Verfügung über 'negative' und 'positive' Sanktionen vorgeführt und so als steuerndes, "symbolisch generalisierte(s) Medium()" (ebd.: 45) reformuliert. Kommunikationsmedien seien gesellschaftlich relevant und auf keinen Teilbereich zu isolieren (vgl. Luhmann 1975: 90). Sie steuerten als "Zusatzeinrichtung zur Sprache (...) die Übertragung von Selektionsleistungen" (ebd.: 7). Weil menschliche Vergesellschaftung erst durch Kommunikation existiere, nehme ihr Medium Macht universellen Charakter an: "Macht ist ein lebensweltliches Universale gesellschaftlicher Existenz" (Luhmann 1975: 90). Kommunikationsmedien "lassen sich nicht einschränken und auf Teilsysteme isolieren, in dem Sinne etwa, daß ausschließlich in der Wissenschaft Wahrheit oder ausschließlich in der Politik Macht eine Rolle spielt" (ebd.). Die allgegenwärtige Macht nehme keine Sonderstellung im gesellschaftlichen System ein, sondern sei als Phänomen und Funktion, komplexe Handlungszusammenhänge zu selektieren, überall erkennbar (vgl. ebd.: 37). Innerhalb eines bestimmten Systems, beispielsweise in der Politik, Wirtschaft oder Familie, operiere Macht mit einem spezifischen Code (vgl. ebd.: 93). Den Systemen sei allerdings die Funktion gemeinsam, daß Selektionsspielräume der konkreten Akteure durch einen spezifischen Code beschränkt und reguliert würden (vgl. ebd.: 11). Macht steuere Kommunikation nicht zuletzt, um die jedesmalige Klärung der gegebenen Befehle zu erübrigen: wie auch die Medien Geld und Liebe diene Macht symbolisch generalisiert dazu, "reduzierte() Komplexität zum Teil von der Ebene expliziter Kommunikation auf die Ebene des komplementären Erwartens zu überführen und damit den zeitraubenden, schwerfälligen, durch Sprache grobfühligen Kommunikationsprozeß zu entlasten" (ebd.: 37).

Macht ist also nicht nur im aktuellen Vollzug des eigenen Willens erkennbar, sondern potentiell durch die gegenseitige Erwartung eines Befehlsverhältnisses wirksam. Ein Befehl muß nicht jedesmal expliziert werden, sondern findet verinnerlicht schon Befolgung: "Der Machthaber braucht gar nicht erst zu befehlen, auch seine unbefohlenen Befehle werden schon befolgt" (ebd.: 36). Ihre Steigerung erfährt diese Situation dadurch, daß selbst die Aufforderung zum Befehl vom Befehlsempfänger ausgehe.

In erkennbarer Analogie zu Weber handelt es sich bei Luhmann in einem Machtverhältnis auch um die Durchsetzung und Sicherstellung des eigenen Wollens. Anders, als steuerndes Selektionsinstrument formuliert, beschränke das Medium Macht das absichtsvolle Handeln des anderen. Macht stelle "mögliche Wirkungsketten sicher unabhängig vom Willen des machtunterworfenen Handelnden" (Luhmann 1975: 11). Macht erstrecke sich über die Verinnerlichung erwartbarer Befehle hinaus auf die Möglichkeit, gegen Widerstreben durchgesetzt zu werden. Obwohl einerseits die Verlagerung einer expliziten Befehlsäußerung auf die verinnerlichte Erwartung des Unterworfenen zur potentiellen Machtsteigerung des Untergebenen beitrage, sei nicht von einer Auflösung des Machtverhältnisses auszugehen. Der Unterworfene erlange entscheidenden Anteil daran, den Zeitpunkt, "wann er den Machthaber einschaltet" (ebd.: 36), zu bestimmen. Die Initiative verlagere sich vom Befehlshaber zum Befehlsempfänger. Macht ist weiterhin wirksam, die Partizipation, der Machtanteil der Akteure, verschiebt sich jedoch. "In gewissem Umfang geht mit dieser Form der Machtsteigerung Macht auf den Machtunterworfenen über" (Luhmann 1975: 36)[1].

Die Verinnerlichung eines erfahrenen Machtgefälles trägt dazu bei, daß der 'Selbstunterworfene' am bislang einseitig ausgerichteten Machtverhältnis in grösserem Maße partizipiert. An der Präsenz von Macht ändert sich nichts:

> "Faktisch macht jedoch die Existenz eines Machtgefälles und einer antizipierbaren Machtentscheidung es für den Unterworfenen gerade sinnlos, überhaupt einen Willen zu bilden" (Luhmann 1975: 11).

Der Unterworfene könne lediglich versuchen, seinen Anteil an der Machtbeziehung so weit zu verstärken, daß die erwartbare Drohmacht sich nicht faktisch umsetzt. Physische, rechtliche und ökonomische Droh- und Sanktionsmacht könne so beispielsweise gemildert werden. Das Machtverhältnis scheint durch eine implizite Freiwilligkeit und Bereitschaft des Unterworfenen charakterisiert. Er kann sich für oder gegen die Befolgung der gegebenen Befehle entscheiden:

> "Macht ist immer schon ein Code - nämlich insofern, als sie den Handlungsselektionen, deren Übertragung erstrebt wird, Punkt für Punkt Vermeidungsalternativen zuordnet" (Luhmann 1975: 34).

Der einzelne könne sich durch die komplementäre und doppelte Ausrichtung des Machtcodes für disparate Verlaufsrichtungen "im Sinne oder gegen den Sinn des Machthabers" (ebd.: 34) entscheiden. Dennoch trage die jeweilige Handlung des Unterworfenen nicht dazu bei, die Sicherstellung von Wirkungsketten positiv oder negativ zu beeinflussen: "Das ist Macht sozusagen im Rohzustand" (ebd.: 34).

Obgleich Luhmann sich gegen eine substantielle Beschreibung von Macht wendet, geht er selbst implizit von ihrer Eigenlebigkeit aus. Macht wachse zum Beispiel analog dem Grad der gesellschaftlichen Differenzierung (vgl. Luhmann 1975: 23). Moderne Gesellschaften benötigten 'mehr' Macht. Die Hypostatierung eines 'Rohzustandes' der Macht, oder ihre graduelle Umschreibung als "größere Macht" (ebd.: 9), impliziert eine gewisse Substanz, aus der sie selber schöpft und schließt die Relationalität von Macht aus.

Diese statische Betrachtung Luhmanns wird noch gesteigert, indem Macht nahezu personifiziert wird: "Macht (...) kann ihn [den Machthaber] verpflichten, kann ihn binden (...) kann ihn sogar in Versuchung führen und scheitern lassen"

---

[1] Die Innovation Luhmanns wäre hier auf die Entwicklung des Geschlechterverhältnisses anwendbar. Es wäre danach zu fragen, wie sich die Entwicklung von einer expliziten Befehlsäußerung zu einer Verinnerlichung 'unbefohlener Befehle' gestaltet. Der weibliche 'Geschlechtscharakter' des 19. Jahrhunderts steht auf dieser Ebene exemplarisch für die vorwegnehmende Selbstunterweisung der Frau unter die Erwartungen des Mannes.

(Luhmann 1975: 21). Die interaktionistische Komponente eines durch den Menschen herstellbaren Verhältnisses der Macht bleibt hier unreflektiert. Der einzelne Akteur scheint, ob er will oder nicht, der verselbständigten Dynamik der Macht ausgeliefert.

In einer sich fortschreitend differenzierenden Gesellschaft sei dabei die selektionssteuernde Leistung der Macht nicht von vornherein sichergestellt. Die Chance der Macht, "die Wahrscheinlichkeit des Zustandekommens unwahrscheinlicher Selektionszusammenhänge zu steigern" (Luhmann 1975: 12), sinke in einer komplexer werdenden Gesellschaft. Der Aufwand, Selektion zwischen auseinanderklaffenden Systemen sicherzustellen, wachse: gesellschaftstheoretisch formuliert steht für Luhmann fest, "daß bei zunehmender gesellschaftlicher Differenzierung Situationen häufiger werden, in denen trotz so hoher Kontingenz und Spezialisierung Selektionsübertragungen stattfinden müssen, wenn ein erreichtes Entwicklungsniveau gehalten werden soll" (ebd.: 14f.). Immer häufiger werdende Zufälligkeiten, die an die Stelle der unterstellten Interessenkongruenz treten würden, müßten in der modernen Gesellschaft als "spezialisierte Interaktionsproblematiken" (Luhmann 1975: 13) verstanden und bewältigt werden. Kommunikationsmedien wie Macht werden somit als Mittel vorgeführt, um die Differenzen zwischen System und Lebenswelt auszugleichen.

Dabei könne allein das politische System nicht ausreichen, um die Selektionsübertragungen zwischen den Systemen zu leisten. Politik, als vom Medium Macht gesteuertes System, sei mit einer neuen Qualität der Machtausübung konfrontiert. An die Stelle der 'einfach' erkennbaren gesellschaftlichen Hierarchie seien in "Wahrheit schwer durchschaubare Machtbalancen" (Luhmann 1987: 123) getreten. Sie variierten situations- und themenspezifisch und seien verfeinert. Macht "ist heute auf formale Organisation angewiesen. Das gilt besonders für das Aufbauen langer und beständiger Machtketten" (ebd.: 122).

Mit Elias formuliert könnte festgestellt werden, daß der wachsende Grad gesellschaftlicher Differenzierung Interdependenzketten der einzelnen begründet und eine beständigere Langsicht, eine vorausschauende Anwendung der Macht abverlangt. Kann das Aufbauen langer und beständiger Machtketten also nicht mehr im traditionellen Sinne durch die simple Durchsetzung des eigenen Willens garantiert werden? Muß die Partizipation des/der Unterworfenen an der Macht notwendig gesteigert werden, um das erreichte gesellschaftliche Niveau zu halten? Luhmann wirft aber umgekehrt die Frage auf, "ob unsere Gesellschaft durch Organisation nicht zu viel unbrauchbare Macht produziert" (Luhmann 1987: 122). Für Luhmann ist es interessanter, von einer Überforderung der Politik auszugehen, als das Augenmerk auf die Fragen des Machtmißbrauches zu richten:

"In der modernen Gesellschaft wird von der Politik zu viel erwartet. Sie soll mehr leisten, als sie leisten kann. Sie wird, was die Möglichkeiten politischer Machtpraxis angeht, überfordert" (Luhmann 1988: 44).

Eine hervorzuhebende Differenz zwischen den Ansätzen Luhmanns und Webers liegt in der spezifischen Bewertung des Stellenwertes von Zwang und Gewalt in einem Machtverhältnis. Die funktionalistische Betrachtung eröffnet für die Chancen des Machtunterworfenen spezielle Alternativen. Während Macht Kommunikation steuert und die erforderlichen Selektionsleistungen reduziert, destruiert Zwang die Proportionen zwischen dem Machthabenden und dem Machtunterworfenen: "Obwohl beide Seiten handeln, wird das, was geschieht, dem Machthaber allein zugerechnet" (Luhmann 1975: 15f.). Ein Machtverhältnis setze aber die Möglichkeit voraus, daß "auf beiden Seiten anders gehandelt werden könnte" (Luhmann 1987: 117), während Zwang und Gewalt eine Machtbeziehung destruiere. Der "Zwang etwas konkret genau Bestimmtes zu tun" (Luhmann 1975: 9), sei nicht mit Macht gleichzusetzen, sondern von ihr zu unterscheiden, weil der Gezwungene seiner Wahlmöglichkeit, sich für oder gegen den Willen des anderen zu entscheiden, enthoben werde. Weber sieht Gewalt und Zwang als legitimiertes Mittel der Machtanwendung. Macht ist für Weber die 'Chance, seinen Willen gegen Widerstreben durchzusetzen'. Luhmann räumt der Gewalt ausdrücklich einen anderen Stellenwert ein:

> "Macht verliert ihre Funktion, doppelte Kontingenz zu überbrücken, in dem Maße, als sie sich dem Charakter von Zwang annähert. Zwang bedeutet Verzicht auf die Vorteile symbolischer Generalisierung und Verzicht darauf, die Selektivität des Partners zu steuern" (Luhmann 1975: 9).

Vielmehr indiziere die Anwendung von Gewalt und Zwang das "Scheitern()" (ebd. 1987: 119) von Macht. Nicht nur der Unterworfene werde seiner Wahlmöglichkeiten enthoben, sondern der Zwangausübende selbst bürde sich die "Selektions- und Entscheidungslast" (Luhmann 1975: 9) des anderen auf. Ein Machtverhältnis sei nur steigerbar in dem Maße, in dem umgekehrt die "Freiheiten auf beiden Seiten" (ebd.: 10) wüchsen, um mehr durchzusetzen. In einer modernen Gesellschaft kann Gewalt als Destruktion einer ohnehin erschwerten Selektionsübertragung zwischen den Systemen verstanden werden. Gewalt versteht Luhmann nicht als den Endpunkt einer "Skala zunehmender Pressionen", sondern als eine der Machtgrundlagen, "die nicht ausschließlich von gesellschaftlicher Differenzierung abhängen" (ebd.: 61). Gewalt sei ein Kontinuum und verlagere Macht von ihrer symbolischen Äußerungsform auf die körperliche Ebene (vgl. ebd.: 61). Macht im politischen System sei aber potentiell auf die Chance, physische Gewalt anzuwenden, angewiesen, auch wenn die physische Drohmacht das Scheitern der Macht indiziert:

> "Genetisch bleibt das politische System auf Möglichkeiten der negativen Sanktionen, letztlich auf physische Gewalt angewiesen (...)" (Luhmann 1988: 46).

Wenn das günstige Zustandekommen der Selektionsübertragung in der Praxis auf Freiwilligkeit aufbaut, ist die potentielle Chance, Gewalt als Droh- und Sanktionsmittel einzusetzen, 'genetisch' in einem Machtverhältnis verborgen. Über ihre Anwendung bzw. Nichtanwendung 'klug' zu entscheiden, scheint demnach eine Aufgabe des politischen Systems zu sein.

I.1.3 Instrumentelle und essentielle Macht

Der Beitrag Taurecks (1983) liefert eine wichtige und bislang unberücksichtigte Dimension des Machtbegriffes. Weber wie auch Luhmann konzipieren Macht als Chance, die eigenen Interessen gegenüber einem beliebig anderen durchzusetzen (vgl. I.1.1; vgl. I.1.2). 'Ego' kann über ein beliebiges 'Alter' verfügen. Macht scheint hier nur interaktionell erkenn- und denkbar. Taureck führt über den allein instrumentell ausgerichteten Machtbegriff hinaus, indem er den Begriff der "essentiellen Macht" (Taureck 1983) einführt. Auch hier wird wie bei Luhmann festgestellt, daß der Begriff der Macht unbestimmt angewendet wird (vgl. ebd.: 17). Aber expliziter als es die herkömmliche Diskussion um den Machtbegriff zeigt, deckt Taureck den negativen Charakter der Machtvorstellungen auf. Er konstatiert, daß die anzutreffende "Unbestimmtheit der Macht zu einem Teil an der fehlenden Unterscheidung von instrumenteller und essentieller Macht" (ebd.: 17) liegt. Die soziologischen Definitionsversuche konzentrierten sich vielmehr nur auf instrumentelle Macht und schlössen somit begrifflich andere, auch positive Implikationen des Machtaspektes aus:

> "Daß Macht jedoch instrumentell ist, nehmen sie [die Rezipienten] als selbstverständliche Voraussetzung hin. Daß Macht eine essentielle Bedeutung hat, machen sie nicht zum Thema" (Taureck 1983: 32).

Luhmanns vorausgesetzte Implikation der Macht, als ein Verfügen über jemand anderen, schließt damit zum Beispiel die Vielschichtigkeit und Relationalität von Macht aus. Instrumentelle Macht, die, in Analogie zu Webers zweckrationaler Macht, "als Mittel zu einem Ziel" (Taureck 1983: 15) verstanden wird, steht der essentiellen Macht auf einer höheren Ebene gegenüber. Essentielle Macht wird positiv formuliert, indem sie als "wirkliche Einheit von Selbstverfügung, Selbst- und Fremdbeschränkung" (ebd.: 15) bestimmt ist. Instrumentelle Macht kann so als ein Teil essentieller Macht bezeichnet werden. Der kritiklosen Hinnahme instrumentell erlebter Macht, kann eine andere Vorstellung entgegengestellt werden. Taureck geht davon aus, daß "essentielle Macht (...) zu unserer Lebenswelt" (ebd.: 28) zählt. Der Lebensvollzug jedes einzelnen habe die Beschränkung fremden Wollens zum Inhalt (vgl. ebd.: 29). Essentielle Macht sei gegenüber möglicher instrumenteller Macht "notwendig wirklich [und letzterer] ethisch vorgeordnet" (ebd.: 28). Die vielfach anzutreffende moralische Abqualifizierung von Macht als etwas 'Bösem' bleibe demgegenüber einer verworrenen Vorstellung von instrumenteller Macht verhaftet. Macht scheine sogar um ihrer selbst willen bestehen zu können. Die unterstellte Statik und Selbstbezüglichkeit der Macht sei jedoch ein Konstrukt, weil instrumentelle Macht immer zweckgerichtet zu verstehen sei (vgl. Taureck 1983: 15). Macht als Kennzeichen eines Verfügungsverhältnisses schlösse ihre zweckfreie Anwendung aus: "Macht um der Macht willen ist imaginär" (ebd.: 20), weil Macht sich ohne Angabe ihrer Zwecke nicht äußern kann. Nicht die Existenz einer Absicht des Verfügens stelle dabei das Problem zwischenmenschlicher Beziehungen dar, sondern "die Fälle ungerecht gebrauchter Macht" (ebd.: 24).

Auch der Wille, über sich selbst zu verfügen, sei von Zwecken geleitet. Macht ist immer ein "Mittel eines Handlungszusammenhanges zwischen Menschen" (Taureck 1983: 21). Es bleibt hier unklar, ob auch die Beziehung zu sich selbst Verfügung einschließt. Elias formuliert die wachsende Macht des Menschen über sich selbst nicht nur als Produkt des Zivilisationsprozesses, sondern auch als notwendige Voraussetzung, um die Potentiale gesellschaftlicher Machtverhältnisse verstehbar und nicht zuletzt kontrollierbar zu machen (vgl. Elias 1987a: 83). Um essentielle Macht wirksam werden zu lassen, ist für Taureck Freiheit vorausgesetzt. Freisein bedeutet für ihn, sich nicht von anderen befehlen zu lassen und den möglichen Zugriff fremden Wollens beschränken zu können. Gegenüber dem einseitigen Vollzug der Macht setze sich die positive Betätigung von Macht als Balance zwischen Fremdbeschränkung, Selbstbeschränkung und Selbstverfügung durch (vgl. Taureck 1983: 26ff.). Implizit ist also auch Freiheit in der Lebenswelt angelegt.

Gewalt stellt sich für Taureck schließlich als mögliche Dimension des Verfügens dar. Verfügen meint "Auswählen und Festsetzen (...), Regulieren und (...) Zwingen" (ebd.: 15). Essentielle, wie auch instrumentelle Macht, könnte sich demnach gleichzeitig bis zum Zwang steigern. Der Adressat der Bemächtigung scheint nur ein anderer zu sein.

Die philosophische Formulierung der Selbst- und Fremdbeschränkung kann hier in Analogie zum figurationssoziologischen Ansatz Elias' gesehen werden. Im 'Prozeß der Zivilisation' ändert sich das Verhältnis zwischen wirksamer Fremdbeschränkung und Selbstbeschränkung. Der Mensch unterwirft sich zunehmend Fremdzwängen, die sich im weiteren Verlauf als verinnerlichte Selbstzwänge manifestieren (vgl. Elias 1989a/b; vgl. I.1.4).

I.1.4 Macht als Figuration

Elias stellt ein Verständnis von Macht als Relation zwischenmenschlicher Beziehungen vor. Macht wird nicht als außermenschliche Größe oder als spezifische Qualität herausragender Individuen bestimmt. Elias geht, wie auch Luhmann, davon aus, daß noch keine ausreichend entwickelte Theorie bestehe, um gesellschaftliche Machtverhältnisse zu beschreiben. In der modernen Gesellschaft spitzten sich aber die Konflikte um die gesellschaftliche Machtverteilung zu, so daß die Dringlichkeit einer wissenschaftlichen Beschäftigung mit dem brisanten Thema der Macht erforderlicher werde:

> "In einer Periode, in der sich die Aufstiegsbewegungen ehemaliger Außenseiter-gruppen vermehren und in der zugleich die Hauptachse der Spannungen auf der globalen Ebene zwischen größeren Staatseinheiten liegt als je zuvor, erscheint das Fehlen einer weitgespannten Theorie, die Veränderungen der Machtdifferentiale und die mit ihnen einhergehenden menschlichen Schwierigkeiten zu erfassen sucht, einigermaßen verwunderlich" (Elias/Scotson 1990: 34).

Die Einführung des Figurationsbegriffes soll dazu dienen, Macht zunächst "ohne emotionales Engagement" (Elias 1971: 97) als Charakteristikum aller menschlichen Beziehungen und Schwierigkeiten aufzuzeigen. Im Kontrast zur impliziten Statik des Machtbegriffes verwandelt Elias den "Substanzbegriff in einen Beziehungsbegriff" (ebd.: 142). Nicht nur der Zugriff auf den vielschichtigen Charakter der Machtquellen kann so methodisch geleistet werden. Vielmehr wird durch die graduelle Betrachtung unterschiedlicher 'Machtbalancen' von der ver-absolutierenden Festsetzung eines Wesensgehalts der Macht Abstand genommen. Der "unangenehme() Beigeschmack" (Elias 1971: 76) der Machtdefinitionen wird überwunden, indem Macht als "Struktureigentümlichkeit (...) aller menschlichen Beziehungen" (ebd.: 77) und damit als Alltäglichkeit definiert wird. Weil menschliche Beziehungen einem ständigen Wandel unterliegen, ist auch ihr machtvoller Gehalt wandel- und damit veränderbar. Die theoretische Formulierung eines Potentials der Veränderbarkeit richtet sich so eindeutig gegen reduktionistische Betrachtungen, durch die Macht als unveränderbare Grundkonstante festgeschrieben wird. Macht kann für Elias nicht allein im politischen Subsystem oder im aktuellen Vollzug des eigenen Willens exemplarisch sichtbar gemacht werden. Auch dort, wo Macht nicht vermutet und nutzbar gemacht werde, sei sie vorhanden:

> "Machtdifferentiale bestehen auch dort, wo sie nicht benutzt werden, um den eigenen Willen gegen Widerstand durchzusetzen" (Bogner 1989: 36).

Versteckte, nicht indentierte Potentiale der Macht werden somit problematisierbar. Macht wird nicht dichotomisierend allein einer beherrschenden Gruppe zugeschrieben, sondern auch der unterlegenen, beherrschten qualitativ zugerechnet. Elias geht hier weiter als Luhmann und Weber, indem die Interdependenz der beteiligten

Akteure hervorgehoben wird. Wenngleich auch Luhmann implizit die Wechselseitigkeit eines Machtverhältnisses vorführt, indem die Machtverteilung zwischen
konkreten Akteuren als gegenseitige Abhängigkeit skizziert wird, ist der figura-
tionssoziologische Ansatz besonders in seiner historischen Dimension weitreichen-
der. Macht als substantielle Konstante, die von außen auf den Akteur einzuwirken
scheint, ist für Elias ein Konstrukt, das nicht zuletzt im tradierten Menschen- und
Geschichtsbild begründet liege. Macht ist als Struktureigentümlichkeit eher zu
verorten, als daß der Rezipient sich darum bemüht, Phänotypus und Genotypus
eines symbolisch generalisierten Kommunikationsmediums aufzuzeigen[2]. Besonders die historische Dimension gewachsener Machtverhältnisse bleibt methodolo-
gisch ausgeklammert, weil der vergangene Vollzug einer aktuellen Willensäußerung
nicht mehr nachvollziehbar gemacht werden kann.

    Die klassische Definition von Weber (vgl. I.1.1) verdeutlicht explizit die
begriffliche Verengung von Macht auf ihren konkreten, zweckrationalen Vollzug.
Machtbeziehungen sind aber nicht allein das Ergebnis planender Individuen, die
ihren Willen zielgerichtet gegen Widerstreben durchsetzen. Auch ungeplante und
irrational hervorgebrachte gesellschaftliche Stärkeverhältnisse sind das Ergebnis
menschlicher Figurationen (vgl. Elias 1989b: 384f.,395; vgl. Elias/Scotson 1990:
34). Die Wechselseitigkeit und Ambivalenz intendierten und nicht-intendierten
Handelns von Menschen wurde bislang so nicht expliziert und als Bedingung
möglicher Machtpotentiale gesehen. Die implizite Naturhaftigkeit des Menschen
überantwortet ihn einer Dynamik, so daß der Mensch auch ohnmächtig unkon-
trollierbaren Prozessen ausgeliefert sein kann. Die figurationale Konzeption widersetzt sich so der Vereinnahmung durch bestimmte Interessen, indem die Komplexität des Machtbegriffes simple Schemata von Macht versus Ohnmacht überwindet. Das von Elias formulierte "blinde Spiel der Verflechtungsmechanismen"
(Elias 1989b: 316) könne zum Beispiel nicht dem "Bedürfnis, an eine bessere
Zukunft zu glauben" (J.Goudsblom 1979: 76), genügen. Auch die Verfechter, die
an eine absolute Autonomie des abgeschlossenen Individuums glauben, werden es
"schrecklich [finden], sich vorzustellen, daß Menschen selbst miteinander Funk-
tionszusammenhänge bilden, in denen sie zum guten Teil blind, ziellos und hilflos
dahintreiben" (Elias 1971: 61). Das 'blinde Spiel' jedoch in seiner Eigengesetzlich-
keit zu durchschauen, stelle einen Ausweg aus dem Dilemma dar (vgl. Elias 1989b:
476). Elias umschreibt die dialektische Beziehung und Gesetzmäßigkeit zwischen
intentionaler Handlung und vorgefundener Ordnung: Wandlungstendenzen gesellschaftlicher Macht sind zum Beispiel

---

[2] Es kann hier nicht weiter auf den Stellenwert der 'Theorie funktionaler Differenzierung' eingegangen
werden. Festzuhalten ist aber, daß Luhmann mit dem Begriff der Wirkungskette und der Machtkette ein
implizites Verständnis von Interdependenzen liefert, wie sie im 'Zivilisationsprozeß' methodisch
expliziert sind. Eine Ähnlichkeit der beiden Theorieansätze wurde so bislang noch nicht gesehen (vgl.
G.Kiss 1991: 79-95).

"gewiß nicht unabhängig von den gezielten Handlungen der Individuen, die diese
Figurationen bilden; aber so, wie sie tatsächlich in Erscheinung treten, sind sie
weder von irgendeinem einzelnen der Menschen, die diese Figuration miteinander
bilden, noch von Teilgruppen oder von allen diesen Menschen zusammen geplant,
beabsichtigt und zielbewußt herbeigeführt worden" (Elias 1971: 182).

Indem der Begriff der Figuration und Verflechtung in das Zentrum der Elias'schen
Zivilisationstheorie gerückt wird, kann Macht in ihren "vielen Spielarten, in denen
Menschen miteinander verbunden sind" (Goudsblom 1979: 74), untersucht werden.
Es wird deutlich, daß nicht nur die so umstrittenen und als 'mächtig' bewerteten
Bereiche wie Politik und Recht oder Wirtschaft von Macht durchzogen sind. Elias
führt exemplarisch vor, "wie durchgängig in allen gesellschaftliche(n) Beziehungen
wie Liebe, Arbeit, Spiel und Lernen Machtbalancen eine entscheidende Rolle
spielen" (ebd.: 76).

Auch wenn Luhmann und Weber Macht als Phänomen jeder sozialen
Beziehung ausweisen, skizziert Elias eine weitreichendere Perspektive. Macht wird,
über die situative Möglichkeit sich durchzusetzen hinaus, als historisch wandelbares
Produkt gesehen. Bogner stellt fest:

"Der Stellenwert des Machtbegriffs in Elias' Arbeiten gründet in seiner eigentümlichen Funktion für die Beschreibung und Analyse der Struktureigentümlichkeit
langfristiger sozialer Prozesse" (Bogner 1989: 47).

Macht könne nicht als Qualität und persönliche Eigenschaft eines Akteurs gesehen
werden, sondern sei als "eine strukturelle Eigenschaft einer sozialen Beziehung eine
Relation von Relationen" (ebd.: 37). Während sich Weber auf die scheinbar
intentional hergestellten Macht- und Herrschaftsordnungen konzentriert, nimmt
Elias die unbewußten, nicht-intentionalen Ergebnisse gesellschaflicher Entwicklung
in das Blickfeld des Zivilisationsprozesses. So können auf der begrifflichen Ebene
unbeabsichtigte, sich einstellende Ordnungen und Handlungsmuster wie beispielsweise die zwischen den Geschlechtern hinterfragt werden.

Für die Skizzierung des Geschlechterverhältnisses kann ebenso nicht von
einer absoluten Machthierarchie ausgegangen werden, nicht zuletzt auch, weil die
zivilisatorische Entwicklung Interdependenzen des einzelnen wachsen läßt. Fortschreitende gesellschaftliche Verflechtung läßt auch die Abhängigkeit der Geschlechter wachsen, so daß die benachteiligte Gruppe der Frauen zumindestens
potentiell die Chance gewinnt, Machtbalancen zu ihren Gunsten auszubauen. An
die Stelle der absoluten Hierarchie tritt der Begriff der Machtbalance, so daß die
Wechselseitigkeit und Interdependenz der Akteure zum Ausdruck kommt:

"Im Zentrum der wechselnden Figurationen oder, anders ausgedrückt, des Figura-
tionsprozesses steht ein fluktuierendes Spannungsgleichgewicht, das Hin und Her
einer Machtbalance, die sich bald mehr der einen, bald mehr der anderen Seite
zuneigt. Fluktuierende Machtbalancen dieser Art gehören zu den Struktureigen-
tümlichkeiten jedes Figurationsstromes" (Elias 1971: 142f.).

Die Wechselseitigkeit der Machtbalancen eröffnet gerade das Potential zu ihrer Veränderung. Autonomie ist so im "Gegeneinander, in der wechselseitigen Überschneidung und Neutralisierung verschiedener Machtbalancen, in der Heterogenität der Kontrollmechanismen und Zwänge" (Bogner 1989: 85) potentiell zu realisieren. Die unterstellte 'Bösartigkeit' von Macht, die so machtvoll zu sein scheint, um über Menschen zu verfügen, wird so neutralisiert und in ihrer Bedingtheit greifbarer.

Indem der Rezipient distanziert die gesellschaftliche Verteilung der Machtverhältnisse aufzuspüren suche und Interdependenzketten als menschlichen Handlungsrahmen anerkennt, könne der oft kritische Prozeß sozialer Ausscheidungs- und Machtkämpfe in gelenkte Bahnen geführt werden. Machtbalancen und Abhängigkeiten zwischen Menschen seien erkennbar:

> "Wir hängen von anderen ab, andere hängen von uns ab. Insofern als wir mehr von anderen abhängen als sie von uns, mehr auf andere angewiesen sind als sie auf uns, haben sie Macht über uns, ob wir nun durch nackte Gewalt von ihnen abhängig geworden sind oder durch unsere Liebe oder durch unser Bedürfnis geliebt zu werden, durch unser Bedürfnis nach Geld, Gesundung, Status, Karriere und Abwechslung" (Elias 1971: 97).

Die einseitige Verengung der Macht auf ihre ökonomische Variante schlösse die Wahrnehmung dieser Vielschichtigkeit und Verfeinerung von Macht aus. Auch wo keine oder geringe ökonomische Ungleichheiten in einer sozialen Beziehung existierten, sei Macht gegenwärtig. Sie verfeinere sich und zeichne sich durch andere Sanktionsformen aus. In ihrer Studie über "Etablierte und Außenseiter" (Elias/Scotson 1990) untersuchen die Figurationssoziologen exemplarisch die Machtbalancen und Machtdifferentiale zwischen einer kleinen Figuration ökonomisch gleichrangiger Gruppen. Hier wird festgestellt, daß, je "kleiner die Machtdifferentiale werden, desto deutlicher (...) andere, nicht-ökonomische Aspekte der Spannungen und Konflikte ans Licht" (Elias/Scotson 1990: 29) treten. Machtbalancen zu verändern, liege dabei nicht im Ermessen eines einzelnen Akteurs, der in jeder beliebigen Beziehung seinen Willen durchsetzen könne. Sie seien in einen größeren Komplex gesellschaftlicher Stärkeverhältnisse verwoben. Als eine der bedeutsamen Machtquellen stellten sich zum Beispiel ökonomische Strukturen als geronnene Faktizität gesellschaftlicher Machtverhältnisse dar. Sie werden von Elias und Scotson auch nach wie vor als ein Faktor betrachtet, um ein "Monopol über die hauptsächlichen Machtquellen einer Gesellschaft" (ebd.: 15) zu erlangen. Sie werden aber als ein Element unter vielen betrachtet.

Um die Spanne zwischen der individuellen Chance des Machterwerbs und der gesellschaftlichen Realität auszudrücken, entwickelt Elias den Begriff der gesellschaftlichen Stärke (vgl. Elias 1989a: 291, 1989b: 54,59,82f.,109,147,227, 234,283,346). Die Macht eines einzelnen kann nicht von ihrer gesellschaftlichen Eingebundenheit abstrahiert werden, wie dies zum Beispiel die Webersche Im-

plikation nahelegt. Im 'Prozeß der Zivilisation' wird schließlich exemplarisch
vorgeführt, inwiefern der Wandel gesellschaftlicher Stärkeverhältnisse die Relationen zwischen den gesellschaftlichen Gruppen verändert und auf die spezifischen
Möglichkeiten des einzelnen zurückwirkt. "Die gesellschaftliche Stärke eines
Menschen oder einer Gruppe ist vollständig nur in Proportionen auszudrücken"
(Elias 1989b: 84). Politische Macht sei beispielsweise als Verkörperung gesellschaftlicher Stärke von bestimmten Gruppen zu verstehen. Gegenüber ihren eigenen
Aussagen müsse der Rezipient immer die Interdependenz berücksichtigen, in der
sich die Stärke der Betroffenen relativiere:

> "Man kann daher weder das Verhalten, noch die Schicksale der Menschen, der
> Gruppen, der sozialen Schichten, der Staaten verstehen, wenn man nicht, unbela-
> stet durch das, was die Betreffenden selber sagen und glauben, ihre tatsächliche,
> gesellschaftliche Stärke prüft" (Elias 1989b: 84).

Was Elias im Gegensatz zu Webers Herrschaftssoziologie nicht leistet, ist die
Relation von Macht und Herrschaft zu explizieren. Herrschaft scheint als Erscheinungsform der Staatsbildung zentralisierte Macht zu sein. Herrschaft impliziert eine
verschärftere und hierarchisiertere Beziehung der Macht, die einseitig zugunsten
der Herrschenden geht. Im Verlauf gesellschaftlicher Differenzierung sei es jedoch
problematischer geworden, Herrschaft zu verorten, weil sie in Institutionen "selbst
derart geteilt und differenziert ist, daß es schwer ist, unzweideutig festzustellen,
wer die Herrscher und wer die Beherrschten sind" (ebd.: 227).

Die Betrachtungen Webers reichen hier weiter, indem zwischen traditionaler, charismatischer und bürokratischer Herrschaft unterschieden wird. Vielmehr
scheint für Elias Herrschaft ebenso wie Macht polymorphen Gehalts zu sein. Das
Potential, gesellschaftliche Herrschaftsverhältnisse umzugestalten, kann jedoch
weitaus weniger sichtbar sein, als die Möglichkeit in kleineren sozialen Zusammenhängen Machtbalancen zu gestalten. Die Stärke eines Herrschaftsverbandes
basiert in größerem Maße auf der monopolisierten und damit institutionalisierten
Sanktionsgewalt als die vergleichsweise jedem zustehende, alltägliche 'Drohmacht'.
Elias unterschätzt hier die Zählebigkeit gesellschaftlich geronnener Herrschaftsverhältnisse, die sich nicht zuletzt in der beständigen Bedeutsamkeit ökonomischer
Potentiale der Macht expliziert. Die Handlungsspielräume der Unterworfenen
stellen sich spezifisch geringer dar als die der mächtigeren Gruppe, die nach wie
vor über die Quellen der Herrschaft verfügt (vgl. Elias 1990b: 528).

Auch die Frage der Legitimität von Macht und Herrschaft wird im Kon-
zept von Elias peripher berührt. Herrschaft bedeutet für ihn implizit die gesteigerte,
zentralisierte Form gesellschaftlicher Stärke:

> "Was wir 'Herrschaft' nennen, ist in einer höher differenzierten Gesellschaft
> nichts anderes als die besondere, gesellschaftliche Stärke, die bestimmte Funktio-
> nen, die vor allem die Zentralfunktionen ihren Inhabern im Verhältnis zu den
> Vertretern anderer Funktionen verleihen" (Elias 1989b: 227f.).

Die Ausbildung einer Zentralfunktion selbst sei, wie die Macht eines einzelnen, interdependent in den Verflechtungsmechanismus gesellschaftlicher Stärkeverhältnisse eingebunden, so daß von einer absoluten Herrschaft nicht ausgegangen werden könne (vgl. Elias 1989b: 229, 1990a: 12). Nicht umsonst sei die Ausbildung der als absolutistisch gekennzeichneten Herrschaft eines Ludwig XIV. in einer weitgehend interdependent verflochtenen Gesellschaft anzutreffen, in der gesellschaftliche Stärkeverhältnisse der unteren Schichten zumindest potentiell wüchsen (vgl. Elias 1989b: 230). Unumschränkt sei diese Herrschaft, weil die um gesellschaftlichen Aufstieg konkurrierenden Schichten an der absoluten Legitimität dieser Herrschaft festhielten. Die Angewiesenheit der Untergebenen auf die zentralisierende Kraft des Hofes sei zu dieser Zeit größer gewesen (vgl. ebd.: 230).

I.2. Gesellschaftliche Differenzierung und der Wandel von Machtdifferentialen

Die unterschiedliche Ausprägung der Machtbalancen zwischen den gesellschaftlichen Gruppen und ihre funktionale Verflechtung wird bei Elias am Beispiel des Feudalismus und des Absolutismus verdeutlicht. Fortschreitende gesellschaftliche Differenzierung lasse die Abhängigkeiten zwischen den herrschenden und den beherrschten Gruppen wachsen. In der funktionalen Verflechtung liege so auch das Potential geborgen, gesellschaftliche Stärkeverhältnisse zu verändern:

> "Je weiter die Verflechtung und Arbeitsteilung der Gesellschaft vorschreitet, desto mehr werden faktisch auch die Oberschichten von den anderen Schichten abhängig und desto größer wird also auch die gesellschaftliche Stärke dieser Schichten, mindestens potentiell" (Elias 1989a: 291).

Und weiter stellt Elias fest, daß Machtkämpfe als "Konkurrenzkampf [um] Chancen der gesellschaftlichen Stärke" (1989b: 144) geführt werden, bis "ein Einzelner über alle Chancen verfügt und alle Anderen von ihm abhängig sind" (ebd.: 145). Der Machtzuwachs einzelner zeige sich in der Durchsetzung eines Territorialherren über andere für die Zeit des Feudalismus (vgl. ebd.: 82). Je nach dem Differenzierungsgrad der Gesellschaft äußere sich gesellschaftliche Stärke eines einzelnen spezifisch und orientiere sich an dem jeweils unentbehrlichen Element der Stärke. Der Ritter der feudalistischen Gesellschaft erlange seine gesellschaftliche Überlegenheit aufgrund seiner "physische(n) körperlichen Stärke" (Elias 1989b: 83), die gesellschaftlich dominiere. Trete, wie zum Beispiel in der Industriegesellschaft, mehr und mehr die Verfügung über die "wichtigsten Produktionsmittel" (ebd.: 83) und über das Gewaltmonopol als Kriterium potentieller Macht hinzu, verliere die individuelle, körperliche Kraft des einzelnen an Gewicht (vgl. ebd.: 83,144). Mit dieser Entwicklung gehe die gesellschaftliche Ausdifferenzierung unterschiedlicher Machtbereiche einher. Macht sei nicht mehr unmittelbar spürbar und müsse vermittelt werden (vgl. ebd.: 82). So stellt Elias für die heutige Zeit fest:

> "Die Vermittlungsketten zwischen Rechts- und Machtapparatur sind heute,
> entsprechend der reicheren, gesellschaftlichen Differenzierung, länger geworden"
> (Elias 1989b: 82).

Übertragen auf die psychogenetischen Elemente dieser Differenzierungsprozesse
werde eine andere Triebmodellierung erforderlich. Sei der Ritter der Feudalzeit
gesellschaftlich stark, indem er seinen Affekten freien Lauf lassen könne, gelte
dieses für die Nachfolgezeit des Absolutismus als 'gefährlich'. Jetzt basiere gesellschaftliche Stärke gerade darauf, freie Gefühlsausbrüche zu vermeiden. Allein die
strenge Wahrung der Etikette und die Befürchtung, sich gehen zu lassen, halte die
gesellschaftliche Position des Adels gegenüber nachrückenden, gesellschaftliche
Stärke gewinnenden Gruppen aufrecht (vgl. Elias 1989b: 346).

> "Die geschmackvolle Anlage von Haus oder Park, die - je nach der Mode - mehr
> repräsentative oder mehr intime Ausschmückung der Zimmer, die geistvolle
> Durchführung einer Unterhaltung oder auch einer Liebesbeziehung, alles das sind
> in der höfischen Phase nicht nur gern geübte Privatvergnügungen einzelner
> Menschen, sondern lebenswichtige Erfordernisse der gesellschaftlichen Position"
> (Elias 1989b: 416f.).

Während in der höfischen Gesellschaft die gesellschaftliche Stärke der Oberschicht
öffentlich demonstriert werde, zeige der Zivilisationsprozeß des 19. und 20. Jahrhunderts eine neue Dimension gesellschaftlichen Machterwerbs. In dem Maße, wie
sich die Machtquellen spezifizierten und sich neu gestalteten, ändere sich die
erforderliche Triebregulierung des einzelnen. Die gesellschaftliche Macht der
Oberschicht rekrutiere sich nicht mehr allein durch die adlige Herkunft und Vornehmheit. Das Aufkommen der Berufsarbeit im Industriezeitalter verdränge die
Wirksamkeit dieses bislang unentbehrlichen Elements des gesellschaftlichen
Aufstiegs. Gelte es für den Ritter der Feudalzeit sich zu verhöflichen, so fordere
das bürgerliche Zeitalter eine vergleichsweise größere Selbstkontrolle des um
Aufstieg bemühten einzelnen. Der "wachsende Aufstieg berufsbürgerlicher Schichten" (ebd.: 417) zur führenden Oberschicht erfordere neue Formen der Selbstdarstellung und Selbstunterweisung: "Nun bilden Gelderwerb und Beruf die primären
Angriffsflächen der gesellschaftlichen Zwänge, die den Einzelnen modellieren"
(ebd.: 417). Die Regulierung des Affekthaushaltes werde für diese Zeit exemplarisch an der Geschlechterbeziehung deutlich (vgl. ebd.: 418).
    Um den spezifischen Wandel der gesellschaftlichen Machtdifferentiale in
der Industriegesellschaft des 19. und besonders des 20. Jahrhunderts genauer zu
betrachten, sei auf das jüngste Werk "Studien über die Deutschen" (Elias 1990b)
und auf "Was ist Soziologie?" (Elias 1971) verwiesen. Die 1939 verfaßte Schrift
über den Zivilisationsprozeß streift die Entstehung der bürgerlichen Gesellschaft
nur peripher und hat vor allem die Betrachtung der Feudalzeit und des Absolutismus zum Inhalt. Der Begriff der "'funktionalen Demokratisierung'" (Elias 1971:
72) erleichtert hier die Beschreibung der gewandelten Stärkeverhältnisse zwischen
den Ober- und Unterschichten, zwischen den Regierenden und Regierten:

"Zu den grundlegenden Gemeinsamkeiten der Entwicklung, die sich in den
meisten europäischen Ländern während des 19. und 20. Jahrhunderts vollzog,
gehört eine spezifische Verlagerung der Machtgewichte" (Elias 1971: 69).

Die Erblichkeit des Besitzes trete zum Beispiel zugunsten erarbeiteten Reichtums
und Ansehens zurück. Auch das zunächst den Bürgerlichen und später auch den
Arbeitern zugestandene Wahlrecht exemplifiziere die gewachsene Angewiesenheit
der beherrschenden Gruppen auf die nachrückenden Schichten. Elias stellt fest, daß
letztere im Vergleich zur vorhergehenden Zeit nicht mehr in der extrem ungleich-
gewichtigen Position anzutreffen seien, "relativ passive() Objekte der Herrschaft"
(ebd.: 71) zu sein. Zweifellos seien die "Machtunterschiede (...) groß genug" (ebd.:
71) geblieben. Die potentielle gesellschaftliche Stärke der Arbeiter nehme aber
entsprechend ihrer gewachsenen Bedeutung im industriellen Produktionsprozeß zu
und verdeutliche nicht zuletzt die neue Eigenart der gesellschaftlichen Macht-
figurationen, die dem lehnsherrschaftlichen und absolutistischen Herrschaftsverband
folgt:

"Die Abhängigkeit adliger Landbesitzer von ihren Bauern, die Abhängigkeit der
Offiziere von bezahlten Söldnern in den vorangehenden Jahrhunderten war ganz
erheblich geringer als die Abhängigkeit industrieller Unternehmer von ihren
Arbeitern (...)" (Elias 1971: 71).

Die gesellschaftliche Umschichtung verdeutliche sich jedoch, über ihre politische
Äußerungsform hinaus, am veränderten Verhaltensstandard, an der spezifischen
psychischen Modellierung. Nicht nur zwischen den sozialen Schichten sei dabei ein
Informalisierungsschub als Indikator verschobener Machtverhältnisse festzustellen.
Vielmehr berühre diese Transformation auch die Beziehung zwischen Alten und
Jungen, Eltern und Kindern wie auch die zwischen Männern und Frauen (vgl. Elias
1971: 72, 1990b: 37; vgl. V.Krumrey 1979: 194-214). So sei im 20. Jahrhundert
ein Trend zu gleichem Verhalten in allen Lebenslagen festzustellen. Das Verhältnis
gesellschaftlicher Fremdzwänge und individueller Selbstzwänge habe sich verlagert
und fordere dem einzelnen eine weitaus größere Selbstbeherrschung ab (vgl. Elias
1990b: 42f.,49). Die Verringerung formalisierter Fremdzwänge zugunsten höherer
Individualisierung zeige sich dabei besonders am Emanzipationsprozeß der Frauen,
denen nicht nur das Wahlrecht zugesprochen werde (vgl. Elias 1971: 79, 1990b:
51-60).

I.3. Macht im Geschlechterverhältnis

Während begriffliche Verwirrungen und engagierte Betrachtungsweisen die
Diskussion über gesellschaftliche Machtverhältnisse ohnehin erschweren, begegnet
man besonders dann problematischen Äußerungen, wenn es darum geht, Macht im
Geschlechterverhältnis aufzuspüren. Über Macht zu verfügen oder überhaupt

danach zu streben, wird entweder als individuelle Bösartigkeit und moralisch zweifelhaftes Anliegen beurteilt oder vollends negiert. Elias spricht zwar im "Prozeß der Zivilisation" das "Spezialproblem" (vgl. Elias 1989b: 401) der Geschlechterbeziehung an, es bleibt zunächst aber ausgeklammert. In seinen Aufsätzen (1986, 1987b) nimmt Elias konkreter zur Brisanz der Geschlechter- und Machtproblematik Stellung:

> "In unserer Zeit gibt es eine lebhafte Diskussion um die Machtbalance zwischen den Geschlechtern. Aber man ist dabei oft geneigt, Wandlungen in dieser Machtbalance rein voluntaristisch zu betrachten, als ob sie ganz und gar von der Böswilligkeit der beteiligten Menschen abhingen" (vgl. Elias 1986: 447).

Weil Macht nicht zuletzt dem politischen System zugeordnet und allein als Mittel der Vorherrschaft erstrebt zu werden scheine, sei es schwierig, Macht auf die innerstaatliche soziale und zwischengeschlechtliche Ebene zu übertragen (vgl. Elias 1986: 425). Mann und Frau begegnen sich beispielsweise nicht "bis an die Zähne bewaffnet" (ebd.), wie es häufig in zwischenstaatlichen Konflikten anzutreffen sei. Macht als Struktureigentümlichkeit sozialer Beziehungen sei auch auf die Geschlechterbeziehungen zu übertragen. Sie äußere sich auf vielfältige Weise und könne nicht als statische Polarität nur der einen oder anderen Seite zugeschrieben werden, wenngleich im kulturellen Erbe der europäischen Zivilisation eine eindeutige Vorrangstellung des Mannes anzutreffen sei: Männer verfügten als "soziale Gruppe über sehr viel größere Machtmittel als die Frauen" (ebd.: 426), auch wenn individuelle Abweichungen anzutreffen seien.

Um im Spezifischen den Gradmesser und vor allem die historische Bedingtheit der Machtverteilung zwischen den Geschlechtern zu erfassen, soll von der figurationssoziologischen Definition einer Machtbalance ausgegangen werden. Der Begriff der Machtbalance drückt aus, daß es sich in der sozialen Realität nicht um ein absolutes Verhältnis zwischen Menschen handeln kann, sondern immer eine Relation interdependenter Gruppen zu berücksichtigen ist. Inwiefern in bestimmten Phasen des Zivilisationsprozesses die Machtbalancen mehr zugunsten der einen oder anderen Seite ausgeprägt sind, stellt im folgenden ein Kriterium der Untersuchung dar.

> "Das Konzept einer Machtbalance erlaubt, wie sich hier zeigt, die begriffliche Erfassung von Schattierungen und Abstufungen in der Verteilung der Machtgewichte zwischen menschlichen Gruppen. Die herkömmlichen Denkgebräuche haben uns zu lange in simple statische Polaritäten wie die zwischen Herrschenden und Beherrschten eingespannt. Was man stattdessen benötigt, ist recht offenbar ein begriffliches Instrumentarium, das die Aussagen nicht nur auf zwei statische Alternativen beschränkt, sondern den Weg zur Erörterung gleitender Skalen eröffnet" (Elias 1986: 427).

Diese graduelle Abstufung in der Machtbalance zwischen den Geschlechtern sei in der eigentümlichen Verflechtungsordnung des Zivilisationsprozesses anzutreffen. Während allgemein der "Prozeß der Zivilisation eine Veränderung des menschlichen Verhaltens und Empfindens in einer ganz bestimmten Richtung ist " (Elias 1989b: 312), könne die Gestaltung der grundlegenden Beziehungsform, der Geschlechterbeziehung, als ein spezifisches Produkt zivilisatorischer Entwicklung begriffen werden. Aber ebensowenig wie die Zivilisation gradlinig verlaufe, könne von einer "absoluten Unterlegenheit der Frauen in der Frühzeit" (Elias 1986: 428) ausgegangen werden. Nicht ein allmählicher Abbau oder Fortschritt kennzeichne die unterschiedliche Zivilisationskurve des Mannes und der Frau, sondern ein eigentümliches 'Auf und Ab'.

> "Stattdessen entdeckt man in der jahrtausendelangen Entwicklung mehrere Schübe der Minderung des Ungleichgewichts im Verhältnis von Frauen und Männern - zumeist in einzelnen sozialen Schichten und vielleicht mit gleichzeitigen oder folgenden Gegenschüben" (Elias 1986: 428).

Die Institution der Ehe und der ihr zugrundeliegende soziale und sexuelle Verhaltenskanon führt exemplarisch diese schubartige Entwicklung vor. Auch hier ist erkennbar, daß die eherechtliche Stellung der Frau variiert. So ist beispielsweise für die römische Antike eine Entwicklung von einer "extremen sozialen Unterwerfung der Frauen unter die Männer vor und in der Ehe zu einem Zustand faktischer Gleichberechtigung zwischen den Geschlechtern in der Ehe" (ebd.: 428) konstatierbar.

Die Betrachtung der Machtbeziehung zwischen den Geschlechtern hat dabei also die Frage nach den "Bedingungen für Schübe in Richtung auf eine größere Gleichheit der Geschlechter" (Elias 1986: 428) und ihrer Gegenschübe zum Inhalt. Als Kriterium der zwischengeschlechtlichen Machtbalance gilt dabei der "eigentümlich zweideutig(e)" (ebd.: 426) Verhaltensstandard, der Männer und Frauen spezifisch einbindet und sanktioniert. Er ist als exemplarischer Niederschlag der zivilisatorischen Entwicklung erkennbar und zeigt, daß der "Fremdzwang des sozialen Brauchs weitgehend zur zweiten Natur, zum individuellen Selbstzwang des sozialen Habitus" (ebd.: 425) verinnerlicht wird.

Dieses tief in der Persönlichkeitsstruktur von Männern und Frauen verankerte Muster ist dabei weder von einzelnen geplant, beabsichtigt und bewußt hervorgebracht worden, noch existierte es schon immer als anthropologische Konstante (vgl. Elias 1989b: 221; vgl. H.Wunder/C.Vanja 1991: 8). Vielmehr ist die in der Ehe institutionalisierte geschlechtsspezifische[3] Machtverteilung als

---

[3] Geschlechtsspezifisch meint, daß einzelnen Individuen aufgrund ihres Geschlechts im gesellschaftlichen System bestimmte Rechte und Pflichten zugeschrieben werden. Biologisch begründete Kategorien der Zuschreibung sind dabei dauerhafter und offensichtlicher als beispielsweise vorübergehende und veränderliche Zuschreibungen aufgrund des Alters oder aufgrund der Schichtzugehörigkeit.

Ergebnis einer Verflechtungsordnung zu begreifen, in der unterschiedliche Macht-
und Ausscheidungskämpfe auf einer vorgefundenen gesellschaftlichen Stufe der
Zivilisation spezifisch ausgetragen wurden. Dabei ist von "gleichgerichteten, [wie
auch] von verschieden gerichteten und feindlichen" (Elias 1989b: 221) Interessen
und Absichten auszugehen, die in ihrem Zusammenwirken ein Ergebnis hervor-
bringen, "das, so wie es ist, von keinem der Einzelnen geplant oder beabsichtigt
worden ist (...)" (ebd.: 221).

Männer und Frauen haben dabei unter spezifischen Bedingungen und
vorgefundenen Voraussetzungen an der Entstehung "neuer Rollenverteilungen und
Machtverhältnisse" (Wunder/Vanja 1991: 8) mitgewirkt. Daß es dabei zur "Ungleichzeitigkeit zwischen Wandlungen der Machtverhältnisse und den Wandlungen
der mit ihnen verknüpften Persönlichkeitsstrukturen" (Elias 1987b: 15) kam und
kommt, ist als ein Merkmal des Zivilisationsprozesses überhaupt zu verstehen. Die
Analyse der Konflikte in der Geschlechterbeziehung berücksichtigt dabei die
Gesamtentwicklung der gesellschaftlich gewandelten Machtverteilungen. Krumrey
(1979) zeigt beispielsweise exemplarisch für die Vor- und Nachkriegszeit des 20.
Jahrhunderts, inwiefern die Veränderung der Geschlechterbeziehung mit Wandlungen der Verhaltensstandards zwischen den Generationen, den Schichten und dem
Verhältnis zu sich selbst verwoben ist. Verhaltensstandards äußern sich dabei auf
vielfältige Weise. Während Elias vorrangig den Wandel der Tischsitten ins Zentrum
der Untersuchungen rückt, soll im folgenden besonders die "Umgestaltung der
sexuellen Impulse" (Elias 1989b: 401), die Scham- und Peinlichkeitsentwicklung
der sexuellen Lebensäußerungen von Mann und Frau betrachtet werden.

Die Aussteuerung der sexuellen Affekte zwischen Mann und Frau hängt
unmittelbar mit dem Grad der gesellschaftlich abverlangten Triebbewältigung
zusammen. Nicht die körperliche Überlegenheit der Männer über die "relative
physische Schwäche der Frauen [macht] per se" (Elias 1986: 431) den spezifischen
Grad gesellschaftlicher Pazifizierung und Machtverteilung aus. Er hängt, neben den
vorgefundenen Bedingungen menschlicher Existenz, entscheidend von der sozialen
und gesellschaftlichen Bedeutung ab, nach der die Körperkraft als unentbehrliches
Element im gesellschaftlichen Macht- und Ausscheidungskampf gilt und, so ist
hinzuzufügen, entsprechend *trainiert* wird:

> "Betrachtet man die Bewegung über große Zeiträume hin, dann sieht man recht
> klar, wie sich die Zwänge, die unmittelbar aus der Bedrohung mit der Waffe, mit
> kriegerischer und körperlicher Überwältigung stammen, allmählich verringern und
> wie sich die Formen der Angewiesenheit und Abhängigkeit verstärken, die zu
> einer Regelung und Bewirtschaftung des Affektlebens in der Form von Selbst-
> zucht" (Elias 1989a: 256) führen.

An den Männern der führenden Oberschicht sei diese Veränderung sukzessive
nachvollziehbar und verkörpere sich in Gestalt des Ritters, des Höflings und
schließlich des Berufsbürgers (vgl. ebd.: 256). Der friedliche Grad der Geschlechterbeziehung hänge dabei entscheidend davon ab, inwiefern ein gewisses Maß an

Zurückhaltung und Gewaltverzicht kulturell und gesellschaftlich zur Selbstverständlichkeit geworden ist (vgl. ebd.: 257).

Die Ressourcen der geschlechtsspezifischen Machtverteilung nehmen
darüber hinaus unterschiedlichen Charakter an und treten in dem Maße hervor, wie
es gelingt, die körperliche Gewaltanwendung zu sanktionieren. T.Held (1978)
konzipiert für die Problematik der ehelichen Machtverhältnisse der Gegenwart ein
Modell, das sowohl dem interaktionistisch-dynamischen Gehalt wie auch der
strukturellen Begrenztheit der interpersonalen Machtverhältnisse Rechnung trägt. Er
konstatiert, daß ein "umfassender Herrschafts- und Machtbegriff (...) den dynami-
schen Aspekt der ehelichen Machtverhältnisse" vernachlässige, indem eine "genera-
lisierte oder zentralisierte Machtstruktur unterstellt" (Held 1978: 60) werde. Auf der
anderen Seite könne jedoch die eheliche Machtproblematik nicht begriffen werden,
wenn man die vielfältigen, strukturell verfestigten Ressourcen ehelicher Macht
völlig vernachlässige. Es reicht für ihn nicht aus, eine "partikuläre Relation zwischen zwei Interaktionspartnern" (ebd.: 65) festzustellen, ohne die gesellschaftlich
gegebenen Grundlagen zu untersuchen, nach denen der Vollzug eines Willens
möglich ist. Verfüge der eine Interaktionspartner über spezifische, knappe Güter,
so erübrige sich beispielsweise eine Diskussion über die Machtverteilung (vgl. ebd.:
65). Die Machtausübung sei hier strukturell vorgeformt, indem einem der Partner
die zentralen Güter der Macht zugänglich seien. Materielle wie auch immaterielle
Güter gelten nicht nur im kleinsten sozialen System der Ehe als Ressourcen der
Macht. Indem die Betrachtung der utilitären, zwanghaften, normativen und sozio-
ökonomischen Ressourcen der Macht geleistet wird, ist es möglich, eine "institutionalisierte Statushierarchie" (ebd.: 65) zwischen den Eheleuten zu konzipieren:

> "Strukturelle Macht kann somit als durch Statuspositionen zugeordnete Kapazität
> von Akteuren verstanden werden, in einem gegebenen System für andere bedeut-
> same Handlungen vorzunehmen" (Held 1978: 65).

Als normative Grundlagen gelten dabei gemeinsame "Werte wie Liebe, Zuneigung"
(ebd.: 66), die den einzelnen zu einem bestimmten Verhalten bewegen. Die Genese
dieser bedeutsamen Werte kann beispielsweise in der vorliegenden Arbeit als
Wandel der Machtbeziehungen zwischen den Geschlechtern expliziert werden.
'Liebe' und 'Zuneigung' gewinnen für die Entwicklung der Institution der Ehe
einen nicht zu unterschätzenden Stellenwert. Sie können zuweilen andere Grundlagen der tradierten Machtverteilung überwiegen, so daß zum Beispiel physische
Machtressourcen des Mannes nicht zur Ausübung kommen oder sanktioniert
werden (vgl. ebd.: 113). Es ist dabei von einem Wechselspiel struktureller Grundlagen und neu durchgesetzter Normen auszugehen: "Allgemeiner formuliert wird also
die eheliche Machtstruktur von der Interaktion zwischen Ressourcen und Normen
bestimmt" (Held 1978: 112).

Versteckte Potentiale der Macht stellten schließlich einen weiteren Aspekt
dar. Non-verbale Beeinflussungstechniken stünden neben direkten, verbalen Durch-
setzungsversuchen und zeichneten die kommunikative und interaktionistische

Komponente der ehelichen Gestaltungsspielräume aus. Held stellt eine geschlechtsspezifische Verteilung der jeweiligen Techniken fest, die sich letztlich an der
kulturell tradierten Auffassung männlichen und weiblichen Verhaltens orientiere
(vgl. ebd.: 73).

Zwanghafte oder physische Ressourcen der Macht seien dagegen offen
erkennbar, weil die oder der Unterworfene durch körperliche Gewaltdrohung oder -
anwendung zu einem bestimmten Verhalten gezwungen werde (vgl. Held 1978: 66;
vgl. Krumrey 1979: 199). Sie erleben in der zivilisatorischen Entwicklung einen
spezifischen Wandel, der ihre Legitimität fortschreitend und recht zweideutig in
Frage stellt und dabei als entscheidende Ressource der Macht zurücktritt, so daß
letztlich ihre Anwendung zugleich ihr "Scheitern()" (Luhmann 1987: 119) indiziert.

Der nach wie vor hohe Stellenwert utilitärer oder ökonomischer Machtressourcen stelle sich dabei als die zentrale Problematik der ehelichen Machtverhältnisse dar, weil die rechtliche Zuschreibung der "Verfügungsmöglichkeiten über
Mittel zur Befriedigung ökonomischer und menschlicher Bedürfnisse" (Krumrey
1979: 199) ungleich verteilt sei. Sie erfahre seit dem 2.Weltkrieg durch die Emanzipationsbestrebungen der Frauen eine allmähliche Infragestellung und überführe
die ehelichen Konflikte auf eine neue Ebene. Affektive und normative Ressourcen
treten mit der gewachsenen Abhängigkeit der Geschlechter, in den Vordergrund der
ehelichen Problematik und scheinen sich als 'machtvollere' und resistentere
Ressourcen darzustellen (vgl. Held 1978: 66; vgl. Krumrey 1979: 199; vgl. Elias
1987b: 12,15).

Das zu betrachtende Recht stellt sich weiterhin als sichtbarste Ressource
der Macht dar und soll im folgenden neben dem normativen Gestaltwandel untersucht werden. Nicht nur hier zeigt sich die geschlechtsspezifische Zuschreibung der
gesellschaftlichen Stärkeverhältnisse. Der Rezipient erkennt hier, "daß das Recht
(...) wie in jeder Gesellschaft, Funktion des Gesellschaftsaufbaus, Ausdruck der
gesellschaftlichen Stärkeverhältnisse, Symbol für den Angewiesenheits- und
Abhängigkeitsgrad der verschiedenen sozialen Gruppen" (Elias 1989b: 82) ist.

Die eigentümliche Separierung und Abhängigkeit der Geschlechter läßt
Mann und Frau auf einer speziellen Ebene als soziale Gruppe erscheinen. Während
allgemein unter Gruppe ein regelmäßig und zeitlich überdauernd bestehender
Zusammenschluß von interagierenden Individuen zu verstehen ist, sind Gruppen-
zusammenschlüsse von Männern und Frauen allein aufgrund ihres Geschlechts
vorzufinden. Es ist dabei von sekundärem Interesse, ob ein Bewußtsein der Gruppe
über sich selbst ein Wir-Gefühl entstehen läßt (vgl. R.Klima 1978: 291f.).

Entscheidender ist hier die Frage nach der gemeinsam erfahrenen Geschichte und den kulturellen Zuweisungen, die es Männern und Frauen nicht
ermöglicht auszubrechen. Vielmehr liefert eine Analyse der gesellschaftlich zugeschriebenen unterschiedlichen Funktionen von Männern und Frauen eine aufschlußreiche Erkenntnis über die Dynamik der Ungleichzeitigkeit im Gleichzeitigen (vgl.
C.Wouters/B.v.Stolk 1987). Anders als die hierarchische Einteilung des gesellschaftlichen Systems, die soziale Schichten und Gruppen hervorbringt, ist eine

horizontale Untergliederung nach geschlechtsspezifischen und zuweilen auch altersspezifischen Kriterien vorzufinden. Soziale Gruppen, die sich aufgrund ihrer Schichten- oder Klassenzugehörigkeit bewußt formieren oder geformt werden, unterscheiden sich von Separierungen aufgrund des Geschlechts durch die mögliche Radikalität der Zielsetzung. Elias stellt fest, daß schon allein "um des Fortbestandes der Gesellschaft willen" (Elias 1987b: 13) sich die eine Gruppe nicht die Aus- löschung der anderen Gruppe zum Ziel setzen könne. Die Arbeiterbewegung habe sich dies beispielsweise vorstellen können. Elias resümiert, "ob es nicht vielleicht realistischer [wäre], sich zu überlegen, wie es Menschen gelingen könnte, die Machtaspekte menschlicher Beziehungen besser zu handhaben als bisher" und darauf einzuwirken, "daß das Pendel nicht mehr so weit ausschlägt wie heute" (ebd.: 14). Der Geschlechterkampf habe aber

> "mit anderen Kämpfen dieser Art gemein, daß es dabei um ein größeres Maß an sozialer Gleichheit zwischen Gruppen geht, deren eine - die Frauen - in vieler Hinsicht eine Außenseiterposition innehatte: ihre Mitglieder waren traditionel- lerweise von vielen sozialen Positionen ausgeschlossen, die von der anderen Gruppe monopolisiert wurden" (Elias 1987b: 12).

Die Monopolisierung gesellschaftlicher Positionen und Privilegien exemplifiziert sich zum Beispiel an der geschlechtsspezifischen Zugangsmöglichkeit zu den bedeutsamen Ressourcen der Macht. Ebenso wie bei der von Elias und Scotson untersuchten 'Etablierten-Außenseiter-Beziehung' von einer Ungleichgewichtigkeit zwischen zwei Gruppen ausgegangen werden kann, ist die Geschlechterbeziehung auf einer bestimmten Ebene damit vergleichbar. Jedoch nicht der Faktor des "Alters" (Elias/Scotson 1990: 11), sondern der Faktor des Geschlechts bestimmt, neben anderen Bedingungen, die Quellen der Macht. Aus dieser Figuration unter- schiedlicher Machtbalancen entwickelt sich eine "Soziodynamik der Stigmatisie- rung" (ebd.: 13f.), die den Etablierten die Macht der gesellschaftlichen Anerken- nung zuschreibt. Die Beachtung gesellschaftlicher Normen wurde und wird bei- spielsweise häufig von der Gruppe der Männer über die Frauen ausgeübt und zeigt sich besonders in der zweideutigen Bewertung sexueller und ehelicher Gebote. Der gewalthafte Vollzug der Machtansprüche entwickelte sich dabei innerhalb der sozialen Schicht mehr und mehr zum verbalen Lob- und Schimpfklatsch über Frauen (vgl. ebd.: 9). Ehebrecherinnen, Konkubinen, Ledige und Witwen waren im historischen Verlauf nicht selten als Opfer vor allem des Schimpfklatsches an- zutreffen, der bis hin zu ihrer gesellschaftlichen Degradierung oder auch zu ihrem Tod als Hexe reichte.

Wenngleich auch Frauen über Frauen die Macht des Klatsches anwenden, ist doch von einem unterschiedlichen, schichtenspezifischen Stellenwert dieser Ressource auszugehen. Die versteckt zum Ausdruck kommende 'weibliche' Beein- flussungstechnik verdeutlicht letztlich die Zurücksetzung "der in bezug auf die offene Machtstruktur unterlegenen Frau" (Held 1978: 73). Informelle Techniken des versteckten Machterwerbs zeigen sich historisch und auch gegenwärtig am

Vorhandensein sozialer Netzwerke und Beziehungskanäle. Sie sind von denen der "Männer klar unterschieden" (Elias 1986: 437) und kompensieren ein institutionalisiertes Ungleichgewicht zwischen den Geschlechtern. Die Ehe stellt sich als spezifische Institution dar, die die im Recht, in der Ökonomie, im Normenmuster und nicht zuletzt im Weltbild gesellschaftlich verankerte Geschlechterungleichheit widerspiegelt:

> "Aber in europäischen Gesellschaften ging diese Trennung der sozialen Sphären und die Ausformung klar geschiedener Männer- und Frauengruppen gewöhnlich Hand in Hand mit einer sehr ausgeprägten Ungleichheit zwischen den Geschlechtern im Eheleben" (Elias 1986: 440).

Kapitel II
Sozio- und Psychogenese der Ehe

II.1. Definitionen zur Ehe

Die wissenschaftliche Kennzeichnung der Ehe unterliegt, ebenso wie der untersuchte Machtbegriff, problematischen Implikationen. Indem dieser spezifischen Form der Geschlechterbeziehung eine implizite Wesenhaftigkeit unterstellt wird, erschwert sich der Zugriff auf die Weite des Ehebegriffes. Die Stillstellung der Ehe im sozialen System erübrigt jede kritische Hinterfragung und kann alternative Formen sozialer Beziehungen nur als 'widernatürliche' und 'anomische' Erscheinungen begreifen. Die Ehe ist zwar soziologisch nicht amorph, sondern "als Figuration von Menschen genauso polymorph (...) wie Gesellschaften überhaupt, und genauso strukturiert" (Elias 1985: VII). Der Rezipient hat jedoch "gesellschaftliche() Bewertungen und moralische() Urteile" (C.Mühlfeld 1982: 9) zu überwinden, um eine distanzierte Betrachtung über diese bestimmte Lebensform zu gewinnen. Mühlfeld expliziert das Problem, sich mit einer alltäglichen und selbstverständlich erscheinenden Einrichtung wie die der Ehe wissenschaftlich auseinanderzusetzen:

> "Die Annäherung an den Gegenstandsbereich durch eine sozialwissenschaftliche Fachdisziplin wird (...) oft zu einer Begegnung mit Ge- und Verbotstafeln, die Zonen der alleinigen Zuständigkeit je nach Weltanschauung oder wissenschaftlichem Standort markieren sollen" (Mühlfeld 1982: 9).

Besonders die herkömmlichen Definitionsversuche verdeutlichen, daß nach wie vor an vorgefaßten Meinungen und ideologischen Zuschreibungen über die Ehe festgehalten wird. Während in rechtshistorischen und soziologischen Deutungen der vertragliche Charakter einer Ehe hervorzuheben versucht wird und ihre implizite Naturhaftigkeit vorgeführt wird, konzentrieren sich P.L.Berger/H.Kellner (1965) auf die spezifische Funktion der Ehe in der modernen Gesellschaft. Der Forschungsstand der sechziger und siebziger Jahre dieses Jahrhunderts zeigt beispielsweise zunächst, daß die Ehe als "ein Rechtsverhältnis, durch das ein Mann und eine Frau entsprechend ihrem geschlechtlichen Wesen zu gemeinsamer Lebensführung verbunden sind" (G.Hartfiel 1982: 153), begriffen wird. Obgleich die juristische Deutung der Lebensform Ehe zutrifft, ist es auffallend, daß der heterosexuelle Gehalt einer Geschlechtsverbindung unhinterfragbar, als das wesenhafte Moment der menschlichen Organisation, festgeschrieben wird. Hier wird deutlich, daß die "Vertrautheit mit der Institution der Ehe (...) ein Denken in Selbstverständlichkeiten begünstigt" (Mühlfeld 1982: 5).

Vielmehr noch zeigt eine oft ahistorische und ethnozentristische Auffassung über die Ehe, daß ein Denken jenseits der vorgefundenen und tradierten For-

men der Vergemeinschaftung kaum ermöglicht wird. Es kann hier nicht beant-
wortet werden, ob dabei die Rücksichtnahme auf die 'öffentliche Meinung' in die
Definitionsversuche einfließt, oder ob nicht auch ein explizit weltanschauliches
Interesse der Verfasser selbst mitspielt. Es ist jedoch eine mangelnde soziologische
Reflexion zu konstatieren, durch die die Vielfältigkeit des Sozialen auf einen
implizit naturalen 'Urzustand' reduziert wird.

R.König (1969) kommt zum Beispiel in seiner lexikalischen Deutung zu
dem Ergebnis, daß die Ehe ein "rechtlich legitimiertes Liebes- und Sexualverhältnis
ist, weil die öffentliche Meinung zu Zeiten eine starke Abneigung gegen jede ero-
tische Betätigung außerhalb der Grenzen der Legitimität empfindet" (ebd.: 204).
Die Frage nach dem sich dahinter verbergenden Prozeß der Eheentwicklung, also
danach, inwiefern die 'öffentliche Meinung' so weit geprägt wurde, daß allein die
monogame Dauergemeinschaft der Ehe anerkannt ist und sich heute zumindest in
der familienpolitischen und rechtlichen Förderung als bevorzugte Lebensform
erweist, wird nicht aufgeworfen.

Auch die differenziertere Feststellung R.Kurzrocks (1979), daß die Ehe
"eine der ältesten Institutionen der Menschheit" (ebd.: 7) ist, kann nicht darüber
hinwegtäuschen, daß soziale Vergesellschaftungsformen auch hier hypostasiert und
damit unabänderlich festgeschrieben werden. Das soziologische Selbstverständnis,
Alltäglichkeiten kritisch zu hinterfragen, bleibt hier unerfüllt.

R.Eickelpasch (1974) und Weber (1976) zeigen die problematische Denk-
konstruktion auf, mit der eine Naturwüchsigkeit des Sozialen angenommen wird.
Wenngleich die Familie im Zentrum ihrer Betrachtungen steht, sind die theoretischen Grundannahmen von Eickelpasch und von Weber hilfreich, um zu einem
besseren Verständnis über die Ehe und damit über Formen der Vergemeinschaftung
zu gelangen. Denn es reicht nicht aus, die Ehe allein "als kleinste ökonomisch-
soziale Einheit, als Basis menschlicher Fortpflanzung, als Verbindung zu partnerschaftlicher Daseinsbewältigung" (Kurzrock 1979: 7) zu betrachten. Obwohl zwar
gesehen wird, daß die Ehe "im historischen Verlauf wie im Kontext unterschiedlicher Weltkulturen, oft genug formlos geschlossen, locker gehandhabt, vielfältig
variiert" (ebd.: 7) ist, wird die innergesellschaftliche Referentialität der Ehe an sich
unterschlagen. Weber geht davon aus, daß der

> "Begriff der 'Ehe' selbst (...) nur durch Bezugnahme auf noch andere als jene
> Gemeinschaften zu definieren [ist]. 'Ehe' entsteht als gesellschaftliche Institution
> überall erst durch den Gegensatz zu anderen, nicht als Ehe angesehenen sexuellen
> Beziehungen" (Weber 1976: 213).

Gerade auf diese Bedingtheit wird in den herkömmlichen Denkweisen ungenügend
oder überhaupt nicht hingewiesen. Es wird von *der Ehe* ausgegangen und nicht von
unterschiedlichen *Ehen*, so daß eine historisch erkennbare Konkurrenz unterschiedlicher Eheformen kategorial erst gar nicht gedacht werden kann. Auch das Kriterium der Dauerhaftigkeit wird als ausgewiesenes Merkmal der Ehe vorgeführt, ohne
daß nach den Bedingungen gefragt wird, durch die das Prinzip der lebenslänglichen

Verbindung hervorgebracht wird (vgl. P.Mikat 1971: 809). Die Ehe, als "rechtmäßige, eine dauernde Lebens- und Rechtsgemeinschaft begründende Geschlechtsverbindung von Mann und Frau" (ebd.: 809) verstanden, kann nur in Abgrenzung
zu illegitimen, wechselnden und vielfältigen Formen sexueller Betätigung gedacht
und definiert werden. Die noch heute aktuellen Definitionen der sechziger und
siebziger Jahre vernachlässigen diesen Problematisierungsgrad. Gerade der Verweis
auf die universelle Gültigkeit der Ehe stellt sich als Versuch ihrer Legitimierung
dar. Die implizite Verwerfung unterschiedlicher Beziehungsformen tritt hier
deutlich hervor. Mikat stellt beispielsweise fest:

> "Die Ehe bildet - auch und gerade bei Völkern primitiver [sic!] Kulturstufe -
> einen überindividuellen sozialen Tatbestand und als solcher den Gegenstand
> sozialverbindlicher Regelung" (ebd.: 809).

Eine unkritische Festschreibung dessen, was eine Ehe ist, suggeriert somit "eine
naturwüchsige Einheit von Beziehungen und Funktionen und leistet so der Verdinglichung und Hypostasierung des Sozialen Vorschub" (Eickelpasch 1974: 324). Die
historische, sozio-ökonomische Kontextualität wie auch die Pluralität von Eheför-
men wird somit negiert und eröffnet keinerlei Alternativen, sich dem gesellschaftlichen Zwang 'überindividueller sozialer Tatbestände' zu entziehen. Der Zwangscharakter, der von der durch Menschen selbst geschaffenen Ordnung auch ausgeht,
wird dabei oft vernachlässigt. Vielmehr noch wird der funktionale und integrative
Aspekt einseitig gegenüber dem repressiven Gehalt gesellschaftlicher Ordnungs-
muster hervorgehoben. Implizit aus der Modernitätskritik gespeist, konstatieren
Berger/Kellner wie auch Hartfiel einen 'Zerfall' der Ehe und Familie oder stellen
zumindest die gewachsene Problematik der bis dato nahezu konkurrenzlos anerkannten Beziehungsform fest (vgl. Hartfiel 1982: 154; vgl. Berger/Kellner 1965:
234).
       Obgleich der Ehe heute ein spezifischer Stellenwert zukommt, kann nicht
einseitig davon ausgegangen werden, daß ihr Wandel ein Spezifikum der modernen
Gesellschaft ist. Es ist vielmehr davon auszugehen, daß jeder gesellschaftliche
Wandel in der Geschichte die gesellschaftliche Einrichtung der Ehe entscheidend
prägt und eine Veränderung gesellschaftlicher Machtverhältnisse indiziert (vgl.
Elias 1985: VII).
       Auch Berger/Kellner vernachlässigen den repressiven Gehalt bestehender
Institutionen, so daß der emanzipative Wandel der Lebensformen als bedrohlich erscheinen muß. Wenngleich die Soziologen in ihrer Betrachtung über die identitäts-
stiftende Funktion der Ehe kritische Implikationen liefern, ist auch hier der Versuch
erkennbar, die Ehe zu verklären, indem sie wie alle intimen Beziehungen als ein
"Sozialidyll" (Mühlfeld 1982: 21) fernab von äußeren Zwängen und Einflüssen vorgeführt wird (vgl. Berger/Kellner 1965: 224). Die Ehe wird zwar als ein Teil
gesellschaftlicher Erscheinungen begriffen, zugleich wird jedoch zu einseitig von
der integrativen Funktion dieser Geschlechterbeziehung ausgegangen. Berger/Kell-
ner nehmen vielmehr die Ergebnisse der Untersuchung Durkheims über die bürger-

liche Gesellschaft des 19. Jahrhunderts zum Ausgangspunkt ihrer Untersuchung und
verabsolutieren damit die aktuelle Bedeutsamkeit der Ehe. Sie scheint trotz gesellschaftlicher Differenzierungsprozesse und bedeutsamer Zäsuren als fundamentale
Grundlage der Gesellschaft ewig gleich zu bleiben:

> "Seit Durkheim ist es ein familiensoziologischer Gemeinplatz, daß die Ehe dem
> einzelnen Schutz gegen Anomie bietet" (Berger/Kellner 1965: 220).

Es wird nicht umgekehrt danach gefragt, ob der auch in der gesellschaftlichen Einrichtung der Ehe zum Ausdruck kommende Zwang dazu beiträgt, Anomie zu för-
dern, und ihr sogenannter 'Zerfall' ihre kritische Infragestellung indiziert. Es wird
dagegen festgestellt, daß die Ehe "als ein() nomosbildende(s) Instrument() (...) d.h.
(...) als ein() gesellschaftliche(s) Arrangement(), die dem einzelnen die Ordnung
bietet, in der er sein Leben sinnvoll erfahren kann" (Berger/Kellner 1965: 220), zu
verstehen ist. Sie wird im historischen Verlauf, so wird konstatiert, instabiler und
komplizierter. Hohe Scheidungsziffern drücken dieses aus (vgl. ebd.: 234). Sie erklären, daß der einzelne in der anonymen Massengesellschaft der Moderne hilflos
und ohnmächtig den öffentlichen Institutionen gegenübersteht und zwangsläufig im
überschaubaren Rahmen des Privaten nach sinnstiftenden Momenten sucht. Gerade
die Ehe ist nach ihrem Verständnis für "die meisten Erwachsenen in unserer
Gesellschaft" (Berger/Kellner 1965: 224) die Grundlage der Privatsphäre und ein
bislang vom öffentlichen Zugriff "ausgesparte(r) Raum" (ebd.: 224).
        Obwohl unabweisbar der privaten Lebenswelt gegenüber dem öffentlichen
Leben ein qualitativ bedeutsamer Stellenwert zukommt, ist doch von einer wechselseitigen Durchdringung dieser Bereiche auszugehen (vgl. Elias 1985: IX). Berger/-
Kellner konstatieren aber im Gegenteil, daß der Staat oder die Gesellschaft sich
mehr und mehr aus der Privatsphäre des einzelnen zurückzieht. Das Individuum
muß, auf sich selbst zurückgeworfen, eine eigene Wirklichkeit konstruieren (vgl.
Berger/Kellner 1965: 226). Nach ihrer Auffassung sind in einer ehelichen Beziehung zwei Menschen immer mehr gefordert, "alle Handlungen des einen Partners
im Bezug zu denen des anderen" (ebd.: 226) zu entwerfen, weil die traditionalen
Vorgaben wegfallen. Gesicherte Identitätsmuster werden instabil, vorgeführte
Orientierungsmuster zerfallen und überantworten den Partnern die Aufgabe, sich
gegenseitig zu bestätigen und zu stabilisieren (vgl. ebd.: 222,227,232). Implizit
wird hier also festgeschrieben, daß die Ehe in 'früheren' Zeiten Stabilität, Sinnstiftung und Identität geboten hat, obgleich auch zugestanden wird, daß traditionale
Vorgaben handlungsbegrenzenden Charakter zeigen (vgl. ebd.: 225f.).
        Ungeachtet der individuellen Bedeutsamkeit sinnstiftender Paarbeziehun-
gen zeigt sich für die beiden Autoren, daß die Ehe auf einer höheren Ebene im
gesellschaftlichen Ganzen eingebettet ist. Die Gesellschaft wirkt somit doch
'irgendwie' in den Privatbereich des einzelnen hinein. Berger/Kellner explizieren
hier leider nicht, inwiefern "durch das Abenteuer Ehe (...) ein hohes Maß an

Energie, die sich sonst gefährlich entladen könnte, zuverlässig gebunden" (Berger/-
Kellner 1965: 231) wird. Sie stellen vielmehr allgemein und apodiktisch fest:

> "In einer Gesellschaft, in der der größte Teil der öffentlichen Institutionen eine
> straffe Kontrolle über das Verhalten des einzelnen ausüben muß, ist die Stabilisie-
> rung und Verengung der Identität funktional. Gleichzeitig ist der enge Bereich der
> Kernfamilie ein makrosoziologisch unschädliches Betätigungsfeld, in dem der
> einzelne seinen weltschaffenden Neigungen nachgehen kann, ohne wichtige
> soziale, ökonomische und politische Bereiche zu stören" (Berger/Kellner 1965:
> 231).

Ob beispielsweise die in der Ehe gefesselte Energie sexueller Art ist oder politisch
zu verstehen ist, wird nicht problematisiert. Ein Blick auf die Geschichte zeigt
jedoch, daß permanent auf den sexuellen Lebensbereich einzuwirken versucht wird.

Daß die uns bekannte Form der monogamen, auf Dauer angelegten und
womöglich sinnstiftenden Ehe als Ausdruck historisch nachvollziehbarer Machtkämpfe zu verstehen ist, wird in ihrem Aufsatz vernachlässigt. Der Rezipient trifft
hier auf die angedeuteten Verbotstafeln, die Ehe auch als eine Machtbeziehung, als
ein Produkt institutionellen Charakters zu sehen, weil nicht zuletzt das romantisierte
Idyll der Zweisamkeit und Widerständigkeit gegenüber äußeren Einflüssen destruiert wird. Die Geschichte der Ehe ist wie die gesellschaftliche Entwicklung als eine
Geschichte von ungleich verteilten Machtbalancen, von Gewalt und vielleicht auch
von 'Liebe' zu verstehen. Es soll also im folgenden untersucht werden, welche
"Instanzen den Anspruch erhoben, eine Geschlechterbeziehung als Ehe zu legitimieren, und Macht genug hatten, die Anerkennung dieses Anspruches durchzusetzen" (Elias 1985: VII) und welche Art der Machtverteilung zwischen Mann und
Frau dadurch hervorgebracht wurde.

Um einen theoretischen Zugriff zu ermöglichen, der die individuelle wie
auch die gesellschaftliche Komponente und Wandelbarkeit der ehelichen Beziehung
erfaßt, soll von der Ehe als Institution ausgegangen werden.

II.1.1 Ehe als Institution

Der Begriff der Institution wird in der lexikalischen Grundbedeutung von
mehreren Perspektiven beleuchtet. W.L.Bühl (1978) verdeutlicht die Vielschichtigkeit und Komplexität des Institutionenbegriffes. So wird beispielsweise konstatiert,
daß Institution

> "ein Komplex von gesamtgesellschaftlich zentralen, dem planenden Eingriff (...)
> jedoch schwer zugänglichen und unspezifischen (...), trotzdem aber deutlich
> abhebbaren Handlungs- und Beziehungsmustern [bedeutet], der vor allem durch
> die Verankerung der zentralen Ordnungswerte in der Antriebsstruktur der Gesell-
> schaftsmitglieder gekennzeichnet ist" (Bühl 1978: 345).

Als Antriebsstruktur wird dabei der menschliche Drang nach Stabilität angeführt, während auf einer weiteren Ebene die Institution in ihrer Bedeutung "für die Selbsterhaltung des sozialen Systems" (Bühl 1978: 345) komprimiert wird. Auf die Institutionentheorie H.Schelskys anspielend wird festgestellt, daß "das Geflecht der sozialen Beziehungen und Rollen, der materiellen und sozialen Austauschbeziehungen" (ebd.: 345) durch Institutionen geregelt wird. Schelsky (1970) geht in diesem Zusammenhang von einer Wechselwirkung gesellschaftlicher Institutionen mit dem gesellschaftlichen Ganzen aus. Als Teile des Gesamtsystems der Gesellschaft verfolgen Institutionen die "Aufrechterhaltung des sozialen Systems als Ganzem" (Schelsky 1970: 12) und intendieren zugleich, sich selbst zu erhalten. Es ist also von einer gewissen Eigenlebigkeit von Institutionen auszugehen, die somit den Veränderungen des sozialen Systems widerstrebt. Macht ist in diesen gesellschaftlichen Prozessen der Institutionalisierung und Deinstitutionalisierung von grundlegender Bedeutsamkeit.

Gesellschaftliche Ordnungsgeflechte indizieren die Machtpositionen und sozialen Belohnungen, die sich im "Sinnzusammenhang des sozialen Systems" (Bühl 1978: 345) repräsentieren (vgl. Schelsky 1970: 13). Schelsky und Berger/-T.Luckmann (1970) verdeutlichen zwar, wie sich ein spezifischer Sinnzusammenhang gesellschaftlich durchsetzt, die von Bühl angeführte strukturelle Macht von Institutionen wird jedoch zu wenig berücksichtigt. So stellt Schelsky fest, daß der Glaube an die Legitimität dazu beiträgt Institutionen auszubilden: tritt zu der vorgefundenen Ordnung der Gesellschaft "bei den Individuen der Glaube an die Wahrheit und Richtigkeit dieser Bräuche hinzu, d.h. wird das regelmäßige Handeln als Norm in das Bewußtsein aufgenommen, so entwickeln sich Sitten, die dann die Grundlage der sozialen Institution bilden" (Schelsky 1970: 13). Institutionen bedürfen, obwohl sie scheinbar im Einvernehmen aller Gesellschaftsmitglieder eingerichtet sind, der Legitimierung und Reaktualisierung. Der Verweis auf die Tradition ist dabei ein ideologisches Mittel, um bestehende Institutionen zu rechtfertigen. Die Ehe als vorgeführtes, reziprok typisiertes Handlungsmuster zwischen Mann und Frau wird zum Beispiel in dieser Form verteidigt, indem sie als die älteste und damit vermeintlich optimalste Form der Geschlechterbeziehung gilt (vgl.II.1.).

Obgleich Berger/Luckmann erkennen, daß Institutionen "Kontrollcharakter" (ebd. 1970: 58) besitzen und dem einzelnen als "äußeres, zwingendes Faktum gegenübersteh(en)" (ebd.: 62), wird ihre kritische Infragestellung nicht geleistet. Die in Institutionen 'inthronisierte' Gewalt und Macht wird im Gegenteil nicht berücksichtigt, indem davon ausgegangen wird, daß jedes Gesellschaftsmitglied am Prozeß der Institutionenbildung partizipiert:

> "Wenn habitualisierte Handlungen Institutionen begründen, so sind die entsprechenden Typisierungen Allgemeingut. Sie sind für alle Mitglieder der jeweiligen gesellschaftlichen Gruppe erreichbar" (Berger/Luckmann 1970: 58).

Auf der mikrosoziologischen, interaktionistischen Ebene wird in der Darstellung von Berger/Luckmann untersucht, wie sich habitualisierte Muster zur objektiv gültigen Wirklichkeit entwickeln. Es wird hervorgehoben, daß zwei sich gegenüber-tretende Individuen untereinander das erstrebte Handlungsmuster aushandeln. Durch das Hinzutreten Dritter wird das Muster schließlich zu einer allgemeingültigen Wirklichkeit (vgl. ebd.: 59,62). Es bleibt jedoch unbeantwortet, in welcher Form die Legitimität eines bestimmten Musters durchgesetzt wird. Diese Problematik scheint sich auch zu erübrigen, indem ein diffuses 'allgemeinmenschliches' Bedürf-nis des Menschen, Institutionen bzw. Handlungsmuster aufzustellen, vorausgesetzt wird. Der Mensch wird dabei als defizitäres Wesen gegenüber dem instinktgeleite-ten Tier konzipiert und scheint auf die Umwelt viel stärker angewiesen zu sein. Seine Unabgeschlossenheit und Weltoffenheit macht den Menschen, so fahren die Autoren fort, zwar "sozio-kulturell variabel" (Berger/Luckmann 1970: 51), zugleich aber auch unberechenbar. Am Beispiel der menschlichen Sexualität wird für sie deutlich, daß der Mensch angeblich zu allem fähig ist. Um "ein Dasein im Chaos" (ebd.: 54) abzuwenden, setzt sich der Mensch demnach selbst Spielregeln des Sexualverhaltens. Während seine Instinktgebundenheit das Verhalten des Tieres steuert, ist der Mensch gefordert, "sich eine stabile Umwelt zu schaffen, um überleben zu können" (ebd.: 56):

> "Dem menschlichen Organismus mangelt es an dem nötigen biologischen In-strumentarium für die Stabilisierung menschlicher Lebensweise. Seine Existenz wäre, würde sie zurückgeworfen auf ihre rein organismischen Hilfsmittel, ein Dasein im Chaos" (Berger/Luckmann 1970: 54).

Indem die nahezu mystisch verklärte Gefahr der Sexualität an sich, die Spannun-gen, die von angeblich "ungerichteten Trieben kommen" (Berger/Luckmann 1970: 57), im weiteren absolut gesetzt werden, wird ihre gesellschaftliche Steuerung legitimiert. Berger/Luckmann weisen darauf hin, daß es für den instabilen Men-schen an sich nur nützlich und erleichternd ist, von der Last, sich jedesmal neu zu entscheiden, befreit zu sein, indem er sich in die tradierten und erprobten Hand-lungsmuster einfügt (vgl. ebd.: 57):

> "Habitualisierung in diesem Sinn bedeutet, daß die betreffende Handlung auch in Zukunft ebenso und mit eben der Einsparung von Kraft ausgeführt werden kann" (Berger/Luckmann 1970: 56).

Wenngleich berücksichtigt wird, daß das menschliche Sein in einem "Geflecht aus Ordnung, Gerichtetheit und Stabilität" (Berger/Luckmann 1970: 54) stattfindet, überlagern anthropologische Deutungsversuche die soziologische Diskussion. Es soll hier nicht danach gefragt werden, ob der Mensch 'an sich' im 'Urzustand der sexuellen Zügellosigkeit zu wüten' droht, oder ob er im Chaos irrt (vgl. Elias 1971: 79). Vielmehr ist es ergiebiger zu untersuchen, wie es im historischen Verlauf dazu

kommt, daß gerade die Sexualität zum Zentrum gesellschaftlicher Institutionenbildung wird und welche Legitimierungsmuster der beteiligten Gruppen durchgesetzt
werden.

Die konstatierbare Macht von Institutionen ist in diesem Zusammenhang
nicht allein äußerlich wirksam, indem "ihre bloße Faktizität" (Berger/Luckmann
1970: 64) den einzelnen zur Fügsamkeit zwingt. Vielmehr ist gesellschaftliche
Macht in Institutionen strukturell vergegenständlicht. Die gegenseitige Typisierung
eines auf Dauer gestellten Musters ist unweigerlich als ein Prozeß sich durch-
setzender Macht zu begreifen:

> "Weil sie [die Institutionen] gegenständlich sind und nicht (...) einfach wegge-
> wünscht werden können, besitzen sie Zwangscharakter. Versucht das jemand zu
> übersehen oder sie gar zu verändern, bekommt er mit Sicherheit ihre zwingende
> Macht zu spüren" (G.Weber/R.Weber 1985: 417).

Autorität und Zwang sind auch für Berger/Luckmann erkennbare Kennzeichen von
Institutionen. Indem die Autoren jedoch eine implizite Notwendigkeit festschreiben,
Zwang über das 'Mängelwesen' Mensch auszuüben, werden Institutionen dem
Zugriff und der radikalen Infragestellung durch den einzelnen entzogen. Die in
Geschlechterrollen zum Ausdruck kommenden Typisierungen der Institution der
Ehe werden somit zum Beispiel als nahezu unabänderlich festgeschrieben. Sie
scheinen Mann und Frau von der jedesmaligen Orientierung zu entlasten und
Stabilität zu garantieren. Vielmehr noch gründet für Berger/Luckmann das Fort-
wirken der Institution "auf ihre gesellschaftliche Anerkennung als 'permanente'
Lösung eines 'permanenten' Problems" (Berger/Luckmann 1970: 74). Es bleibt hier
zu fragen, warum es nötig schien und noch nötig scheint, das 'permanente' Problem der Geschlechter- und Sexualorientierung in der Institution der Ehe lösen zu
müssen (vgl. Elias 1985: VII).

Indem die Geschlechterbeziehung jedoch auf ihren rein sexuellen Gehalt
verengt wird, bleiben die vielschichtigen Sphären der Ehe unberücksichtigt. Die
strukturelle Macht dieser Institution äußert sich über ihre offensichtlichste, sexuelle
Komponente hinaus in der ökonomischen, gesellschaftlichen und sozialen Differenz
der Geschlechterbeziehung. Nicht allein das Problem der 'Spannung ungebundener
Triebkräfte' wird in der Ehe zu lenken gesucht und in den ehelichen Geschlechterrollen modifiziert.

Berger/Luckmann erkennen gleichzeitig aber auch, daß Institutionen ver-
dinglichenden Charakter tragen. Die Ehe wird dabei als ein besonders empfäng-
licher Verhaltensbereich vorgestellt, der den institutionellen Zugriff erleichtert.
Anerkannt ist zwar, daß die Ehe als "außer- oder gar übermenschliche(s)" Phänomen und als "Naturgegebenheit" (Berger/Luckmann 1970: 94f.) ausgewiesen wird:

> "Die Ehe beispielsweise kann verdinglicht werden als Imitatio göttlicher Zeugung,
> als universales Gebot der Naturgesetze oder notabene auch als funktionaler
> Imperativ des Gesellschaftssystems" (Berger/Luckmann 1970: 97).

Gerade die gesellschaftlich-funktionale Verdinglichung der Ehe als nomisches Instrument der psycho-sozialen Identitätsfindung und Stabilisierung ist jedoch ein vorfindbares Zuschreibungsmuster (vgl. Berger/Kellner 1965: 220; vgl. I.1.). Die beiden Soziologen leisten es hier selbst nicht, die vorfindbare Verdinglichung und Stillstellung der Ehe zu überwinden, indem sie zur gesellschaftlichen Enklave stilisiert wird. Der Zivilisationsprozeß der Ehe im europäischen Abendland zeigt jedoch, daß sie fortwährend ideologisch untermauert und verabsolutiert wird (vgl. Elias 1989a: 250). Die vorfindbaren Untersuchungen über die Ehe unterliegen oft selbst dieser instrumentellen Denkweise und reflektieren die 'Gebots- und Verbotstafeln' kaum:

> "Was all diese Verdinglichungen verbindet, ist ihre Verkennung der Institution
> Ehe als fortgesetzter menschlicher Leistung" (Berger/Luckmann 1970: 97).

Deutlicher als es die herkömmlichen soziologischen Erklärungsansätze leisten, umreißen Weber/Weber die Bedeutung von Institutionen. Die Widersprüchlichkeit der Institutionenbildung wird hier herausgestellt. So dienen Institutionen als Vermittlungsinstanz gebotenen Verhaltens, zwingen aber durch ihre vergegenständlichte Macht zur Folgsamkeit, so daß der einzelne ihr unterworfen bleiben kann. Ihre Erscheinung als "äußere Wirklichkeiten oder Gegenstände" (Weber/Weber 1985: 417) machen Institutionen zu unentrinnbaren Gebilden. Sie sind aber dem aktuellen Verständnis und dem "Alltagsbewußtsein verborgen", nicht zuletzt, weil ihre "historische Einsetzung durch Menschen" (ebd.: 417) als einmal gültige Sinnstiftung nicht reflektiert wird. Gerade im Bewußtsein über die Historizität von Institutionen liegt denn auch ihre Veränderbarkeit. Der einzelne kann jedoch kaum planend eingreifen, um Institutionen zu verändern. Vielmehr bewirkt die gesellschaftliche Entwicklung den Wandel und zuweilen auch die Auslöschung von 'auf Dauer gestellten Mustern' und Sinnzusammenhängen: Institutionen

> "können sogar radikal, d.h. bis zu ihrer Auslöschung 'verändert' werden: einmal
> dadurch, daß sie leer geworden sind, also nicht mehr den persönlichen Ansichten,
> Meinungen und Beweggründen der Menschen Ausdruck verleihen und zum
> anderen, wenn andere, die noch mehr Macht haben, als eine Institution, sie für
> nicht mehr existent erklären (...)" (Weber/Weber 1985: 417).

Die vorliegende Untersuchung versucht die Sinnentleerung und neue Sinngebung der Institution der Ehe aufzuspüren, und fragt nach den ihr zugrundeliegenden Bedingungen. Die Autorität, mit der die Institution der Ehe ausgestattet ist, soll dabei besonders berücksichtigt werden, weil hier zugleich die Zählebigkeit und die Veränderbarkeit tradierter Verhaltensgebote erkennbar wird. Der Grad des Strafmaßes über jene, die sich der Institution der Ehe zu bestimmten Zeiten nicht unterordnen wollten oder konnten, indiziert den Grad der gesellschaftlichen Macht und Autorität bestimmter Gruppen. Sie zeigt an, daß bestimmte Sinngebungen über die

"Ordnung der Geschlechter" (C.Honegger 1991) zunächst rigoros mit Gewalt durchgesetzt werden, schließlich unbewußt verinnerlicht und nicht zuletzt erneut aufgebrochen oder verändert werden.

II.2. Ehe in der feudalen Rittergesellschaft

Die abendländische Gesellschaft des neunten bis sechzehnten Jahrhunderts weist gegenüber der vorhergehenden Stammesgesellschaft und der Nachfolgezeit der höfisch-absolutistischen Gesellschaft eine spezifische Form gesellschaftlicher Differenzierung auf. Ihre implizite Verhaltens- und Affektmodellierung steht dabei als spezifisches Kriterium bereit, um die mittelalterlichen Macht- und Geschlechter-beziehungen zu umreißen. Die in dieser Zeit anzutreffenden demographischen und sozio-ökonomischen Umwälzungen, sowie die in politische Hegemonialkämpfe ein-gebundenen Spitzengruppen des Ritter- und Klerikeradels und der landesherrlichen Fürsten und Zentralherren, markieren die Dynamik des Feudalisierungsprozesses. Sie berührt alle elementaren zwischenmenschlichen Beziehungen, sowohl im Gros der Ober- wie auch der Unterschichten (vgl. Elias 1989b: 18ff.).

Die großen Menschenmassen, die zur Völkerwanderungszeit des neunten Jahrhunderts aufeinandertreffen, und die in zahlreiche kleine Herrschaftszentren sich zersplitternden Territorialeinheiten bringen ein Spannungsgefüge der früh-mittelalterlichen Gesellschaft hervor (vgl. Elias 1989a: 283ff., 1989b: 42). Offene Positions- und Machtkämpfe um Brot- und Landerwerb kennzeichnen die zentralen Auseinandersetzungsfelder und kulminieren in großen expansiven Kreuzzügen der Rittergesellschaft (vgl. Elias 1989b: 50,77f.). Der noch freie und ungebundene Ritter[1] und Burgherr ist nur sich selbst und seinen schutzbefohlenen Untertanen verpflichtet. Die unmittelbare Gefahr, die sich ihm hier stellt, ist die direkte, körperliche Auseinandersetzung mit dem Feind. Die Konkurrenz mehrerer Territo-rialherren um Gebiets- und Machtgewinne hat im beginnenden Feudalisierungspro-zeß noch nicht zur Durchsetzung eines Zentralherren über ein großes Gebiet ge-führt, so daß die Interdependenz einzelner und der Grad ihrer Verflechtung gering sind. Einzig die kriegerische Tauglichkeit und die expansive Einverleibung ergiebi-ger Böden durch den freien Mann und Ritter entscheidet über sein Leben und die Machtposition im gesellschaftlichen Gefüge (vgl. Elias 1989b: 77f.,83). Dem Affekthaushalt wird demnach noch keine weitreichende Langsicht und Zurückhal-tung abverlangt. Vielmehr wird durch die Überschaubarkeit und geringe Verflech

---

[1] Der Begriff "Ritter" wird im Mittelalter als exklusive Bezeichnung der gesellschaftlichen Suprematie des Adels gewählt. Die frühere Bedeutung als Berufsbezeichnung von einfachen, dienenden Kriegern wird hierarchisch verengt und meint die kulturelle, gesellschaftliche und herrschaftliche Vornehmheit von Herr, Fürst und Ritter in einem. Sie expliziert sich nicht zuletzt im Begriff des Höfischen (vgl. J.Bumke 1990a: 68,78ff., 1990b: 525ff.).

tung einer unmittelbar gefahrvollen Umwelt das Ausleben der gewalthaften, kriegerischen Affekte sogar erforderlich:

> "Das Leben (...) dieser Gesellschaft verlangt eine ständige Bereitschaft zu kämp-
> fen und die Leidenschaften in Verteidigung seines Lebens oder seines Besitzes
> gegen einen körperlichen Angriff spielen zu lassen" (ebd.: 318).

Aus der an territoriale Grenzen stoßenden Expansion des Frühmittelalters konsoli-
diert sich allmählich ein geschlossenes Gesellschaftssystem. Gesellschaftliche
Macht rekrutiert sich mehr durch die Verfügung über immobilen, erblichen Landbesitz als allein über die individuelle Körperkraft des Ritters (vgl. ebd.: 76ff.).
Abhängigkeitsbeziehungen prägen sich zugleich stärker aus und bedrohen die autonome Position des kleineren Ritters von zwei Seiten. Seine Gefolgschaft belehnter
Untertanen und der landvergebende Fürst begrenzen seinen Handlungsspielraum
spezifisch (vgl. Elias 1989b: 79,83; vgl. K.Bosl 1972: 140).
Das personenrechtliche Herrschaftssystem des Großfürsten wird wiederum durch
das aufkommende grundherrschaftliche System abgelöst und läßt auch seine Angewiesenheit auf seine lehnsadlige Gefolgschaft der Ritter wachsen (vgl. Elias 1989b:
37). Diese werden durch die Arrangierung günstiger Eheschließungen und der darin
eingeschlossenen Landvergabe an den königlichen bzw. kaiserlichen Lehnsherren
gebunden, verbleiben aber nach wie vor ungebrochen in ihrer Bedeutsamkeit als
kriegerischer Adel (vgl. G.Duby 1985: 108,121; vgl. M.Schröter 1985: 196f.).

Der dritte Stand des Stadtbürgertums vermag sich in der gering verflochtenen, gewalthaften und kaum monetarisierten Gesellschaft noch nicht durchzusetzen
und läßt das adelige Selbstverständnis ungebrochen durchscheinen (vgl. Elias
1989a: 273). Entsprechend der Bedeutung physischer Überlegenheit konzentriert
sich der ritterliche Affekthaushalt und Tugendkatalog auf die bedeutsamen Werte
von Kühnheit, Mut, Stolz und adeliger Vornehmheit. Duby konstatiert für eine Zeit,
in der weniger ökonomische Interessen, wie die des Gelderwerbs, sondern vielmehr
die des Landerwerbs vorrangig zum adligen Denken zählen, daß die "Kühnheit des
Leibes und der Seele, die ebenso zur Heldentat wie zur Freigiebigkeit führt" (Duby
1985: 44f.), im Zentrum des aristokratischen Wertsystems stehen. Die Auffassung,
daß sich die adelige gottgewollte Suprematie im Blut vererbe, bestimmt denn auch
eine nach agnatischen Prinzipien organisierte Eheschließungs- und Machtpolitik
(vgl. ebd.: 45). Hier werde die Frau aber nicht als "Durchgangsstätte (des männlichen Samens)" (ebd.: 45) betrachtet, sondern sei als unmittelbar beteiligte Zeuge-
rin von großer Bedeutsamkeit für die eheliche Geschlechterbeziehung. Im Glauben,
daß der Zeugungsakt aus der Vermischung männlichen und weiblichen Samens und
Blutes bestehe, gewinne die Frau gegenüber ihrer sozialen und physischen Inferiorität eine Aufwertung. Ihre vererbungsbiologische Funktion stelle sie dem Mann
gleich (vgl. ebd.: 45). Wenngleich der Frau als adliges 'Herrschaftssubjekt' eine
gewisse Bedeutung zukommen mag, verdeutlicht doch die Reduzierung der Frau,
wie auch die des Mannes, auf ihre generativen, sanguinen Qualitäten ihre spezifische Unterordnung unter heteronome Interessen. Sie kommt besonders an der Ver-

gabestruktur der herrschaftlichen Eheschließungspolitik in den Oberschichten zum Ausdruck. Duby differenziert hier ebensowenig wie Schröter, der die Bedeutsamkeit formalistischer Eheauffassungen gegenüber der praktizierten Eheschließung überbewertet. Neben den vorfindbaren rechtshistorischen und formaljuristischen Untersuchungen zur Ehe gewähren aber Duby wie auch Elias einen Einblick in die mittelalterliche Ehepraxis, wie sie gewesen sein könnte, ohne der Gefahr zu unterliegen, sich durch spekulative und phantasiereiche Wunschbilder leiten zu lassen (vgl. Elias 1987a, Duby 1985: 28).

Die gering differenzierte Adelsgesellschaft läßt die Schichtengegensätze zwischen vornehmen Freien und leibeigenen Unfreien umso drastischer hervortreten, je dominierender und selbstverständlicher der ritterliche 'Ehrenkodex' unbefangen ausgelebt werden kann. Nahezu bis in die Neuzeit ist im Verhaltensmodem der Oberschichten eine Idealisierung der ritterlich-adligen Suprematie vorfindbar. Sie differenziert sich aber im Prozeß der Verhöflichung spezifisch aus (vgl. Elias 1989a: 270). Besonders bildliche Darstellungen dieser Zeit veranschaulichen den vergleichsweise geringen Grad der Verschleierung sozialer Differenzen. Hier ist vielmehr die Auffassung gottgewollter Ungleichheit zwischen Armen und Reichen, Herr und Knecht, zwischen Mann und Frau offen und ohne jegliche Scham dargestellt (vgl. ebd.: 291,294). Sie kommt darin zum Ausdruck, daß

> "die anderen, die arbeitenden Schichten da sind. Sie gehören zur unentbehrlichen Staffage des ritterlichen Lebens. Der Herr lebt mitten unter ihnen (...). Im Gegenteil, es ist ein integrales Element seines Selbstgefühls, daß diese anderen Menschen sich rings um ihn bewegen und daß er nicht ist, wie sie, daß er ihr Herr ist" (Elias 1989a: 290).

Dieser Vorherrschaft, die auf Kosten der "arbeitende(n) und beherrschte(n) Unterschicht (...) [geht], deren gebundene Arbeit und Produktion den Herren das freie Leben und Herrendasein allein möglich machte" (Bosl 1972: 142), wird mit allen Mitteln ritterlicher Kampfes- und Kriegsführung verteidigt. Vielmehr noch ist über die Notwendigkeit hinaus, kampfbereit zu sein, eine prinzipielle Bejahung, Lust und ritualisierte Huldigung vorzufinden, die die gewaltsame Zerstörung, Jagd und Raub als selbstverständliches Tätigkeitsfeld des Ritters erscheinen läßt (vgl. Elias 1989a: 265ff., 1989b: 93; vgl. E.Schäufele 1979: 17ff.; vgl. Bosl 1972: 141ff.). Auch wenn der Ritter sich allmählich im gesellschaftlichen Verhöflichungsprozeß gezwungen sieht, dem Lehnsherrn zu Diensten zu sein und sich dessen Macht unterzuordnen, findet sich bei ihm eine anhaltende Kriegslust und diesseitsorientierte Lebenseinstellung (vgl. Elias 1989a: 270ff., 1989b: 33f.,87f.).

Entgegen der sich allmählich auf das Jenseits orientierenden Auffassung der Kleriker, die die Christianisierung der Gesellschaft vorantreiben und die adelige Lebensweise, wenn auch opportun, zu bekämpfen suchen, zeigt sich ein hartnäckiges Festhalten an der aristokratischen Autarkie. Besonders die hier anzutreffenden erbitterten Machtkämpfe um die Durchsetzung bestimmter Eheformen und -auffassungen zeugen von einem Fortwirken weltlich-ritterlicher Ideale, die der gesellschaftlichen Entwicklung entgegengestellt sind. Nicht nur gegenüber den sozial niedrigstehenden Unfreien, sondern auch gegenüber den standesgleichen Frauen zeigt sich, daß sich das angeblich gottgewollte Herrendasein als patriarchalisches Überlegenheitsgefühl expliziert. Der Verklärung der hochrangigen und unerreichbaren Edelfrau durch den abhängigen Diener steht ein rigoroses Ausspielen ritterlich-männlicher Gewaltüberlegenheit gegenüber. Oft erschweren gerade in diesem Kontext verklärende Betrachtungsweisen den Zugang zum patriarchalen Gehalt der mittelalterlichen Gesellschaft. Auch die Analyse der formalrechtlichen Stellung der Frau bleibt ebenso unbefriedigend und soll durch die Untersuchung der Geschlechtermodellierung ergänzt werden (vgl. Schröter 1985: 129; vgl. K.Brunner/F.Daim 1981).

Der Handlungsspielraum des Ritters zeigt beispielsweise eine "außerordentlich() große() Freiheit im Auslauf seiner Gefühle und Leidenschaften, die Möglichkeit zu wilden Freuden, zu einer hemmungsloseren Sättigung von Lust an Frauen" (Elias 1989b: 323, 76).

Übertragen auf die eheliche und sexuelle Geschlechterbeziehung ist zu konstatieren, daß der "Ungebundenheit des Herrendaseins [die] Beschränktheit des Frauendaseins und [das] radikale() Ausgeliefertsein der Unterworfenen, Besiegten oder Leibeigenen" (ebd.: 323f.) entgegensteht. Ebenso wie sich das Machtgefälle zwischen Herr und Knecht durch die physische Durchsetzbarkeit des eigenen Willens auch gegen "Widerstreben" (ebd.: 82) unmittelbar darstellt, gilt die Machtunterworfenheit der Frau als Gattin oder Familienmitglied unter die personenrechtliche Gewalthoheit des Mannes (vgl. M.Londner 1973: 5; vgl. P.Ketsch 1984: 147ff.). Die Frauen der Oberschichten verfügten bis in die Karolingerzeit des neunten und zehnten Jahrhunderts über größere politische Macht als im Hochmittelalter. Die im elften Jahrhundert einsetzende Feudalisierung zeigt zunächst einen Schub, der die relativ begünstigte Rechtsstellung der Frau tradiert: die Frau ist nicht nur als Mitregentin, sondern auch als Lehnsherrin anzutreffen (vgl. Ketsch 1984: 361ff.).

Wenngleich Ketsch neben der lehnsrechtlichen Macht der Frauen ihre "primäre() Zuständigkeit für die Erziehung der Kinder" (ebd.: 362) als Kriterium ihrer Macht ausweist, muß berücksichtigt werden, daß die Erziehung dem kriegerischen Normenkanon angepaßt gewesen sein wird und keine großen Freiräume der Eigenständigkeit barg. J.Bumke formuliert klarer die Begrenztheit des weiblichen Handlungsspielraumes, indem er von der relativen Wirksamkeit einer sogenannten 'Bettpolitik' ausgeht. Ehefrauen bleibt oft nur der Weg im nächtlichen Lager informellen Einfluß auf ihren Gatten auszuüben und die Geschicke der Politik mitzugestalten (vgl. Bumke 1990b: 490 ff.,540).

Das Hochmittelalter bringt einen weiteren Schub, der anzeigt, daß die Herrschergattin auf repräsentative und erzieherische Funktionen festgeschrieben wird (vgl. Ketsch 1984: 365). Komplementär zur rechtlichen Schutz- und Machtlosigkeit der körperlich unterlegenen Frau in einer Gesellschaft, die weitgehend von "physischer Gewalt regiert()" (Schröter 1984: 155) ist, wird die psychische Model-

lierung der Frau auf ihre Unterordnung, Fügsamkeit und Selbstzurücknahme gegenüber dem Herrn normativ ausgerichtet. Besonders der Übergang vom matrilinearen
zum agnatisch-patrilinearen Abstammungsprinzip verdeutlicht die Zurücksetzung
der Frau (vgl. Duby 1985: 106f.,115; vgl. F.Engels 1977: 65; vgl. Mikat 1971:
810).

Gerade der psycho- und soziogenetische Aspekt der mittelalterlichen
Geschlechterbeziehung bleibt aber ein Problem, weil er weniger zu rekonstruieren
ist als die eheliche Rechtsstellung der Frau. Es kann nicht nur generell festgestellt
werden, daß für die hochmittelalterliche Feudalgesellschaft der Mangel an Quellen
ein vages Bild entstehen läßt (vgl. Duby 1985: 28); es ist vielmehr noch zu erkennen, daß die "Frau des Mittelalters (...) ohne Selbstaussage über ihr Denken und
Fühlen [bleibt], da alle Bücher über sie von Männern geschrieben wurden" (Bosl
1972b: 338), die selbst von großer Voreingenommenheit gegenüber dem anderen
Geschlecht geprägt sind. Trotzdem meint Bosl davon ausgehen zu können, daß die
Geschlechter in den Unter- wie auch Oberschichten gleichgestellt gewesen seien.
Die Frau der Oberschicht habe sogar über einen vergleichsweise größeren Spiel-
raum verfügt als im bürgerlichen Zeitalter (vgl. Bosl 1972b: 338f.). Schröter und
Ketsch gehen hingegen von einer Ambivalenz der rechtlichen und physischen
Schutzlosigkeit der Frau aus. Besonders Unverheiratete, Witwen und Ledige unter-
liegen einer extremen Gefährdung, gelten sie doch als beliebte Opfer von Raub,
Jagd, Vergewaltigung und Entführung (vgl. Schröter 1985: 155f.; vgl. Duby 1985:
47f.). Die Machtbalance zwischen den Geschlechtern ist also vorrangig durch die
Gewalthaftigkeit der Gesellschaft geprägt, die den Schutz und zugleich die Schutzlosigkeit der Frau motiviert. So steht das einseitige Verfügungsrecht des Mannes,
die Frau in Notfällen zu verkaufen, zu töten oder zu mißhandeln, eindeutig dafür,
daß "die Geschlechtsvormundschaft kein reines Schutzverhältnis aufgrund der man-
gelnden Wehrhaftigkeit der Frauen bildete, sondern sich aus der patriarchalischen
Gewalt des Hausherrn herleitete" (Ketsch 1984: 147).

Schröter hebt dagegen jene Schutzverpflichtung der eheherrlichen Munt
hervor, obwohl auch er die strukturelle Geschlechtsungleichheit einer patriarchal
geprägten Gesellschaft sieht. Vielmehr noch wird einschränkend eingeräumt, daß
die rechtliche Auffassung noch lange nicht mit der Rechtspraxis übereinstimmen
muß (vgl. Schröter 1984: 155; vgl. Duby 1985). Es ist aber zu berücksichtigen, daß
die Ehe, wie auch die prinzipielle Machtbeziehung zwischen den Geschlechtern,
jene Ambivalenz eines Gewalt- und Schutzverhältnisses impliziert und einem
Prozeß der 'Zivilisierung' unterliegt. Gerade die erbitterten und langwierigen
Machtkämpfe um die legitime Form und Gültigkeit einer bestimmten Eheauffassung zeigen, wie vehement sich der privilegierte Ritteradel den sozio-ökonomischen
Wandlungen entgegenzustellen versucht. Im Verlauf dieser Kämpfe bildet sich eine
neue inner- und außereheliche Rechtsauffassung.

Ebenso wie die Feudalgesellschaft einem Prozeß fortschreitender Differenzierung, Arbeitsteilung und Integration unterliegt, bleibt ihre fundamentale Grundlage, die Ehe- und Geschlechterbeziehung, von diesem Wandel nicht unberührt (vgl.

Wunder 1991: 14). Gegenüber der früh- und hochmittelalterlichen Auseinanderset-
zung über die Ehe bildet sich im Spätmittelalter und der beginnenden Neuzeit eine
qualitativ neue Ebene heraus. Dem allmählichen äußeren Wandel des ehelichen
Gewaltverhältnisses zu einem Schutzverhältnis ist beispielsweise die veränderte
Auffassung über die inner- und außereheliche Sexualbetätigung zu eigen. Die
Sexualauffassung stellt im Prozeß der Zivilisation ein entscheidendes Auseinander-
setzungsfeld der Machtverteilung zwischen den Geschlechtern dar und birgt für
Mann und Frau divergente Implikationen (vgl. Schröter 1984: 183f.).

Es kann hier nicht beantwortet werden, ob letztlich im 15. und 16.Jahrhun-
dert oder schon im 11./12. Jahrhundert der Grundstein zur Formierung der neuzeitlichen abendländischen Gesellschaft und ihrer spezifischen Geschlechterbeziehung
gelegt wird (vgl. Wunder 1991: 14; vgl. Duby 1985: 331). Diese Frage würde auch
in eine Richtung führen, die dem prozessualen Gehalt der anfangslosen Zivilisation
nicht gerecht wird (vgl. Elias 1989b: 314ff.,393f.). Strukturelle und graduelle
Entwicklungen der Ehe sind aber, von der Figuration des Frühmittelalters ausgehend, bis hin zur Neuzeit und darüberhinaus konstatierbar. Sie verweisen nicht
zuletzt auf die Kontinuität und Diskontinuität aufeinandertreffender tradierter und
neuer Ehevorstellungen. Es bleibt hier besonders zu berücksichtigen, daß die
führenden Oberschichten der Feudalgesellschaft den Unterschichten als einheitliche
Figuration entgegenstehen und differente Eheauffassungen verfolgen. Innerhalb der-
selben Elite lassen sich aber Divergenzen und Konvergenzen auffinden. Einige
Elemente der bis in die heutige Zeit rechtsgültigen kirchlich-weltlichen Eheauffassung sind als Relikt jener Machtkämpfe zu verstehen, in denen weltliche Privilegien zugunsten kirchlicher Forderungen sowohl zurückgedrängt als auch umgekehrt
befördert wurden.

II.2.1 Funktionen und Formen der Ehe

Über die Gestalt der ehelichen Machtverhältnisse in allen Schichten der
feudalistischen Gesellschaft ist nicht zuletzt durch die problematische Quellenlage
kaum eine adäquate Aussage zu treffen. Die führenden Oberschichten sollen hier
im Zentrum der Untersuchung stehen, weil hier der Ort lokalisiert werden kann, an
dem über die gesellschaftliche und letztlich auch geschlechtsspezifische Machtverteilung entschieden wird. Ob in den macht- und rechtlosen unteren Schichten der
Leibeigenen, Unfreien und Bauern eine geschlechtsegalitäre innereheliche Machtbalance möglich ist, weil sie fern von den ökonomischen und politischen Quellen
der gesellschaftlichen Macht stehen, ist nur annähernd zu vermuten (vgl. Engels
1977: 82; vgl. P.Ariès 1984a: 186ff.; vgl. Ketsch 1984: 150; vgl. Duby 1985: 58).
Es kann aber davon ausgegangen werden, daß das Leben der Abhängigen nur eine
spezifische Form der Ehe erlaubt, während eine Vielfalt von ehelichen Beziehungsformen in den privilegierten freien Oberschichten zu konstatieren ist.

Aber auch hier unterliegen die *Munt-*, *Kebs-* und *Friedelehe* sozialen und geschlechtsspezifischen Funktionen und Zwängen, die individuelle Aspekte der Geschlechterbeziehung nicht berücksichtigen. Die Eheschließungspolitik der Herrscherhäuser ist gerade auf die kontinuierliche Vermehrung und Erhaltung des Besitzes und der gesellschaftlichen Macht ausgerichtet. Ihr kommen in einem Geflecht von Figurationen unterschiedliche Funktionen und Formen zu, so daß die Machtbeziehung sowohl zwischen den Eheleuten als auch zwischen dem potentiellen Brautpaar und ihren Familienverbänden unterschiedlich ausfällt. So zeigt sich von der frühmittelalterlichen Eheschließungspolitik der weltlichen Familienverbände bis zur Durchsetzung der kirchlichen Eheauffassung eine innereheliche Veränderung der Handlungsspielräume von Frauen, während die äußerliche Funktionszuschreibung der Ehe kontinuierlich transformiert wird. Sie beinhaltet spezifische Privilegien des Mannes im Sexual- und Eheverhalten. Der Sammlung vorehelicher Sexualerfahrungen des Mannes steht zum Beispiel die Vorschrift für die Frau entgegen, bis zur Ehe 'jungfräulich' und keusch zu bleiben (vgl. II.2.3.1).

Neben Rechtsbüchern geistlicher Provenienz, die sich erst im Prozeß der Verrechtlichung des 12. und 13. Jahrhunderts als jurisdiktionelle Macht der Kirche darstellen, sind in diesem Zusammenhang literarische Quellen von Interesse. Die höfische Dichtung mit ihrem zuweilen moralischem Gehalt, aber auch der Minnesang stehen implizit als Ausdrucksformen der feudalen Lebensweise zur Verfügung und sind von "eminente(r) Bedeutung" (Bumke 1990a: 20)[2]. Sie ermöglichen, trotz ihres problematischen Wertes als historisches Zeugnis, in der retrospektiven und interpretativen Betrachtung, Einblicke in die eheliche und außereheliche Entwicklung der Geschlechterbeziehungen.

Die Entwicklung der Ehe reicht von unterschiedlichen nebeneinander bestehenden Formen wie der Raub- und Entführungsehe, Friedel-, Kebs- und Muntehe bis hin zur Durchsetzung der monogamen christlichen Geschlechtsgemeinschaft im Feudalisierungsprozeß. Sie bringt neue Elemente wie das Konsensprinzip in die Ehe, transformiert aber auch zuvor bestehende Ehegebote wie das der Geschlechtsvormundschaft.

Im folgenden sollen exemplarisch die wichtigsten Auseinandersetzungsebenen kirchlicher Eherechtsvorstellungen mit der weltlichen Ehepraxis der Burgherren analysiert werden. Mikat, Londner und Ketsch betrachten die unterschiedlichen Eheformen aus mehreren Perspektiven. Die innereheliche Rechtsstellung der Frau wird mit der des Mannes und seiner Familie kontrastiert, während auf einer weiteren Ebene die Position des potentiellen Brautpaares gegenüber ihren verwandtschaftlichen Verbänden untersucht wird. Schröter legt besonderen Wert auf den äußerlichen Wandel der Eheschließungsvorgänge, um der Entwicklung ehelicher Handlungsspielräume nachzugehen. Ausgehend von der bis ins fünfte Jahrhun-

---

[2] Bumke konstatiert, daß die literarischen Quellen nur einen begrenzten Ausschnitt der mittelalterlichen Gesellschaft bieten und als "Abbild der Wirklichkeit des gesellschaftlichen Bewußtseins und der kulturellen Normen" (Bumke 1990a: 25) zu begreifen, trotzdem aber zu berücksichtigen sind.

dert zurückreichenden Muntehe wird in der vorgefundenen Literatur die Entwicklung der dauerhaftesten und bedeutsamsten vormundschaftlichen Eheschließung skizziert. Sie dauert trotz einiger inhaltlicher und funktionaler Veränderungen bis ins 13. Jahrhundert als "einzig legitime(r) Ehetyp" (Mikat 1971: 815; vgl. Ketsch 1984: 147f.) fort.

Neben der von Familien gestifteten Muntehe besteht in der Kriegergesellschaft die Praxis eigenmächtiger Eheschließungen. Die durch Raub zustandekommende Ehe ist dabei einseitig zugunsten des kriegerischen Mannes ausgerichtet, indem sie nicht nur den ohnehin belanglosen Willen der Frau, sondern besonders den der brautvergebenden familiären Instanz übergeht (vgl. Mikat 1971: 815). Bis in das 12. und 13. Jahrhundert hinein gilt diese Form des Brauterwerbs als durchaus üblich. Sie entspricht dem ritterlichen Ideal der Kühnheit, Raub- und Angriffslust und erfüllt die Pflicht, mit allen Mitteln die männliche Vererbungslinie aufrechtzuerhalten, indem rechtzeitig vor dem Tod des letzten Stammhalters ein Nachkomme gezeugt wird. Dieses gängige Eheschließungsmodell ist exemplarisch in der Darstellung Dubys vorzufinden (vgl. Duby 1985: 20ff.). Kann die geraubte Frau ihre biologische Funktion aber nicht erfüllen, obliegt es der Pflicht und Macht des Mannes, die Unfruchtbare zu verstoßen und eine neue Verbindung einzugehen. Obwohl der Frauenraub nicht ungestraft bleibt und zu vermuten ist, daß die gesellschaftliche Sanktionierung durch die beraubte Familie den Schutz der Frau garantiert (vgl. Schröter 1985: 155f.), steht die nachträgliche Möglichkeit, die Frau in die eheherrliche Muntgewalt des Mannes zu überführen, für die Zulassung und Tolerierung des räuberischen, letztlich frauenfeindlichen Privilegs (vgl. Mikat 1971: 815; vgl. Elias 1989a: 278, 1986: 446; vgl. Londner 1973: 17). Die gegen ihren Willen Geraubte verliert, ebenso wie die 'freiwillig' Entführte, jegliche Erbansprüche gegenüber ihrer Verwandtschaft und wird sozial benachteiligt. Nicht zuletzt hier wird die Machtlosigkeit der Frau erkennbar, die der Logik des männlichen Willküraktes unterliegt. Vielmehr noch haftet die schuldlos Geraubte für den feindlichen Eingriff in die vormundschaftlichen Vorrechte ihres Vaters. Wählt die Frau die eigenmächtige Eheschließung durch eine arrangierte Entführung, wird dieser Akt genauso stark bewertet (vgl. Mikat 1971: 815; vgl. Londner 1973: 17). Die 'Widerspenstigkeit' der eigenwilligen Braut wird also doppelt von der Verwandtschaft gestraft, die ihr eigentlich Schutz gewähren sollte. Dem gegenüber wird die zu erwartende Eigensinnigkeit des 'kühnen' Ritters läßlich vergolten (vgl. Schröter 1985: 155f.). Räuberische und gewaltsame Machtakte eines Ritters gelten mehr noch als tolerierte Formen der außer- und vorehelichen Sexualbetätigung (vgl. Duby 1985: 47,50f.; vgl. Schröter 1984: 149f.; vgl.II.2.3.1).

Um aber auch eine ungünstige rechtsgültige Muntehe aufzulösen, um eine potentielle Miterbin auszuschalten, oder um die kostspieligen Ausgaben einer vormundschaftlichen Eheschließung zu sparen, wird der Frauenraub versteckt arrangiert. Gegenüber den wachsenden kirchlichen Machtansprüchen, die weltliche Eheschließunspraxis zu kontrollieren, stellt dieses Arrangement eine gängige Praxis dar, um die ritterlichen Prämissen und Vorrechte zu wahren (vgl. Duby 1985: 47).

Die legitime muntherrliche Ehe impliziert in diesem Kontext besonders die soziale
Anerkennung und materielle Sicherstellung der Frau, ist sie doch durch die väterliche Autorität ehrbar und rechtmäßig vergeben worden. Im folgenden soll vorgestellt werden, wie der Handlungsspielraum der Frau in einer Beziehung ausfällt, die
ihr zwar finanzielle und soziale Sicherheit garantiert, sie aber nicht von ihrer
Funktion als Gebärende befreit. Der muntherrlichen vormundschaftlichen Institution
der Ehe sollen dabei die in bestimmter Hinsicht freieren und zugleich unsicheren
Formen der Friedel- und Kebsehe entgegengehalten werden.

II.2.1.1 Ehe als Machtbündnis von Familienverbänden

In einer kriegerischen, jederzeit gefahrvollen Gesellschaft kommt der Institution der Ehe eine überragende macht- und bevölkerungspolitische Bedeutung zu.
Der einzelne ist hier den äußeren Naturgewalten unmittelbar ausgesetzt und unterliegt der Gefahr, ein Opfer des Krieges, ritterlicher Turniere, Krankheiten und
Seuchen werden zu können (vgl. Ariès 1984a: 180). Die machtpolitische Absicht
des Adels, in der Ehe zahlreiche potentielle Erben des Besitzes und Reichtums zu
zeugen, ist nicht zuletzt durch die gesundheitlichen Risiken eingeschränkt. Eine
hohe Kinder- und Frauensterblichkeit motiviert vielfach sukzessive Eheschließung-
en und macht es erforderlich, "eine Reserve an unverheirateten Söhnen und Töchtern zu schaffen, auf die man zurückgreifen [kann], um die Verluste auszugleichen..." (Ariès 1984a: 180). Die geringe Kenntnis und Kontrolle der unmittelbaren
Gefahren der Umwelt erstreckt sich auch auf die menschliche Physis. Die generative Natur der Frau impliziert hier spezifische Unberechenbarkeiten und motiviert
nicht zuletzt die Kontrolle durch gesellschaftliche Instanzen. Die Ehe kann dabei
der Möglichkeit entgegenwirken, daß die leibliche Vaterschaft in einer ungeregelten
Sexualbeziehung nicht eindeutig festgestellt werden kann. Illegitime 'Bastarde',
also nicht vom männlichen Stammhalter gezeugte Kinder, drohen jedoch, neben
den ohnehin miteinander konkurrierenden Erben, das Hab und Gut des Hausherrn
zu zerstückeln (vgl. Duby 1985: 106f.,147; vgl. Engels 1977: 65). Die eheliche
Beziehung kann hier keine individuellen Vorstellungen berücksichtigen und "be-
gründet() primär keine Lebensgemeinschaft" (Bosl 1972b: 339) zweier Vertrauter.
Ganz im Gegenteil dient die zwanghafte Bindung dazu, die sich mißtrauisch oder
verfeindet gegenüberstehenden Herrscherhäuser zu befrieden und die Besitzanteile
zweier Familienverbände zu vergrößern (vgl. Ketsch 1984: 106).
            Schröter konstatiert, daß die Bedeutsamkeit der Ehe "wohl vor allem mit
einem Niveau der gesellschaftlichen Organisation zusammen[hängt], auf dem friedliche und berechenbare Beziehungen zwischen Menschen und Menschengruppen
nur in sehr begrenztem Maße durch übergeordnete, mit geeigneten Zwangsmitteln
ausgestattete Instanzen garantiert werden können..."(Schröter 1985: 158). Sie lassen
auch das Sexual- und Heiratsverhalten besonders der Frauen nicht unberücksichtigt.

Dem einer "Beschlagnahmung" (Duby 1985: 54) nahekommendem Akt der Eheschließung werden alle individuellen, sozialen und biologischen Bedenken subsumiert. "Zu diesem Zweck war jedes Mittel recht, Entführung, Verstoßung und Inzest" (ebd.: 179). Um allein die sanguinen Qualitäten des prädestinierten Adels über die Generationen hinweg in Besitz, Macht und Reichtum fortzupflanzen, wird eine fragile und komplizierte, zugleich aber nach simplem Muster ablaufende Verheiratungspolitik betrieben. Die Suche nach einer geeigneten Braut, die als verbindendes Glied zweier Herrschaftshäuser fungiert, wird zu einem Geschäft von Diplomatie und Korruption. Diese Politik droht permanent gefährdet zu sein, weil sich nicht nur die politischen Machtkonstellationen zwischen den kriegführenden Burgherren plötzlich neu gestalten könnte (vgl. Schröter 1985: 27,29,147f.; vgl. Duby 1985: 121). Das beispielsweise im Nibelungenlied anzutreffende Prinzip der Eheschließung steht nach wie vor unter bündnis- und machtpolitischen Vorzeichen. Auch die Stilisierung der Beziehung zwischen den Akteuren Siegfried und Kriemhild als leidenschaftliche Liebe kann nicht darüber hinwegtäuschen, daß diese Ehe eine vertragliche Übereinkunft ist (vgl. Nibelungenlied 1970: 139).

Die Brüchigkeit der geknüpften Macht- und Verwandtschaftsbande läßt in der Realität oft so manches von kirchlicher Seite formulierte Ehegebot "zum Gespött werden" (Duby 1985: 241). Die Kleriker formulieren beispielsweise nach einer Zeit der Tolerierung von Bigamie, Scheidung und Verstoßung neue Auffassungen über die eheliche Treue, die Unauflösbarkeit der Ehe und über Hindernisse der Eheschließung. Sie symbolisieren einen drastischen Eingriff in die weltliche Machtdomäne des Burgherrn und provozieren erbitterten Widerstand. Der französische Herrscher Philip I. gerät beispielsweise in den Widerspruch, der weltlichen Moralauffassung folgen zu müssen und eine günstige Verehelichung mit seiner Verwandten zu betreiben. Zugleich unterliegt er jedoch der kirchlichen Drohung exkommuniziert zu werden (vgl. ebd.: 14ff.). Obwohl die geringe Macht der Kirchenmänner noch nicht dazu führt, daß der drohende Kirchenbann Philip ein Zugeständnis abringen kann, werden Strategien erdacht, um unter Wahrung der eigenen Interessen die kirchlichen Ansprüche zu erfüllen. Jetzt ist, durch die Beschränkung des Scheidungsrechtes, die Verstoßung und Entführung kein geeignetes Mittel mehr, um sich einfach von einer Ehefrau zu trennen. Weil nur noch die enge verwandtschaftliche Verbindung, die weibliche Untreue und der Ehebruch einen legitimen Scheidungsgrund darstellen, konzentriert sich die Vorgehensweise der Kleriker und Fürsten darauf, inzestuöse Verbindungen und das weibliche Fehlverhalten zu behaupten. "Erpressung, Heuchelei, Meineid und der Klang des Goldes..." (ebd.: 241) stellen den Kontext der kirchlichen Wahrheitsfindung über die Gültigkeit einer Ehe dar. Er verdeutlicht den Handel zwischen Kirche und Hof, der darauf ausgerichtet ist, die gegenseitige und ständig gespannte Machtbalance zum jeweils eigenen Vorteil auszubauen. Die Kirche erwartet dabei für ihre stillschweigende Duldung illegitimer und verworfener Ehen materielle Gegenleistungen und ideologische Treue.

Einer legitimen Ehe entspringen aber nicht nur potentielle Bündnis- und Glaubensgenossen, sondern auch Besitztümer mit den darin eingeschlossenen loyalen Leibeigenen. Sie stellen eine nützliche menschliche Reserve für weitere Kriegszüge und Expansionen dar (vgl. Ketsch 1984: 47; vgl. Duby 1985: 242).

Im fortschreitenden Feudalisierungs- und Differenzierungsprozeß eröffnen sich neue Ebenen der kirchlichen und weltlichen Ehekämpfe (vgl. Duby 1985: 331f.). Die Ehe stellt sich dabei für die Kleriker als nützliches "Kontrollinstrument [dar], um den Laien die Stirn zu bieten, und in der Hoffnung sie zu unterwerfen (...), [setzen] die Oberen der Adelsgeschlechter (...) sie auf eine andere Weise ein, um ihre Macht zu wahren." (ebd.: 333). Die Ehe verhilft den patriarchal organisierten Familienverbänden dazu, die Macht über die fruchtbare Frau zu wahren.

II.2.1.2 Vormundschaftliche Ehe

Die vormundschaftliche Ehe stellt, auf unterschiedlichen Ebenen, sowohl ein Macht- und Gewaltverhältnis als auch ein Schutzverhältnis dar. Sie beinhaltet für die Braut und den Bräutigam zunächst die Unterordnung unter die machtpolitischen Interessen der familiären und väterlichen Vormundschaft. Der Mann wie auch die Frau gelten als passive Objekte des ehelichen Vergabeaktes und sind zur Zeugung potentieller Erben verpflichtet. Als die eigentlichen Vertragspartner der Eheschließung treten hier die jeweiligen Familienoberhäupter auf, so daß sich der als "passive() Empfänger" (Schröter 1985: 82) auftretende Bräutigam der Zuweisung einer geeigneten Braut fügen muß. Obwohl der Mann als Vormund über weit größere Handlungsspielräume verfügt als die Frau, ist seine Selbstverfügung keineswegs unumschränkt:

"Vor allem was Heiratsentschluß und Partnerwahl angeht, sind Männer keineswegs frei, zu tun und zu lassen, was ihnen beliebt, sondern unterliegen bis ins 16. Jahrhundert hinein und darüber hinaus sehr wirksamen Einflüssen von Seiten der Verwandten..." (Schröter 1985: 82).

Die vormundschaftliche Hausmacht des Vaters ist auf dieser Ebene ebenso als eine absolute sichtbar und gleicht der personenrechtlichen Verfügung des Herrschers über seine nächsten Untergebenen. Die Vormundschaft erstreckt sich, angefangen beim eigenen Kind, über die Vasallen bis hinab zum abhängigen Leibeigenen mitsamt seiner Familie (vgl. ebd.: 197). Der Bräutigam ist allein aufgrund seines Alters dem Vater sozial unterlegen. Aber diese vorübergehende Einschränkung impliziert ein zeitlich befristetes Vormundschaftsverhältnis, während die Frau aufgrund ihrer Geschlechtszugehörigkeit lebenslang der männlichen Muntgewalt unterliegt (ebd.: 81f.). Zunächst der väterlichen Geschlechtsvormundschaft subsumiert, wird die Frau im Vergabeakt der Eheschließung in die Muntgewalt des Gatten überführt (vgl. ebd.: 22,49,83).

Über die geschlechtsspezifische Zuschreibung des ehelichen Machtverhältnisses hinaus ist die Braut dem Gatten auch sozial unterlegen. Die mit fortschrei-
tendem Alter wachsende Mündigkeit des Mannes, dem "eine Fähigkeit zur selbst-
ständigen Sicherung des Lebensunterhalts" (ebd.: 83) abverlangt wird, birgt seine
rechtliche und soziale Autonomie. Die bei der Eheschließung oft sehr viel jüngere
Braut ist dem Mann auf dieser Ebene zusätzlich lebenslang unterlegen (vgl. ebd.:
83). Ihre biologische Geschlechtsreife markiert den Zeitpunkt der Verehelichung,
während die soziale Reife des Mannes überwiegt. Dem Bräutigam wird die "aus-
drückliche Zustimmung oder Selbstverpflichtung" (ebd.: 82) zur Aufnahme der
häuslichen Gemeinschaft zugesprochen, obwohl auch für ihn die Ehe zuvor schon
beschlossen worden ist. Die formale Strukturierung einer Eheschließung verdeutlicht nicht zuletzt die Passivität der Frau und die relative Aktivität ihres zukünftigen Vormundes. Um eine Ehe vollgültig abzuschließen, ist die Anwesenheit der
Braut weniger als die des Gatten erforderlich. Sie ist zunächst vor vollendete
Tatsachen gestellt und noch nicht einmal formell zur Zustimmung aufgefordert
(vgl. ebd.: 42). Die formelle Erweiterung ihres ohnehin begrenzten Spielraumes
setzt sich erst Jahrhunderte später durch, in einer Zeit, in der kirchliche Vertreter
versuchen, auf die bislang den Familien vorbehaltene 'private' Eheschließung
einzuwirken (vgl. ebd.: 46,52,56,57f.,61; vgl. II.2.1.3).

Eine geringe Kompensation des gewalthaften Charakters der väterlichen
und eheherrlichen Geschlechtsvormundschaft ist einzig in ihrem Gebot impliziert,
die Frau zu schützen (vgl. Ketsch 1984: 147; vgl. Schröter 1985: 83). Um die oft
minderjährige Braut vor dem frühzeitigen sexuellen Zugriff des Gatten zu bewahren, wird die Aufnahme sexueller Beziehungen auf das vierzehnte Lebensjahr des
Mädchens festgesetzt (vgl. Schröter 1985: 56). Daß die vermeintliche Schonfrist
gleichzeitig dazu dienen kann, die männlichen Privilegien der 'ersten Nacht' zu
sichern, zeigt sich im Keuschheitsgebot an die 'jungfräuliche Braut'. Sie wird
entgegen der unhinterfragten Sexualbetätigung des Mannes von klein auf überwacht
und mit der Verlobung zur sexuellen Enthaltsamkeit verpflichtet (vgl. ebd.: 155).
Eine Braut, deren Virginität man glaubte feststellen zu können, gilt als sozial ent-
ehrt, wenn ihre voreheliche Keuschheit nicht gewahrt ist. Sie kann dem Brautvater
zurückgegeben oder auch getötet werden, weil sie als unvollständig bzw. be-
schädigt gilt (vgl. Mikat 1971: 813; vgl. Elias 1989a: 234; vgl. II.2.3.1).

Die sexuelle Exklusivität der Frau auf die eheliche Hausmacht des Mannes
wird weiterhin dadurch deutlich, daß jegliches sexuelle Vergehen an seiner Frau als
"Hausfriedensbruch" (Schröter 1985: 51) und nicht etwa als Körperverletzung der
Frau geahndet wird. Die unrechtmäßige Defloration und Vergewaltigung einer Versprochenen oder schon in die männliche Hausgewalt überführten Ehefrau gilt eher
als Verletzung männlicher Hoheitsrechte denn als strafwürdiges Delikt an der Frau.
Duby zeigt deutlich die Relativität des weiblichen Schutzraumes besonders innerhalb der häuslichen Gemeinschaft auf. Schröter bleibt hier hingegen der Vorstellung verhaftet, daß "vor allem der geringe Pazifizierungsgrad [der Gesellschaft es
mit sich bringt], daß die maßgebliche Gewalthoheit und Schutzverpflichtung gegen-

über einer Frau weiterhin von dem Mann ausgeübt wird, in dessen Haus sie lebt" (ebd.: 51). Einzig der familiäre, häusliche Bereich stelle einen Schutzbereich der unverheirateten Frau dar. Sobald sie ohne männlichen Begleitschutz auftrete, gelte sie als vogelfrei und könne ein Opfer der schockartig hereinbrechenden Beutezüge lauernder "raptores [werden, die] nach einer für sie vorteilhaften Heiratsverbindung" (Schröter 1984: 155f.) Ausschau hielten.

Für Schröter scheint es sich nicht so sehr als Problem darzustellen, ob diese Schutzverpflichtung über die Frau nicht auch häufig ausgehöhlt wird. Obgleich er anerkennt, daß generell die "unterschiedliche Emanzipationskurve mit der unvollkommenen Eindämmung physischer Gewalt in der mittelalterlichen Gesellschaft zusammenhängt" (Schröter 1985: 82), wird die Ambivalenz des häuslichen Schutzes unzureichend problematisiert (vgl. Bumke 1990b: 499ff.). Vielmehr noch überschätzt er die Wirksamkeit informeller, familiärer und nachbarschaftlicher Instanzen, die die Ehefrau oder Tochter vor einem Mißbrauch des muntherrlichen Züchtigungsrechtes gerade in den 'pazifizierteren' Städten bewahren könne (vgl. Schröter 1985: 138ff.; vgl. J.Rossiaud 1984: 106ff.; vgl. Bennholdt-Thomsen 1985: 23ff.).

Ungleich größer kann sich die Unterlegenheit der Frau in den hochadligen Kreisen darstellen, in denen die innere geringe Verflechtung und Interdependenz die Herrschaftszentren als abgeschottete und autonome familiäre Rechtsinstanzen erscheinen läßt. Die Frau wird hier noch weniger auf Kontrolle von außen zurückgreifen können und ist auf ihre eigene Wehrhaftigkeit angewiesen[3].

Aber nicht nur das physische, sondern auch das unmittelbar hiermit verknüpfte rechtliche Schutzverhältnis[4] stellt sich für die Frau als ambivalenter Aspekt der Muntehe dar. Ebenso wie die Struktur der Eheschließung nach geschlechtsspezifischen und sozialen Kriterien ausgerichtet ist, impliziert die munteheliche Geschlechtsgemeinschaft unterschiedliche Rechtsgrundsätze für Mann und Frau. Eine Ledige und auch Verheiratete unterliegt im Muntschaftsverhältnis der Rechtsunfreiheit. Sie kann keine Geschäfte abwickeln, kein öffentliches Amt bekleiden, weder über sich selbst noch über eigenen Besitz, außer dem Gerade, verfügen. Auch gegenüber gerichtlichen Instanzen gilt die Frau nicht als voll anerkanntes Rechtssubjekt. Sie bedarf vielmehr der männlichen Vertretung, um ihren

---

[3] Bumke zeigt zum Beispiel, daß eine junge Braut, die sich der Defloration vehement entgegenzustellen versucht, keinen elterlichen Rückhalt beanspruchen kann. Im Gegenteil drängen die Eltern den Schwiegersohn dazu, die Tochter zu überwältigen, um die Eheschließung zu einem gültigen Abschluß zu bringen (vgl. Bumke 1990b: 499ff.).

[4] Obgleich regionale Unterschiede in der frühmittelalterlichen Rechtsstellung konstatierbar sind, die den Frauen spezielle Befugnisse einräumen, kann grundsätzlich von einem eng gesteckten Handlungsspielraum der Frau bis ins 13. Jahrhundert ausgegangen werden (vgl. Ketsch 1984: 147). Erst die im Feudalisierungsprozeß bewirkten Umstrukturierungen des Spätmittelalters bringen vor allem für die Frauen der städtischen Mittel- und Unterschichten, aufgrund ihrer gewachsenen ökonomischen Bedeutung, Machtzuwächse, während die adelige Frau lange auf ihren engen Handlungsspielraum beschränkt bleibt (vgl. ebd.: 361ff.).

Anliegen Nachdruck zu verleihen (vgl. Ketsch 1984: 147ff.). Einzig als Zeugin und potentielle Erbin ist die Tochter und Ehefrau, die soziale Rangskala hinauf gesehen, bedingt handlungsfähig, so daß nicht von einer völligen Reduzierung der Frau als Sache ausgegangen werden könne (vgl. Londner 1973: 8; vgl. Ketsch 1984: 150). Ihr Status als Unmündige ist personen- und nicht sachrechtlich geprägt und eröffnet ihr die Freiheit von Verantwortung, weil sie für begangene Rechtsverstöße nicht selber belangt wird. Der Gatte oder Vater haftet als Muntwalt für die weiblichen Rechtsvergehen (vgl. Londner 1973: 8; vgl. Mikat 1971: 812). Dennoch geht die männliche Vertretung nicht soweit, daß der Mann die von der Frau begangenen Delikte sühnt. Im Strafrecht werden Männer und Frauen im "allgemeinen gleich" (Ketsch 1984: 149) behandelt. Die Freiheit von Verantwortung spricht die Frau nicht von dem Vollzug der Strafe frei. Die aus der Muntgewalt erwachsenen Rechte des Mannes, die Frau körperlich zu züchtigen, zu töten oder zu verkaufen, sie gegen Widerstreben zu verheiraten, über ihr Vermögen, sowohl das als Mitgift eingebrachte persönliche Hab und Gut als auch das Brautgeschenk, zu verfügen, setzen die implizite Freiheit der Frau außer Kraft (vgl. ebd.: 147ff.).

Obgleich der Frau als Unverheiratete oder als Gattin eine qualitativ unterschiedliche Funktion und ein anderer Status zukommt, ändert sich mit der Eheschließung für die Frau nichts an ihrer Rechtsunmündigkeit: "Von der Frau her gesehen, vollzieht sich eine Eheschließung als Vergabe durch einen männlichen Gewalthaber" (Schröter 1985: 42) und ersetzt ihr, die nicht als Erwachsene betrachtet wird, lediglich den bisherigen Vormund.

Dennoch impliziert das sich rechtlich gleichbleibende Verhältnis zwischen Mann und Frau für die Gattin einen deutlichen sozialen Unterschied. Während, aus familiärer Perspektive betrachtet, die Vergabe der Tochter den Verlust einer Arbeitskraft darstellt[5], ist die Frau aus dem familiären Schutz- und Versorgungsverhältnis herausgelöst. Die Patrilokalität des neuen Wohnsitzes kann für die eingeheiratete Frau, anders als für den Ehemann, der bei seiner Familie bleibt, erhebliche soziale Probleme bergen, weil sie nicht mehr auf alte Vertraute zurückgreifen kann. Obgleich die fortwirkende Kontrolle durch die Familie der Frau ihre ungünstige Stellung im neuen Haushalt theoretisch kompensieren kann (vgl. Ketsch 1984: 149; Schröter 1985: 155f.), ist vermutlich davon auszugehen, daß in der Praxis die männlichen Privilegien des neuen Vormunds dominieren. Kaum eine Familie wird Interesse daran haben, eine einmal reich verheiratete Tochter zurückzuerhalten, nicht nur weil die Deflorierte auf dem Heiratsmarkt keine günstige 'Partie' mehr darstellt. Auch eine Verstoßene oder Entflohene trägt für ihre Familie nicht die mit der Eheschließung verfolgten materiellen und machtpolitischen

---

5 Mikat konstatiert, daß gerade die vertragliche Eheschließung durch den Austausch von Arbeitskraft und Gütern die Frau nicht zur Sache reduziere. Vielmehr sei sie als Person zu betrachten, weil ihre Weggabe einen "Verlust der Arbeitskraft" (Mikat 1971: 812) impliziere. Wenngleich hier auf die gesellschaftliche Bedeutsamkeit der Frau zu schließen ist, bewertet Mikat diesen Aspekt zu hoch: die Braut wird letztlich nach instrumentellen Kategorien bewertet.

Gewinne ein (vgl. Duby 1985: 20ff.; vgl. II.2.1.1). Der in der Ehe biologisch oder sozial versagenden Frau droht die Enterbung, wenn nicht sogar Tötung, unterliegt sie doch der rechtlichen und physischen Gewalthoheit des Mannes (vgl. Ketsch 1984: 147; vgl. Duby 1985: 22,24,179).

Sehr viel drastischer als der rechtliche Aspekt wird sich die physische und individuelle Komponente der muntherrlichen Eheschließung für die minderjährige Braut dargestellt haben. Die auf extreme Lustentsagung und Selbstzurücknahme sozialisierte Braut wird in der Ehe[6] plötzlich in eine sexuelle Hausgemeinschaft überführt (vgl. Schröter 1985: 22f.,42,49,76). Obgleich das Mädchen darauf vermutlich von ihren weiblichen Verwandten vorbereitet worden ist, muß die Braut diese Erfahrung außerhalb ihres familialen Umfeldes machen. Ob die Hochzeitsnacht ein 'gutes' oder 'schlechtes' Erlebnis sein wird, hängt davon ab, inwiefern der Bräutigam seinen sehr weit gesteckten rechtlichen, sozialen, ökonomischen und besonders sexuellen Handlungsspielraum nutzt, um seine Macht über die zum "Frauendasein()" (Elias 1989b: 323) verdammte Braut durchzusetzen. Aber in einer Gesellschaft, in der das eheliche Verhältnis als Kampfverhältnis gilt, und in der die physische Überlegenheit eindeutig ausgespielt wird, wird die Hochzeitsnacht vermutlich einseitig zugunsten der ritualisierten Lust- und Triebbefriedigung des Mannes ausgefallen sein (vgl. Schäufele 1979: 32; vgl. Duby 1985: 55; vgl. Schröter 1985: 76; vgl. II.2.2.2).

Als Gegenleistung ihrer sexuellen 'Hingabe' erwartet die zur Hausherrin avancierte Braut der rechtliche Status einer Hausfrau. Sie erlangt als Nebenrecht die Befehlsgewalt über die ihr untergebenen Kinder und Hausangestellten, die bei der Abwesenheit des Hausherren sogar bis zu seiner Vollvertretung reichen kann (vgl. Ketsch 1984: 149,361f: vgl. Londner 1973: 10). Der potentiell erweiterte Handlungsspielraum der Frau wird aber praktisch durch die männliche Hausherrschaft ad absurdum geführt (vgl. M. Londner 1973: 10). Nicht nur die erwachsenen leiblichen Söhne sind als Vormund ihrer Mütter anzutreffen, sondern auch uneheliche Söhne des Mannes sind erbrechtlich gegenüber den leiblichen Töchtern der Frau bevorzugt (vgl. Ketsch 1984: 149).

Im Gegensatz zur 'zweckfreieren' Friedel- und Kebsehe erwachsen für die ehrbare Verheiratete innerhäusliche Rechtsgrundsätze. Der Mann verpflichtet sich nicht nur dazu, die Frau zu schützen, sie in das neue Haus zu überführen und zu versorgen, sondern erkennt auch die in der aktuellen Ehe gezeugten Söhne als legitime Erben des Besitzes und der Macht an, allerdings nur soweit es nützlich erscheint (vgl. Schröter 1985: 22f.). Obgleich rechtliche und materielle Vorteile der Frau allein als Ehefrau erwachsen, rührt der Zweck der Muntehe gerade daher. Die

---

[6] Die Ehe gilt erst mit dem Vollzug der Hochzeitsnacht als gültige Verbindung und bringt revidierbare Rechtsansprüche für die Frau (vgl. Londner 1973: 7f.; vgl. Schröter 1985: 36). Sie bedeutet für die Braut die Probe ihrer Keuschheit und schreibt ihre Treuepflicht fest, während der Mann seine Potenz und letztlich Macht über die Frau zu beweisen hat. Die vollzogene Ehe wird nicht umsonst öffentlich bezeugt (vgl. Schröter 1985: 155) und stützt somit die eheliche Geschlechterhierarchie.

einseitig monogame Zeugungsehe impliziert die Kontrollierbarkeit des weiblichen Sexualverhaltens, und zeigt, daß es vorrangig um den Erhalt und die Erweiterung von Besitz und Macht geht (vgl. Londner 1973: 11; vgl. Mikat 1971: 813,815f., 828; vgl. Schröter 1985: 157). Die Struktur der Eheschließung erfährt im weiteren Verlauf eine Wandlung und ist exemplarisch als Überlagerung der offenen Verfügbarkeit und Machtausübung über Braut und Bräutigam zu verstehen.

II.2.1.3 Zustimmungsgebot der Braut

Wenngleich Schröter erkennt, daß die weltliche Praxis der Eheschließung sich relativ gering verändert, wird ihr formalrechtlicher Aspekt, die Zustimmung von Braut und Bräutigam einzuholen, überschätzt (vgl. Schröter 1985: 52,58,158). Es wird beispielsweise davon ausgegangen, daß die Frau in "hochadligen Kreisen" (ebd.: 61) bei ihrer Verehelichung in größerem Maße mitwirke, indem sie als "Mädchen selbst in immer förmlicherer Weise ihren Ehewillen erklären" (ebd.: 61) müsse. Die "soziale Wirklichkeit [zeige hingegen], daß die Macht von Vätern über ihre Töchter (...) noch lange sehr groß [ist], auch wenn sie Stück um Stück weniger absolut wird" (ebd.: 52). Während Schröter das allmähliche Eindringen der weiblichen Zustimmung zu oberflächlich betrachtet, indem es auf seine formalrechtliche Perspektive verengt wird, expliziert Londner das mittelalterliche Konfliktpotential herrschaftlicher Eheschließungspolitik am Beispiel der höfischen Dichtung.

Die im 12. und 13. Jahrhundert formulierte Konsensforderung, nach der Braut wie Bräutigam dem Eheversprechen zustimmen müssen, motiviert gesellschaftlichen Widerstand, weil hier eklatant die weltliche Vergabepolitik angegriffen wird. Obgleich es auch den klerikalen Vertretern darum geht, Macht zu erlangen, indem das Zustandekommen der engsten Geschlechterbeziehungen kontrolliert wird, weist die Auseinandersetzung um die Gültigkeit der Ehe über sich hinaus. Die Machtbalance zwischen den Ehestiftern und den Eheleuten, zwischen Lehnsherr und Vasall, Braut und Bräutigam wird thematisiert. Duby zeigt die Nichtigkeit der kirchlichen Konsensforderung, die in der sozialen Wirklichkeit beliebig überschritten wird (vgl. 1985: 299ff.) und macht deutlich, wie unerschütterlich zunächst die adlige Suprematie erhalten bleibt. In diesem Kontext ist zu fragen, ob die in der höfischen Literatur erkennbare Veränderung von Eheschließungsvorgängen eine Reaktion auf gesellschaftliche Umstrukturierungsprozesse darstellt. Es kann nur vermutet werden, daß die wachsende Verflechtung einzelner in größere Integrationseinheiten nicht nur die individuellen Abhängigkeiten vergrößert. Vielmehr kann davon ausgegangen werden, daß ebenso wie die Angewiesenheit des Herrschers auf seine Untergebenen wächst, auch die Abhängigkeitsbeziehung zwischen den Geschlechtern berührt wird.

"Je weiter die Verflechtung und Arbeitsteilung der Gesellschaft vorschreitet, desto mehr werden faktisch auch die Oberschichten von den anderen Schichten

abhängig und desto größer wird also auch die gesellschaftliche Stärke dieser
Schichten mindestens potentiell" (Elias 1989a: 291).

Übertragen auf die Geschlechterproblematik, in der das Muntschaftsverhältnis die
Frau als Untergebene erscheinen läßt, impliziert die allmähliche Durchsetzung
rechtlicher Neuerungen den gewachsenen "Angewiesenheits- und Abhängigkeits-
grad der verschiedenen sozialen Gruppen" (Elias 1989b: 82). Die kirchlichen
Rechtsstreitigkeiten exemplifizieren hier einen ersten Schub der gewachsenen
"Konkurrenz um Chancen der gesellschaftlichen Stärke" (ebd.: 144) im Mittelalter.
Sie führen im weiteren Verlauf schließlich dazu, daß die Kirche als gesellschaft-
liche Gruppe "über alle Chancen verfügt" (ebd.: 145), um die Rechtsgültigkeit einer
Eheschließung auszusprechen. Die gewaltsame Einverleibung einer Frau durch
Raub, Entführung oder einseitige Vergabe wird, entsprechend des gewachsenen
kirchlichen Fremdzwangs, zurückgedrängt. Wenngleich die Frau nach wie vor mit
einer für sie längst beschlossenen Ehe konfrontiert wird, und dem Gebot weiblicher
Fügsamkeit folgend, einwilligt, impliziert gerade die Benennung ihrer Einwilligung
einen ersten Schub der Entwicklung. Die stärker als über dem Bräutigam festge-
schriebene einseitige Verfügbarkeit der Frau wird, wenn auch nicht überwunden,
so doch zumindest implizit erkannt und zuweilen sogar problematisiert. Im Nibelungenlied beispielsweise garantiert das vormundschaftliche Gewaltverhältnis ungebrochen die einseitige Verfügung über die Frau. König Gunther kann auf dieser
Basis seine Schwester versprechen: "...so werde ich Dir meine Schwester zur Frau
geben" (Nibelungenlied 1970: 77).
    Dennoch wird die Zustimmung der Frau eingeholt, indem Gunther sie
bittet, den Eid zu erfüllen. Kriemhild wird zunächst auch der an sie gestellten
Gehorsamsforderung gerecht und erwidert:

    "Ihr braucht mich doch nicht flehentlich zu bitten. Ich werde Euch vielmehr
    jederzeit zu Gebote stehen. Den Mann, den Ihr, Herr, mir erwählt, werde ich mit
    Freuden annehmen" (Nibelungenlied 1970: 137).

Daß aber die weibliche Erwiderung überhaupt erwähnt wird, spricht für ein allmäh-
liches Erkennen der Einseitigkeit des muntherrlichen Vergabeaktes. Die Vertragspartner können sich nicht mehr selbstverständlich und offen über die Braut hinwegsetzen. Vielmehr noch bewirkt der gesellschaftlich gewachsene Reglementierungsdruck auf dieser Ebene eine formalisierte 'Verhöflichung'[7] der muntherrlichen
Verfügungsgewalt. Die offene Objektsetzung der Frau wird verklärt, indem nun
auch ihr, wie zuvor dem Bräutigam, förmlich die Zustimmung abverlangt wird. Der

---

[7] Der Begriff des höfischen ist explizit als gesellschaftliches Ideal im Verhalten zwischen vornehmem
Herrn und vornehmer Dame zu verstehen (vgl. Bumke 1990a: 78). Bumke stellt fest, daß er allgemein
als "Programmwort für ein Gesellschaftsideal [steht], in dem äußerer Glanz, körperliche Schönheit,
vornehme Abstammung, Reichtum und Ansehen mit edler Gesittung, feinem Benehmen, ritterlicher
Tugend und Frömmigkeit verbunden waren" (ebd.: 80).

hier erkennbare Formalisierungsschub, wie gering er auch in der sozialen Wirklichkeit ausfallen mag, birgt für die Braut "mindestens potentiell" (Elias 1989a: 291) die Chance, über ihre eigene Vergabe mitzuentscheiden.

Duby veranschaulicht die begrenzte Chance der Selbstverfügung, unterliegt sie doch der weit größeren Chance der familiären Kontrolle, ihre Interessen durchzusetzen. Hier tritt die Konterkarierung des Konsensgebotes ungleich offener zutage, während gleichzeitig der Versuch erkennbar ist, ihm dennoch gerecht werden zu wollen. Die gängige Praxis, auch Säuglinge und Kleinkinder zu einer Ehe zu versprechen, wird zu überspielen versucht, indem man aus ihrer Gestik und Mimik, aus ihrem Lächeln eine Zustimmung abliest (vgl. Duby 1985: 299).

Der Versprochenen wird ein hoher Preis abverlangt, wenn sie sich eigenmächtig über die familiären Interessen hinwegsetzen sollte. Wenngleich Schröter ein jüngeres Beispiel der töchterlichen Abwehr aus dem 16. Jahrhundert anführt, soll es in diesem Kontext aufgezeigt werden. Es veranschaulicht retrospektiv, wie resistent die Machtüberlegenheit der väterlich-familiären Autorität ausfällt. Sie zwingt die Frau zu extremen Mitteln zu greifen, um sich der geplanten Verehelichung zu entziehen. Die Flucht, der Eintritt in ein Kloster[8], die eigenmächtige Gattenwahl und nicht zuletzt die Selbstverstümmelung[9] bleiben der Frau als Alternativen. Sie riskiert neben der physischen Selbstbeschädigung die soziale Abwertung. Ist die Frau illegitim verheiratet, oder hat sie sich für das ehelose Klosterleben entschieden, wird ihr keine Mitgift und Erbschaft zukommen (vgl. Schröter 1985: 52,77,81; vgl. Ketsch 1984: 148). Als Flüchtling droht sie ihre Ehre zu verlieren, weil sie keinen familiären Schutz beanspruchen kann, der ihre körperliche und soziale Unversehrtheit normativ garantiert. Schröter resümiert die Aussichtslosigkeit der töchterlichen Abwehr:

> "In jedem Fall aber ist der Widerstand nur um den Preis der physischen oder sozialen Selbstentwertung - bis hin zur Selbstzerstörung - möglich. Zum Erfolg kann die Rebellion der Tochter schließlich nur führen, weil Vertreter der Kirche - d.h. einer Institution, die dem System der Familienmacht ohnehin feindlich gegenübersteht (...) - in die sozial vorgeprägte Rolle männlicher Beschirmer und Verteidiger einspringen" (Schröter 1985: 81).

Auch die Geschichte des "Ritter von Stauffenberg" (E.Grunewald 1979) veranschaulicht, daß der Konflikt um die vormundschaftliche Eheschließung in jener Zeit nur tragisch enden kann. Aber nicht die aufgrund ihres Geschlechts unterlegene

---

[8] Neben diesem 'freiwilligen' Klostereintritt sei auf die zwangsweise Verpflichtung zur Ehelosigkeit verwiesen. Um die konstatierbare Konkurrenz potentieller Erben auszuschalten, zwingen die Väter ihre überzähligen Söhne und Töchter zu einem ärmlichen, ehelosen Klosterleben. Die Gefahr, daß der väterliche Besitz und seine Macht zerstückelt wird, ist somit gebannt (vgl. Duby 1985: 103,108f.,115; vgl. Ariès 1984a: 180).

[9] Um sich als potentielle Braut unattraktiv zu machen, schneidet sich die Tochter in diesem Beispiel die Nase ab. Ein körperliches Makel gilt als Stigma und motiviert gesellschaftliche Mißachtung.

Tochter steht hier im Zentrum der Erzählung, sondern der sozial untergebene
Mann. Er steht als abhängiger Vasall des Lehnsherrn in einem Vormundschaftsverhältnis und muß sich seinem Interesse, ihn an sich zu binden, unterordnen. Um
seine soziale Stellung zu wahren, bleibt dem Ritter nur die Möglichkeit, sein
geheimes Eheversprechen mit der Geliebten zu brechen und die vorgesehene Braut
zur Muntehe zu nehmen (vgl. Schröter 1985: 196ff.). Der offen erkennbare Konflikt zwischen der individuellen Liebesvorstellung und der traditionellen Eheauffassung muß hier tragisch enden, weil er noch ungelöst bleibt (vgl. Londner 1973:
142f.). Die Forderung nach konsensuellen Eheschließungen bleibt Theorie. Zu stark
ist noch das Übergewicht konventioneller Vergabeakte. Aber anders als die höfische Verklärung im Nibelungenlied findet sich hier der offene Konfliktgehalt der
zwanghaften Vergabe (vgl. ebd.: 141f.). Wenngleich der Konflikt umgeleitet wird,
indem die formale Zustimmung des Bräutigams vorausgesetzt wird, zeigt sich hier
ein erster theoretischer Schub, der die "allmähliche Verblaßung des direkten
Zwangsgehalts dieser vormundschaftlichen Eheschließung verdeutlicht" (Schröter
1985: 200).
        Die innereheliche Machtbalance zwischen den Geschlechtern bleibt aber
nach wie vor einseitig zum Nachteil der Frau ausgerichtet. Das Einspringen der
Kirche in die sozial vorgeprägte Rolle der männlichen Beschützer verletzt auf der
innerehelichen Ebene keine Privilegien; sie werden vielmehr noch untermauert und
lassen die Frau schnell an die Grenzen ihrer Selbstverfügung stoßen.

II.2.2 Innereheliche Handlungsspielräume der Machtunterworfenen

        Um das eheliche Konfliktpotential in den ritterlichen Oberschichten des
12. und 13. Jahrhunderts über die Betrachtung formalstruktureller Analysen hinaus
zu skizzieren, sollen im folgenden literarische Schriften hinzugezogen werden. Die
zum Ausdruck kommenden Auffassungen über das Geschlechterverhältnis, insbesondere in der ehelichen Beziehung, lassen sich spezifisch erkennen.
        Zur Interpretation der höfischen Dichtung liegen unterschiedliche Aus-
sagen vor. Während Schäufele in der "Art der Gestaltung von Frauen (...) der
mittelalterlichen Dichtung" (Schäufele 1979: 13) die adelige Persönlichkeitsstruktur
und die patriarchalische Suprematie kritisch zu rekonstruieren versucht, ist Schröter
einer partiell verklärenden Betrachtungsweise verhaftet. Obgleich er auch erkennt,
daß es in der höfischen Dichtung um die eheliche Machtverteilung geht, die dem
Mann die Vorherrschaft garantiert, kann Schröter nicht umhin, die Darstellungs-
weise "in ihrer archaischen Gewalt faszinierend" (Schröter 1985: 129) zu finden.
        Gerade die vorfindbaren ungebrochen gewalthaften Konfliktlösungsmuster
erlauben aber Einblicke in die konventionelle Gestaltung der Geschlechterbeziehungen. Der als Schwank vorgetragene Kampf um die "Vorherrschaft in der Ehe"
(C.Sonntag 1969: 225) wird entsprechend dem Grad der gesellschaftlichen Sanktionierung ausgetragen. Das Verprügeln der Frau zählt beispielsweise zur Normalität

einer ehelichen Beziehung und leitet sich aus dem eheherrlichen Züchtigungsrecht des Mannes ab (vgl. Elias 1989b: 106). Gegenüber der stilistischen Würdigung der mittelalterlichen Epik eines Sibote (vgl. Sonntag 1969: 289), durch die der implizite patriarchale Gehalt der Erzählung unterschätzt wird, findet sich eine differenziertere Einordnung der höfischen Literatur. Sie steht neben rechtlichen Quellen über die Ehe als geeignetes Zeugnis zur Verfügung, weil die Ehebeziehung explizit im Vordergrund steht.

Als Kommunikationsmittel der gering verflochtenen Rittergesellschaft wird in der höfischen Dichtung die mittelalterliche Ehewirklichkeit verarbeitet. Ob hier auf einen spezifischen rechtlichen Wandel reagiert wird, der Frauen allmählich zu Rechtssubjekten werden läßt und so zu ihrem Aufbegehren beiträgt (vgl. Londner 1973: X,XII,18), oder ob vielmehr von einem ohnehin "selbstständige(n) und selbstbewußte(n) Handeln von Frauen" (Schäufele 1979: 134) auszugehen ist, stellt in diesem Zusammenhang eine der umstrittenen Fragen dar. Besonders wenn die Fixierung ehelicher Rechte mit der sozialen Wirklichkeit verglichen wird, ergeben sich kritische Implikationen (vgl. II.2.1.2). Es ist fraglich, ob sich beispielsweise aus der Möglichkeit der Frau, das Lehen zu verwalten, eine bedeutende politische und gesellschaftliche Stellung ergibt (vgl. Schäufele: 134; vgl. S.de Beauvoir 1984: 103ff.). Ketsch zeigt gerade, daß die temporal bestimmte Regentschaft einer Frau durch die *patria potestas* konterkariert werden kann. Es ist aber festzustellen, daß die vom 13. bis zum 16. Jahrhundert anzutreffenden literarischen Schwänke und Mären jene Problematik in das Zentrum ihrer Erzählungen rücken, die sich auf der politischen Ebene zu einem entscheidenden Konflikt entwickelt. Besonders dem formalrechtlichen Schub klerikaler Provenienz gesellt sich ein sozio-ökonomischer Wandlungsprozeß der Feudalgesellschaft hinzu, der den einzelnen mit neuen Orientierungen und Normen konfrontiert (vgl. Ketsch 1984: 127).

> "Die Dichtung hatte im Mittelalter die Funktion, die adeligen Hörer in dem Glauben zu bestärken, daß die Phantasiewelt, in der sie zu leben wünschten, der Wirklichkeit entspräche. Der Dichter hatte die Aufgabe zu zeigen, durch welche Haltungen es möglich war, die Realität zu bewältigen" (Schäufele 1979: 191).

Die Realität stellt sich in diesem Kontext für den absteigenden Ritteradel als eine gewaltige Umschichtung dar, in der gesellschaftliche Positionskämpfe anzutreffen sind. Die bedrängten Landadeligen geraten in das Auseinandersetzungsfeld städtischer Machtansprüche und königlicher Zentralisierungsbestrebungen. Sie sind im Prozeß der beginnenden Verhöflichung gezwungen, einen neuen Habitus zu entwickeln und den Affekthaushalt ritterlicher Jagd-, Raub-, und Vergewaltigungslust zu dämpfen. Dieser Wandel setzt langsam ein und fordert nicht dieselbe Radikalität wie in den mittelalterlichen Städten. In ihnen ist eine vergleichsweise enge Moralauffassung anzutreffen, weil der äußere Zwang der enger verflochtenen Figurationen eher dazu zwingt, einzelne Handlungen aufeinander abzustimmen. Auch im Geschlechterverhältnis zeigt sich die Brüchigkeit und Ambivalenz des Zivilisations prozesses, der tradierte Verhaltensmuster partiell beschränkt und auf eine neue Ebene transformiert (vgl. Schröter 1985: 133,136f. vgl. Elias 1989b: 14ff.,32,88ff; vgl. Ketsch 1984: 127f.).

II.2.2.1 Sibote: Die gezähmte Widerspenstige

Die Erzählung von Sibote, "Frauenzucht" (Sibote 1961: 37-57), auch "Die gezähmte Widerspenstige" genannt, verdeutlicht recht eindringlich den ehelichen Handlungsspielraum. Er impliziert für die Ehefrau letztlich ihre rigorose Subordination, während für den Gatten die physische Überlegenheit manifestiert ist. Allerdings ist die männliche Suprematie nicht selbstverständlich und unhinterfragbar festgeschrieben. Ambivalente Legitimierungsmuster verdeutlichen, daß neue Orientierungen gesucht werden, um die Ordnung der Geschlechterbeziehungen zu gestalten. Die im 13. Jahrhundert am Hofe König Manfreds enstandene Erzählung spielt im ritterlichen Milieu und expliziert moralische Anweisungen über die eheliche Machtbalance (vgl. Sonntag 1969: 67,288). Weil es sich gerade um die eheliche und nicht um die außereheliche Beziehung zwischen den Geschlechtern handelt, kann hier auf jegliche Lobpreisung der unerreichbaren Frau des Minnesangs verzichtet werden (vgl. ebd.: 227). Ganz im Gegenteil: die Ehe gestaltet sich nicht als Minneverhältnis, sondern als Kampffeld zweier sich mißtrauisch kontrollierender Fremder.

Die Geschichte[10] beginnt mit einer Szene, in der ein als mutig und kühn charakterisierter Ritter um die Hand einer als zwar sehr schön, 'aber' umso eigenwilliger beschriebenen Frau wirbt. Seine 'Unerschrockenheit' kommt besonders darin zum Ausdruck, daß er um die gefürchtete Frau wirbt (vgl. Sibote 1961: 45). Sie konnte bislang jeden der zahlreichen Interessenten mit ihrer 'Bösartigkeit' erfolgreich abwehren und ihrem 'eigensinnigen' Versprechen, niemals heiraten zu wollen, treu bleiben. Ganz der 'Widerspenstigkeit' ihrer Mutter gleichkommend, hat der Vater nicht nur mit seiner Ehefrau, sondern auch mit seiner Tochter zu kämpfen. Er unterliegt zunächst der 'Tücke', 'Falschheit' und 'Hinterlist' seiner Gattin, kann aber nach einer erzieherischen Demonstration durch den zum Schwiegersohn avancierten Anwerber lernen, wie mit einer 'aufmüpfigen' Ehefrau zukünftig zu verfahren ist.

---

[10] Nicht nur die zeitgenössische mittelalterliche Fassung verklärt die eheliche Gewaltbeziehung, sondern auch der Herausgeber der ersten Auflage von 1850 sieht sich dazu veranlaßt, eine Neuauflage der Vergangenheit zu gestalten. Ihm geht es darum, jenes "tiefe() Besinnen auf die alte Weltherrlichkeit des Deutschen Volkes" (F.v.d.Hagen 1961: VII) zu wecken und die Dichtung zu nutzen, um das "uralte Heldenthum und christliche Ritterthum" (ebd.: VII) wiederzubeleben. Daß die hier zu konstatierende Faszination und "Gemüthsergetzung" (ebd.: VII) zuungunsten der Frauengestalten ausfällt, stellt sich für ihn zwar kaum als Problem dar, es veranschaulicht aber die implizit gängige Begeisterung für die vergangenen ritterlichen Zeiten, wie sie Schröter oder Brunner und Daim aufgreifen. Über die Frauenfiguren sind somit wenig differenzierte Einschätzungen zu erwarten.

Um der als angeboren konzipierten Streitsucht der Tochter wirksam entgegenzutreten, greift der reiche Ritter zu unterschiedlichen Methoden der Einschüchterung. So führt er seiner Anvertrauten auf dem Weg in ihre neue Wirkungsstätte vor, wie er mit jeglicher Art von Widerspenstigkeit umzugehen pflegt. Zunächst wird der jagdlustige Falke erdrosselt, dem lärmenden Hund wird auch ein Ende bereitet. Das Pferd, dem der Kopf abgeschlagen wird, folgt zuletzt und symbolisiert die Tragweite der herrischen Demonstration des Ritters (vgl. ebd.: 48f.). Er schreckt nicht davor zurück, sich seines wichtigsten Fortbewegungsmittels und Statussymbols zu entledigen. Die einst so 'vorlaute' Braut wird, allmählich eingeschüchtert, fügsam und muß sich soweit erniedrigen lassen, daß sie selbst 'geritten' wird. Weil dem an das Reiten gewöhnten Ritter das Pferd fehlt, sieht er sich angehalten, seiner Braut Sattel- und Zaumzeug anzulegen (vgl. ebd.: 49f.).

Aber nicht die Erniedrigung der Frau wird hier als solche erkannt. Ganz im Gegenteil: die Frau scheint von der ritterlichen Unerschrockenheit des Bewerbers beeindruckt, so daß sie der Ehe zustimmt. Bislang hatten noch alle Bewerber in ihrer 'Männlichkeit' versagt und sich nicht der impliziten Auffassung, daß eine Frau erobert werden müsse, angepaßt (vgl. Londner 1973: 132). Die demonstrative Zurschaustellung der männlichen Überlegenheit wird aber noch bis zur Mißhandlung gesteigert. Nachdem seine Gattin schnell zum ihr bestimmten Frauendasein zurückgeführt worden ist, muß sich ihre Mutter der Züchtigung unterwerfen (vgl. Sibote 1961: 51ff.). Die Tochter erkennt reuig, daß sie bislang einer falschen Auffassung gefolgt ist und erwartet nun auch die Umkehr ihrer Mutter, so daß auch sie "fortan sanft und gut" (Sonntag 1969: 223) sein wird. Sie klagt ihre Mutter an:

"Ir gâbet mir einen rât, der allen vrouwen missetât,
Daz man wider die man strite" (Sibote 1961: 56)[11].

Nicht der eigene Ehemann ist es, der seine Frau zügelt, sondern der angeheiratete Schwiegersohn kann die familiale Autorität des Oberhauptes durchbrechen. Ihm wird ganz in Übereinstimmung mit seiner kriegerischen Berufung die Verfügung über die Schwiegermutter zugestanden. Nicht zuletzt hier zeigt sich die unhinterfragte Funktion, daß Eheschließungen sowohl dazu dienen, Machtbündnisse nach außen zu knüpfen als auch Solidaritätsbeziehungen zwischen Männern herzustellen. Sie kann genutzt werden, um die Geschlechtsvormundschaft über die Ehefrau zu manifestieren und konterkariert das von Schröter konstatierte familiale oder eheliche Schutzverhältnis einer Vormundschaft. Der Ritter nimmt die Position des Stellvertreters ein und kann die entschuldbare soziale Unzulänglichkeit des Schwiegervaters kompensieren, während das Versagen der Frau als 'natürliches' ungleich härter gestraft wird. Die erzieherische Lektion wird denn auch vom eigenen Gatten gutgeheißen:

---

[11] "Ihr habt mich etwas gelehrt, was allen Frauen übel ansteht: daß man sich den Männern widersetzen sollte." (zit.n.: Sonntag 1969: 223).

"(...) welt ir si villen oder schern
Oder brâten in den koln,
daz mag ich allez wol verdoln,
Unde hilfe gerne dar zuo,
wan ich ez billîchen tuo" (Sibote 1961: 53)[12].

Der uneinsichtigen Schwiegermutter wird zunächst nur gedroht, "'[...]euer Mann sollte Euch viel härter anfassen'" (zit.n.: Sonntag 1969: 220), um die folgende Attacke nicht als Willkürakt erscheinen zu lassen. Wenngleich der Schwiegermutter nur formell die Chance eingeräumt wird zu wählen, verdeutlicht sich doch, daß das offen ausgeübte Züchtigungsrecht allmählich verklärt werden muß (vgl. Schröter 1985: 133). Allein die Widerspenstigkeit der Protagonistin soll hier als leitendes Motiv verstanden werden. Aber auch die Streitsüchtigkeit selbst kann wiederum nur entstehen, weil der Ehemann darauf verzichtete, seine rechtliche - womöglich auch physisch reale - Überlegenheit auszuspielen. Die zugunsten der Frau verschobene Machtbalance ist also auf männliches 'Verschulden' zurückzuführen und muß wieder ausgeglichen werden (vgl. Sonntag 1969: 262).

Vielmehr noch obliegt dem Mann die kriegerische Pflicht, die weibliche 'Veranlagung' aufzubegehren, in gelenkte Bahnen zu führen. Daß dazu jedes Mittel angemessen ist, steht nach wie vor außer Frage. Gerade die Auffassung, daß angeborene Widerspenstigkeit nur durch einen strengen Mann sozialisiert werden kann, bekräftigt dies. Diese Ansicht wird zusätzlich erhärtet, indem gerade die Tochter als geheilte Frau selbst zur Mißhandlung ihres einstigen Vorbildes drängt (vgl. Sibote 1961: 55ff.; vgl. Sonntag 1969: 222f.,238).

Obgleich das zur Erheiterung verfaßte Werk nicht von Übertreibungen frei ist (vgl. Sonntag 1969: 287), findet sich eine stillschweigende Duldung ehelicher und familiärer Gewalteinwirkung (vgl. Elias 1989a: 278). Die Lektion des Schwiegersohnes wird denn auch nicht als Einmischung in die vormundschaftlichen Rechte des Ehemannes oder als Hausfriedensbruch (vgl. Schröter 1985: 51) sanktioniert, sondern wird als durchaus akzeptable, wenngleich nicht offen vorgetragene Methode betrachtet, um eine kämpferische Frau zu besänftigen (vgl. Sonntag 1969: 287). Die Frau soll ja gerade davor geschützt werden, sich gegen die eheliche Ordnung aufzulehnen. Die Macht des Mannes, seinen rechtmäßigen Willen auch gegen "Widerstreben" (Elias 1989b: 82) durchsetzen zu können, verdeutlicht exemplarisch, daß in der mittelalterlichen Feudalgesellschaft eheliche Macht, Pflicht und Recht unmittelbar miteinander verknüpft und spürbar sind (vgl. ebd.: 82).

Sonntag konstatiert die soziale Distinktion der höfischen Dichtung gegenüber den als vulgär geltenden Volkserzählungen. Drastische Szenen direkter Gewaltausübung seien nur angedeutet, während die einfache 'übel-wip'-Dichtung auch

---

[12] "Ob Ihr sie schindet oder schert oder lebendig röstet, mir soll es recht sein. Ich möchte Euch am liebsten sogar dabei helfen, und das mit Fug und Recht [und] werde alles erlauben." (zit.n.: Sonntag 1969: 220).

vor derartigen Darstellungen nicht zurückschrecke (vgl. Sonntag 1969: 287). Die zuvor festgestellte Verhöflichung der Eheschließungsvorgänge findet hier auf der innerehelichen Auseinandersetzungsebene ihre Fortführung. Der gewalthafte Charakter der väterlichen Brautvergabe wird überdeckt, indem der Frau ein formelles Zustimmungsrecht eingeräumt wird (vgl. II.2.1.3). Auch der offene Gewaltcharakter des eheherrlichen Züchtigungsrechtes muß legitimiert werden, indem er als unvermeidlich konzipiert wird. Gerade die Bezeichnung "zorn-braten" (Sibote 1961: 54) symbolisiert, daß die weibliche Streitsucht als "biologisch verwurzeltes Geschwür" (Sonntag 1969: 238), als Krankheit aufzufassen ist und nahezu operativ entfernt werden muß. Der Rezipient wird hier mehr noch an die Praktik der Teufelsaustreibung erinnert, die der vom Satan behafteten Frau Rettung bringt und sie wieder in die natürliche Ordnung der Geschlechter einreiht (vgl. ebd.: 239).

Der Handlungsspielraum der Frau kann nach der damaligen Auffassung nur sehr eng umrissen sein, weil sie ständig davor zu bewahren ist, in ihre bedrohliche Naturhaftigkeit zurückzufallen. Diese schädigt nicht nur den Mann, sondern vor allem die Frau selbst.

> "Allzuweit hat es die widerspenstige Frau in ihrem Streben nach der Macht im Haus nicht gebracht. Das, was sie zu erreichen sucht: selbst Meister zu sein und daz lenger mezzer zu tragen, ist nach jahrelangem Ehekrieg immer noch weit entferntes Ziel ihrer Wünsche" (Sonntag 1969: 264).

Einer höfischen Dame stehe es nicht zu, das 'lange Messer' ergreifen zu wollen und Zähigkeit wie auch Streitsucht zu verfolgen, sind es doch kriegerische Qualitäten, die nur einem Mann zugeschrieben werden. Er muß sich in "unermüdliche(r) Wachsamkeit" (Duby 1985: 55) davor hüten, daß die weiblichen Waffen seiner unheilbar scheinenden Ehefrau, Hinterlist und Zorn, den Ehekrieg zu ihren Gunsten entscheiden können. Um die Frau schon im vorhinein zu überzeugen, daß ein Aufbegehren nicht die erhofften Resultate zeigt, resümiert Sibote:

> "Hie bî rât' ich allen vrouwen daz,
> daz si ir manne gruezent baz,
> Dan[ne] dis iu vrouwe taete
> hû merket dise raete:
> Ich rate ez iu allen,
> daz ir ez iu lât [wol] gevallen,
> Und volget iuwern mannen dar an,
> daz ist lobelîchen getan" (Sibote 1961: 57)[13].

---

[13] "Und so rate ich denn allen Damen, daß sie ihren Männern geneigter sein möchten als diese Dame es war. Wenn sie sich an diesen Rat halten, wird es Ihnen besser ergehen als der Heldin dieser Geschichte" (zit.n.: Sonntag 1969: 224).

II.2.2.2 Nibelungen: Sexuelle 'Zähmung' im ehelichen Machtkampf

Um die literarische Gestaltung des ehelichen Machtkampfes an seiner sensibelsten Stelle aufzuzeigen, soll im folgenden die Szene der Hochzeitsnacht von König Gunther und Brünhild untersucht werden. Hier wird besonders die Befürchtung vor einem formulierten Machtanspruch der Frauen deutlich, der sich auch auf sexuelle Autonomie beziehen kann (vgl. Ketsch 1984: 128).

Während die Erzählung "Frauenzucht" noch allgemein die physischen Züchtigungsrechte der männlichen Muntgewalt expliziert, zeigt die Szene im Nibelungenlied die exklusive sexuelle Komponente ehelicher Macht (vgl. Nibelungenlied 1970: 141-151)[14]. Die Szene zwischen Gunther und Brünhild wird oft verklärt, indem der rein sexuelle Vollzug der Ehe zum 'Minnestreit' stilisiert wird. Gunther wird in der Hochzeitsnacht von seiner Frau tätlich zurückgewiesen: sie weigert sich, daß ihr Mann sein "zärtliches Liebesspiel (...) treiben" (ebd.: 141) kann und läßt ihn nur "kalte Feindschaft" (ebd.: 141) vorfinden. Nachdem auch gutes Zureden die Frau nicht dazu bewegen kann, sich 'hinzugeben', steigert sich die Aufdringlichkeit des Gatten bis zur gewaltsamen Attacke: "Sie sich gefügig zu machen, rang er mit ihr und zerrte an ihrem Hemd" (ebd.: 141). Seine schier unbesiegbar scheinende Frau reagiert aber damit, daß sie den unterlegenen Gegner an einem Nagel an der Wand aufhängt und er "durch ihre gewaltige Kraft beinahe den Tod gefunden" (ebd.: 141) hätte.

Brünhild stellt hier aber nicht nur radikal in Frage, daß ihr Mann "ihr Gebieter" (ebd.: 143) ist, sondern droht implizit das gesellschaftliche Gefüge der königlichen Eheschließungspolitik zu gefährden. Eine Ehe wird erst anerkannt, wenn der Beischlaf vollzogen und der "Mann im Sexualakt Herr seiner Frau geworden ist" (Schröter 1985: 90). Daraus leiten sich sowohl Rechtsansprüche der Frau, als auch Herrschaftsansprüche des Mannes ab (vgl. ebd.: 88). Während die Gattin mit einem Brautgeschenk, der Morgengabe, für ihre 'Hingabe' entlohnt wird und den Status einer Hausherrin erlangt, manifestiert der Mann die "Basis für seine Herrschaft im Hause" (ebd.: 130). Jene machtpolitische und häusliche Grundlage droht aber durch die weibliche Abwehr nicht zustande kommen zu können. Es stellt sich die Frage, ob der Widerstand Brünhilds als explizierte "Angst der Jungfrau vor der Defloration" (ebd.: 130) anerkannt ist oder als böswillige Auflehnung gilt. Die Frau kann sich nur insoweit die geschlechtsspezifische Zuschreibung der Keuschheit zunutze machen, als männliche Privilegien nicht berührt werden. Ihre Weige-

---

[14] Wenngleich im Nibelungenlied zu erkennen ist, daß auch Frauen als politische Protagonistinnen auftreten, muß berücksichtigt werden, daß sie beschränkt handlungsfähig sind (vgl. Elias 1989b: 108). Sie erhalten Macht nur soweit wie die übergeordneten Interessen der Herrscherhäuser nicht berührt, sondern gestützt werden (vgl. Bumke 1990b: 488ff.). Gerade die Figur der kämpferischen Brünhild wird als Kontrast zur idealisierten friedliebenden Frau vorgeführt und ist mit dem gesellschaftlichen Rahmen des weiblichen Betätigungsfeldes konfrontiert.

rung, die Defloration im legitimen Rahmen der Ehe zuzulassen, steht eindeutig für die eigenmächtige Überschreitung ihrer eng gesteckten Grenzen.

Die voreheliche Keuschheit garantiert jenes männliche Deflorationsprivileg, das in der Hochzeitsnacht legitim vollzogen wird. Verletzt die Frau selbst die Regeln sexueller Zuschreibungen, droht sie ihre Ehre zu verlieren und gesellschaftlich mißachtet zu werden (vgl. Schröter 1985: 90). Allein dem Gatten steht es zu, diese Furcht zu bezwingen, "denn wenn sie die Oberhand behielte, würde das gesamte Gefüge der geschlechtsspezifischen Verhaltensstandards durcheinander geraten" (ebd.: 130). Nach dieser Auffassung wiche die Frau also von ihrer Weiblichkeit und dadurch von ihrer 'Natur' ab. Sie gelte nicht mehr als Mensch. Der Mann entblößte sich als 'Schwächling', weil er seiner 'teuflischen' Frau unterliegt. Der Kampf hätte sich in dieser Episode auch beinahe so entwickelt: Gunther beklagt nach seinem mißlungenen 'Liebesspiel', daß er sich "den bösen Satan selbst ins Haus geholt" (Nibelungenlied 1970: 145) habe.

Die übermächtigen, letztlich 'satanischen' Kräfte seiner Frau erstrecken sich aber nicht nur auf den rein physischen Gehalt. Sie könnte vielmehr noch die erlittene Schmach des Mannes nutzen, um ihn öffentlich zu brüskieren. Ihr kann Gunther aber zuvorkommen, indem er sich Siegfried anvertraut. Siegfried ist selbst an den König gebunden und wird seiner Treueverpflichtung nachkommen, so daß Gunther gefahrlos seine Solidarität erwarten kann. Wenngleich auch Brünhild ebenso wie ihr Gatte gesellschaftlich degradiert werden könnte, eröffnet sich hier die einzige und sehr widersprüchliche Chance der Frau, potentiell Macht auszuüben. Ihre Macht basiert hier auf der Angst der Männer vor Verrat und Beschämung, davor, sich nicht als Herr im Hause durchgesetzt zu haben. So muß die Frau gebeten werden, den Mann aus seiner mißlichen Lage, zumindest gegenüber potentiellen Zeugen, zu befreien[15].

Allein hier zeigt sich die widersprüchliche Situation der Gattin. Sie verzichtet darauf, ihre implizit vorhandene Macht des Verrats zu nutzen, nicht zuletzt auch, weil die drohende Strafe stärker wiegt. Ein "kämpfendes Weib" (Schäufele 1979: 106) gilt als verdächtiges Werkzeug des Teufels und erleidet den Tod einer Hexe (vgl. ebd.: 107).

Um Brünhild, und auch Gunther, vor der gesellschaftlichen negativen Sanktionierung zu bewahren, entwickelt sich das Stück zu einem Sieg über Brünhild. Siegfrieds Sorge dafür, "daß sie [d.h.Brünhild] sich einer körperlichen Vereinigung nicht mehr widersetzen kann" (Nibelungenlied 1970: 145), kommt auf dieser Ebene einem Exorzismus gleich. Ebenso wie der 'Widerspenstigen' der 'teuflische Zornesbraten' herausgeschnitten wird, soll der Satan in der übermäch-

---

[15] Der Vollzug einer Ehe wird am Morgen nach der Hochzeitsnacht öffentlich bekundet. Gunther könnte seiner Frau theoretisch nicht die Morgengabe überreichen und die Ehe müßte als nicht vollzogen annulliert werden (vgl. Schröter 1985: 88,125; vgl. Londner 1973: 8). Nicht nur Gunther drohte sich bloßzustellen, sondern das ganze Verflechtungsnetz der neugewonnenen Bündnispartner könnte darüberhinaus zerbrechen.

tigen Brünhild bezwungen werden. Aber Gunther läßt man den Weg der Liebe und nicht den der direkten Gewalt wählen, so daß hier von einer unterschiedlichen, höfisch 'verfeinerten' Lösung ausgegangen werden kann. Wie schließlich die sexuelle Bereitschaft der Frau hergestellt werden kann, ist ebenso spezifisch und versteckt konzipiert. Die solidarische Beziehung zwischen den Schwagern wahrt den Unterschied zwischen einem grundsätzlichen Züchtigungsrecht, das jedem Mann zukommt, und einem exklusiven Recht des Gatten auf die sexuelle Verfügung über seine Ehefrau. Siegfrieds Sieg über Brünhild verstößt nicht gegen das Privileg Gunthers, seine Angetraute zu deflorieren. Ausdrücklich wird durch Gunther festgeschrieben, wie das 'kämpfende Weib' zu befrieden ist: "Unter der Bedingung, daß Du nicht selbst mit meiner lieben Frau schläfst (...) bin ich einverstanden" (Nibelungenlied 1970: 145). Die explizite Benennung weist darauf hin, daß die sexuelle Inbesitznahme einer Frau ein offenes Problem der ritterlichen Vertrauensbeziehung darstellt. Auch der Kampf zwischen Siegfried und Brünhild scheint zunächst der Frau den Sieg zu verschaffen. Nochmals bemüht der Dichter seine "Phantasie(,) das übermächtige, furchterregende Weib" (Schäufele 1979: 106) zu überzeichnen, um letztlich die Vorgehensweise Siegfrieds zu rechtfertigen und von Willkür freizusprechen (vgl. ebd.: 112; vgl. Ketsch 1984: 126f.). Siegfried sinniert in seiner zunächst aussichtslosen Situation:

> "wenn ich hier jetzt mein Leben von der Hand eines Mädchens verliere, dann werden nachher alle Frauen, die sonst gar nicht auf solche Gedanken kämen, auf immer ihren Übermut an ihren Männern auslassen" (Nibelungenlied 1970: 149).

Um seinem Eifer, die Intaktheit der Geschlechterordnung zu manifestieren, nachzukommen, kämpft der Ritter "so, daß ihre Glieder und ihr ganzer Körper krachten" (ebd.: 151). Die Verwendung der Tarnkappe verhilft dem unerkannten Siegfried zusätzlich zum Sieg, so daß Brünhild ewige Folgsamkeit verspricht: "Niemals wieder will ich mich Deinen Zärtlichkeiten widersetzen. Denn ich weiß nun, daß Du verstehst, eine Frau zu bezwingen" (ebd.: 151).

Siegfried zieht sich hier zurück und läßt Gunther zur sexuellen Unterwerfung seiner Frau schreiten. Die als Liebe verklärte planmäßige Bezwingung kann nach heutigem Verständnis als Vergewaltigung gewertet werden. Der gewaltsame Gehalt der sexuellen Vereinigung scheint aber auch zugleich erkannt zu werden und erfährt eine Rechtfertigung dadurch, daß Brünhild als 'geheilt' erscheint. Sie ist zur Frau geworden. Der Erzähler stellt fest: "Liebevoll, wie es ihm als Ehemann zukam, umarmte er sie" (ebd.: 151).

Durch Liebe und nicht durch Gewalt besänftigt, so die Idealvorstellung, verliert Brünhild schließlich ihre "magischen Kräfte" und ist "nicht mehr stärker als andere Frauen" (ebd.: 151). Die Ehe kann vollzogen werden und die bedrohte Ordnung der Geschlechterhierarchie ist wiederhergestellt.

Wenngleich auch im Nibelungenlied drastische Übertreibungen anzutreffen sind, die es erschweren, einen realen Gehalt der ehelichen Machtstrukturen zu erkennen, kann aus den stilistischen Idealtypisierungen auf die ritterlich-höfische Gestalt der Ehe im Feudalismus zurückgefolgert werden (vgl. Schäufele 1979: 117f.).

Die Vehemenz des ehelichen Machtkampfes als primär gewaltsame Unterwerfung der Frau "ist ein guter Gradmesser für die Gewalt des Druckes, der im gewöhnlichen Fall junge Frauen zur Fügsamkeit zwingt" (Schröter 1985: 81). Die dichterische "Einstellung schwankte zwischen übermäßiger Verehrung und vernichtender Verachtung" (Schäufele 1979: 194) der Frau und kann also von der Darstellung der Brünhild als Kämpferin bis zur zivilisierten Ehefrau reichen. An ihrer Figur läßt sich der geschlechtsspezifisch verlaufende Prozeß der Zivilisation sukzessiv nachvollziehen. Er beinhaltet für die Frau die Aussichtslosigkeit jeglicher Abwehrmechanismen in gesellschaftlichen Gruppen, "die in erster Linie ein Dasein als mehr oder weniger selbständige Krieger führen und für die daher physische Aggressivität (die mit sexueller Potenz verschwistert ist) alles bedeutet, Leben und Tod" (Schröter 1985: 131).

Die Frauen sind besonders als kämpfende Gattinen durch das Mißtrauen der Männer eingeengt, die in jeder Ehefrau eine potentielle Verräterin sehen (vgl. Duby 1985: 55f.; vgl. Ketsch 1984: 125). Ihr gegenüber nicht nur ständig kampfbereit, sondern wachsam sein zu müssen, stellt die Pflicht des Mannes dar, gilt doch allein die "List und Schläue" (Elias 1989b: 105) der Frau als ihre Quelle der Macht. Das Nibelungenlied führt exemplarisch vor, daß gewaltsames Aufbegehren zwecklos ist, weil die Frauen "in den Burgen dem Zugriff des stärkeren Mannes immer unmittelbar ausgesetzt" (ebd.: 105) sind.

II.2.3 Ehe und Sexualverhalten

Deutete sich in der Betrachtung literarischer Werke der eheliche Konflikt zwar als höfisch verfeinert, aber ungebrochen gewalthaft an, so zeigt sich in der Untersuchung des sexuellen Verhaltenskanons besonders deutlich seine geschlechtsspezifische Konflikthaftigkeit. Sie läßt erkennen, daß das ritterliche Selbstverständnis ungebrochen dominiert und soll im folgenden mit ersten Schüben der Zivilisierung und Verhöflichung kontrastiert werden.

Nachrückende bäuerliche und besonders städtische Schichten bedrängen den ritterlichen und fürstlichen Adel. Während die 'kleinen' Ritter sich in Abhängigkeit zum mächtigeren Feudalherren begeben, deutet sich am Hofe eine spezifische Verfeinerung der Geschlechterbeziehungen an. In dem Maße, wie die engere Verflechtung in den Städten zu einer wachsenden Zurückhaltung des einzelnen zwingt, begünstigt der innerhäusliche Triebverzicht des vornehmen Mannes die Überlegenheit der friedwertigen 'frouwe' (vgl. Elias 1989b: 109). Ihre Sphäre ist von der friedlichen und geselligen Unterhaltung und Repräsentation gekennzeichnet. Bildung und Dichtung gehören hier zu den luxuriösen Bedürfnissen des Hofes, der sich nicht zuletzt kulturell abzugrenzen sucht. Aber in "der Tat blieb auch in der schmalen Schicht der großen Feudalherren die Überlegenheit des Mannes über die Frau, die aus seiner Kriegerfunktion stammte, immer spürbar" (ebd.: 108).

Die eheliche Beziehung, wenngleich gegenüber den kleineren Rittern verfeinert, ist nach wie vor kriegerisch auf die Erhaltung der Macht ausgerichtet. Um die Vorrangstellung zu verfestigen, ist jedes Mittel opportun. Die weltlichen Herrscher und ihre Vasallen halten gegenüber der einsetzenden kirchlichen Intervention und der engeren Moralauffassung patrizischer Stadtbürger unangefochten an ihrer Eheschließungspolitik und an ihrer tradierten Sexualauffassung fest. Die Spanne zwischen Triebbefriedigung und Sexualregulierung stellt sich für die Männer der ritterlichen Oberschicht noch nicht so eklatant dar wie in der Nachfolgezeit der neuzeitlichen Verhöflichung (vgl. Schröter 1985: 159). Wenngleich die Sexualität zur Erfüllung der institutionellen Fortpflanzungsfunktion auf die Ehe ausgerichtet wird und sich als Unterwerfung unter einen Fremdzwang darstellt, ist die Spannung von Sexualimpulsen und ehelicher Einbindung gering. Erst die kirchlichen Vertreter nehmen rigorose Unterscheidungen zwischen der legitimen Muntehe und den als illegitim erklärten ehelichen Verbindungen vor. Die sexuelle Bedürfnisbefriedigung wird allmählich durch die 'göttliche' Institution der Ehe zu monopolisieren versucht.

Zur Frage der geschlechtsspezifischen Modellierung des Trieb- und Affektlebens liegen kontroverse Einschätzungen vor. Schröter konstatiert für die Frau der Oberschicht eine Sexualnorm, die über ihre gesellschaftlich ohnehin benachteiligte Stellung eine andere Emanzipationskurve als die des Mannes erkennen lasse (vgl. ebd.: 82,159). Die Sexualauffassung sei entsprechend der kriegerischen Verfaßtheit der Gesellschaft offen zugunsten der aggressiven Triebbefriedigung des Mannes ausgerichtet. Bosl geht hingegen davon aus, daß eine generelle Offenheit gegenüber den sexuellen Bedürfnisäußerungen anzutreffen sei. Auch die vornehme Frau sei daran nicht unbeteiligt. Sie zögere beispielsweise nicht, sich einem "tapferen Ritter hinzugeben" (Bosl 1972b: 346), sondern werte sich vielmehr sozial auf, indem ihr gesellschaftliche Ehre zuteil werde.

Wenngleich auch eine von Frauen gewiß anzutreffende Sexualbetätigung nicht zu verkennen ist, muß ihr spezifischer Kontext berücksichtigt werden. Es soll nach den Bewertungsmustern gefragt werden, die das Sexualideal der Frau anders modellieren als die des Mannes. Wenn Bosl eine gering eingeschränkte Sexualfreiheit konstatiert, die "vom 6. bis zum 12. Jahrhundert von einer Flut von Unzucht, Ehebruch und Inzest (...), nebeneheliche(n) sexuelle(n) Beziehungen und Ehen auf Zeit" (ebd.: 345f.) gekennzeichnet ist, ist zu berücksichtigen, daß sie einseitig zugunsten physischer Überlegenheit konzipiert ist. Körperkraft und die Verfügung über Waffen- und Landbesitz stellen die Basis der feudalen Machtposition dar und sind als Kontext der sexuellen Beziehung zwischen den Geschlechtern zu sehen. Nicht selten trifft der Rezipient auf sozial hierarchisierte Beziehungen, die gegenüber der Standesehe unterschiedliche Implikationen beinhaltet.

Die Voreingenommenheit Bosl's ist dabei insbesondere zu berücksichtigen. Er unterliegt, wie auch die zeitgenössischen Schreiber des Mittelalters, einer spezifischen Auffassung über die Andersartigkeit der Geschlechter, indem von einer impliziten Wesenhaftigkeit des Mannes und der Frau ausgegangen wird. Bosl stellt zum Beispiel einen 'weiblichen Lebenstrieb' einem 'männlichen Destruktionstrieb' gegenüber und negiert die gesellschaftlich-kulturelle Provenienz der Unterschiedlichkeit zwischen den Geschlechtern (vgl. ebd.: 345).

Obgleich psychoanalytische Kategorien und Deutungsmuster dazu beitragen können, die Modellierung der Geschlechter aufzuzeigen, muß die Distanz und Nähe des Rezipienten zur Problematik der Geschlechterbeziehung berücksichtigt werden. Die Frage nach den Sexualbeziehungen wirft besonders kritische Implikationen auf, trifft sie doch auch heute noch den Kern des Selbstverständnisses der Geschlechter. Darauf Einfluß zu nehmen, ist die explizite Aufgabe nicht nur spätmittelalterlicher Kirchenprediger, sondern auch der Institutionen der Gegenwart. Die mittelalterlichen Sexualpraktiken in den Städten und ritterlichen Burgen sollen hier zum Ausgangspunkt genommen werden, weil sich eine Linie nachzeichnen läßt, die nicht zuletzt zur "Erfindung des modernen Menschen" (R.Muchembled 1990) beiträgt.

Der spezifische Umgang mit der Sexualität spielt eine wesentliche Rolle, sowohl in der Formierung der neuzeitlichen Zivilisationsgesellschaft, als auch in ihrer Bewertung. Ob hier beispielsweise von einer "Süchtigkeit und kollektive(n) Erotomanie" (Bosl 1972b: 347) auszugehen ist, oder ob nicht vielmehr eine distanziertere Betrachtungsweise dazu beiträgt, das mittelalterliche Trieb- und Affektleben zu erfassen, stellt einen Unterschied dar.

So kann der Ethnologe H.P.Duerr zum Beispiel, von einer anthropologischen Schamhaftigkeit des Menschen ausgehend, eine sexuelle Permissivität und wachsende Obszönität im gesellschaftlichen Verkehr der modernen Gesellschaft beklagen und die Prozeßhaftigkeit sozialer Beziehungen vernachlässigen (vgl. Duerr 1988a: 50, 1988b: 335, 1990,1993)[16]. Andere Auffassungen verdeutlichen wiederum die Annahme einer relativen Ungezügeltheit der mittelalterlichen Gesellschaft, um die These der neuzeitlichen Sexualrepression zu untermauern (vgl. M.Foucault 1983: 11ff.). In beiden Ansätzen wird aber verkannt, daß die menschliche Gesellschaft auch in ihrer sexuellen Komponente nach bestimmten Regeln gestaltet ist, die einem Wandel unterliegen. Der impliziten Annahme, daß eine mögliche 'ursprüngliche' Geschlechterbeziehung in chaotischer Regellosigkeit gestaltet gewesen sei, kann somit widersprochen werden (vgl. Rossiaud 1984: 104; vgl. J.L.Flandrin 1984: 147ff.).

---

[16] Auf eine nähere Beschäftigung mit der Kritik Duerrs kann hier nicht eingegangen werden. Es sei aber auf die dezidierte Erwiderung von Schröter (1990: 42-85) verwiesen. Die Ingangsetzung der Debatte um den 'Mythos' des Zivilisationsprozesses kann weiterhin nachgelesen werden bei Elias (1988: 37) und U.Greiner (1988: 54); sie wird schließlich bei H.Kuzmics (1989,1990) besonders für die Moderne kritisch aufgearbeitet.

Kulturpessimistische Ansätze, seien sie aus Zivilisationsüberdruß oder aus einem Entsetzen über einen vermuteten 'Sittenverfall' gespeist, negieren, daß der prozessuale Grad gesellschaftlicher Differenzierung eine spezifische Sexualauffassung motiviert, die vor allem einen bestimmten Kanon der Geschlechterbeziehung her-vorbringt. Wenn also die mittelalterlichen Sexualbeziehungen betrachtet werden, ist zu berücksichtigen, daß in einer patriarchalen Gesellschaft, die die rechtliche, soziale und ökonomische Subordination der Frau festschreibt, die mehr oder weniger großen Freiräume jener gemeint sind, die durch ihre zusätzliche physische Überlegenheit gesellschaftlich dominieren.

Überwiegend ist die Privilegierung der Männer der kriegerisch-ritterlichen Oberschichten anzutreffen. Es interessiert hier nicht, ob der aggressive, gewaltsame 'Gebrauch der Lüste' gut oder schlecht ist, sondern allein, inwiefern die eheliche Machtbeziehung zwischen den Geschlechtern von einem spezifischen Code über die Sexualität gelenkt ist (vgl. Foucault 1983: 8). Die kirchliche Institution nimmt hier eine bedeutende Stellung ein, ist doch ihr "sexualpessimistische(s)" (Londner 1973: 59) Weltbild von entscheidender Relevanz für die Entwicklung der Eheauffassungen. Daß ihr dabei die durchaus paradoxe und widersprüchliche Bedeutung zukommt, zum einen männliche Sexualprivilegien einzuschränken und als Nebeneffekt die Position der Frau 'aufzuwerten', zum anderen aber ein bestimmtes Bild der Frauenverachtung zu tradieren, wurde so bislang wenig expliziert. Die Durchsetzung kirchlicher Auffassungen über die Ehe und Sexualität knüpft dabei an eine vorgefundene Ordnung der Geschlechterbeziehung an.

II.2.3.1 Freizügigkeit des Mannes - Selbstzurücknahme der Frau

Elias konstatiert die Spezifik der courtoisen Beziehungen zwischen Mann und Frau:

> "Im Gros der feudalen Gesellschaft, wo der Mann der Herrscher, wo die Abhängigkeit der Frau vom Mann unverhüllt und kaum eingeschränkt ist, nötigt auch nichts den Mann, seinen Trieben Zwang und Zurückhaltung aufzuerlegen" (Elias 1989b: 110).

Eine emphatische Liebesauffassung sei besonders in einer ehelichen Beziehung, die die Frau als inferiores Wesen betrachtet, nicht anzutreffen. Allein in fiktionalen Texten wie zum Beispiel im höfischen Minnesang findet sich ein exklusives Ideal gefühlvoller Zuneigung zwischen den Geschlechtern. Sie meint aber explizit keine eheliche Verbindung zwischen Mann und Frau (vgl. ebd.: 110; vgl. Exkurs). Während die Unverheiratete wie auch die Ehefrau in der mittelalterlichen Gesellschaft ein sexuell beschränktes 'Frauendasein' führt, ist eine vergleichsweise große Freizügigkeit des Ritters festzustellen. Sowohl innerhalb als auch außerhalb der ehelichen Beziehung stellt sich die Macht des Mannes als sexuelle Verfügung über Frauen dar (vgl. Bumke 1990b: 561ff.). Das eheliche Züchtigungsrecht korrespondiert mit der kriegerischen Auffassung, daß allein die physische Konstitution des freien Ritters seine gesellschaftliche Vormachtstellung festschreibt. Daraus leitet sich das Recht einseitiger Verfügung ab, während gleichzeitig das Gebot, Schwache zu schützen, den verpflichtenden Charakter der ritterlichen Macht absteckt. Die Machtbalance kann sich nur dann zugunsten der unterlegenen Frau ausrichten, wenn der überlegene Mann auf die Durchsetzung seiner Macht- und Rechtsansprüche verzichtet (vgl. Schröter 1985: 97,192). Daß die Schutzverpflichtung aber häufig mißbräuchlich dazu dienen kann, rechtliche Privilegien auf Kosten der Untergebenen durchzusetzen, zeigt besonders Duby (1985: 58).

Kebsehen befreien den Mann zum Beispiel von der Versorgungspflicht gegenüber der muntfreien Frau. Sie gilt in dieser Beziehung nicht als legitime Hausherrin, sondern ist vielmehr noch aufgrund ihres gesellschaftlichen Status einer Abhängigen frei von muntherrlichen Vorrechten. Wenngleich die Frau frei ist, indem sie nicht dem eheherrlichen Züchtigungsrecht des Mannes unterliegt, ergibt sich daraus keine essentielle Macht, über sich selbst verfügen zu können. An Stelle der Geschlechtsvormundschaft untersteht die Kebsehe dem generellen Vormundschaftsverhältnis des Lehnsherren über seine Untergebenen. Es erstreckt sich bis zu der Macht, Eheschließungen seiner Leibeigenen nach eigenen Vorstellungen durchzusetzen (vgl. Mikat 1971: 818).

Die Frau mag zwar darüber hinaus nicht auf die Zeugung potentieller Erben des Lehnsherren verpflichtet und so von den Zwecken der Muntehe befreit sein, auf einer weiteren Ebene ist aber auch die Kebsehe eine Verbindung, die einseitig die Vorrechte des Mannes begünstigt. Die Kebsehe kann nur auf "Befehl des Mannes beruhen" (ebd.: 818) und meint die Beziehung eines freien Mannes mit einer unfreien Untergebenen. Häufig muß sich eine abhängige Magd ihrem Lehnsherren sexuell zur Verfügung stellen. Obgleich daraus theoretisch eine rechtsgültige Ehe entstehen kann (vgl. ebd.: 817), spricht doch die soziale Wirklichkeit der machtpolitischen Eheschließungen gegen die munteheliche Verbindung mit einer nicht-adeligen, sozial niedrigstehenden Frau. Die aus dieser Beziehung hervorgehenden Kinder können in der frühmittelalterlichen Gesellschaft als potentielle Erben antreten, soweit sie nicht mit den legitimen Kindern der Muntehe konkurrieren (Duby 1985: 106f.).

Die ritterliche Schutzverpflichtung stellt sich als Makulatur und höfische Sublimierung eines kriegerisch gewalthaften Selbstverständnisses dar. Jene kebsehelichen sexuellen Beziehungen gelten zwar auf der machtpolitischen Ebene als illegitime Verbindungen, sie dienen jedoch gleichzeitig dazu, die sexuelle Bedürfnisbefriedigung des Ritters vor Eintritt in die Muntehe unkompliziert zu ermöglichen. Vielmehr ist es einem Mann geboten, vor der Ehe Erfahrungen zu sammeln, um nicht zuletzt in der Hochzeitsnacht einen Vorsprung vor der unerfahrenen Braut zu haben. Die Geschichte des 'Ritter von Stauffenberg' und auch eine Passage des Nibelungenliedes illustrieren die Selbstverständlichkeit, die dem Mann zugestanden wird, vor der legitimen Eheschließung sexuelle Erfahrungen zu suchen, während die sexuelle Aktivität einer Frau verurteilt wird.

So entspricht die Konzipierung der Figur des Ritters dem gängigen Ideal
der Kühnheit, Unerschrockenheit und Zielstrebigkeit (vgl. Ritter von Stauffenberg
1979: 7ff.). Der vornehme Krieger zeichnet sich aber auch durch Höflichkeit aus
und weiß die gesellschaftliche Etikette gegenüber einer Frau zu wahren. Er kann
sich nicht gewaltsam und räuberisch ihrer Person bemächtigen. 'Dennoch', so die
Konzeption, weckt die Frau seine sexuelle Begierde, die nicht zuletzt ausgelebt
werden kann, weil die Frau ohne männlichen Begleitschutz auftritt (vgl. Schröter
1985: 91,94). Courtoise verfeinert spricht er die Schöne an, nachdem zuvor seine
Vornehmheit vorgeführt worden ist. Im Kampf überlegen hat der Ritter zahlreiche
Feinde besiegt, verfügt über Bildung und eine christliche Gesinnung. Sein Reichtum, seine Schönheit und seine tadellose physische Konstitution lassen ihn als
begehrenswerten Heiratskandidaten erscheinen (vgl. Ritter von Strauffenberg 1979:
7ff.). Freimütig, wie es dem ritterlichen Ideal entspricht, gesteht der Mann offen
ein, daß er mit der Frau sexuellen Kontakt sucht (vgl. Schröter 1985: 92,94).
     Das sexuelle Abenteuer wird als geheimes konzipiert und steigert die
Attraktivität des heiratsfähigen Mannes, während gleichzeitig seine kriegerisch-
sexuelle Potenz offen bewiesen werden kann (vgl. Ritter von Stauffenberg 1979:
22f.). Obwohl der Konflikt um die Eheschließungspolitik der weltlichen Herrscher
im Zentrum der Erzählung steht, wird das ungebrochene kriegerische Selbstverständnis erkennbar. Die konsensuelle Übereinkunft der geheimen Beziehung impliziert auf dieser Ebene nicht nur ein kritisches Potential. Zugleich wird die übliche
Praxis der kriegerischen Einverleibung einer Frau sublimiert, indem ausdrücklich
die Zuneigung der Partnerin vorgeführt wird. Dennoch kann ihre aktive Haltung
nicht ihre Überführung in eine Muntehe bewirken. Sie wird im Verlauf der Erzählung als überirdisches Wesen konzipiert, das einer rechtmäßigen Eheschließung
zwischen Vornehmen widerspricht (vgl. ebd.: 51,55). Es bleibt also ungeklärt, wie
ein Mann dem Beweis seiner sexuellen Potenz nachkommen kann, wenn die aktive
Beteiligung der Frau ausgeschlossen sein muß. Darüber gibt aber die Szene der
Hochzeitsnacht von Gunther und Brünhild Auskunft (vgl. II.2.2.2). Implizit ist im
ehelichen Machtkampf erkennbar, daß eine Frau unterworfen werden müsse und sie
dies letztlich auch wolle. Wenn schon innerhalb der institutionellen Muntehe die
sexuelle Vereinigung nur gewaltsam vollzogen werden kann, muß die außereheliche
Sexualbetätigung des Mannes umso aggressiver ausfallen (vgl. Schröter 1985: 131,
188f.). Die implizite Freiheit einer konsensuellen Beziehung ist im 'Ritter von
Stauffenberg' zum Scheitern verurteilt. Ebenso wird wenig darüber ausgesagt, wie
Gunther zur vorehelichen Sexualbetätigung gelangt. Es wird lediglich konstatiert:
"Bei anderen Frauen hatte er vorher allerdings schon bequemer gelegen" (Nibelungenlied 1970: 141), nachdem er von seiner Frau zurückgewiesen wurde. Ob hier
auf eine einfache, gewaltsame Einverleibung oder eine persönliche Liebesbeziehung
angespielt wird, in der der 'freiwillige' den gewalthaften Charakter überwiegt,
bleibt offen.
     Die Legitimität, zuweilen auch das Gebot, vorehelicher Sexualbetätigung
des Mannes wird hier nicht hinterfragt. Sie wird implizit aufgewertet und ist darauf

ausgerichtet, Bewunderung für die sexuelle Potenz der Figur Gunthers zu wecken, die zugleich seine gesellschaftliche Macht als Mann bedeutet:

> "Für Männer bedeuten sexuelle Erfolge eher einen Prestigegewinn. Ihre Sexualbe-tätigung ist im Prinzip freigegeben und wird nur gleichsam sekundär, durch die Obhut, der Frauen unterliegen, begrenzt" (Schröter 1985: 149).

Vielmehr befördert die Überwachung des weiblichen Sexualverhaltens die männliche Freizügigkeit. Eine erfahrene, aktive Frau verliert nicht nur ihre Ehre, sondern droht die Basis des kriegerischen Selbstverständnisses, sei es innerhalb oder außerhalb der Ehe, zu gefährden (vgl. ebd.: 149f.,188f.). Die Unverheiratete wird im "Bannkreis des Hauses" (Schröter 1984: 150) gehalten, um ihre exklusive Verfügbarkeit für den potentiellen Heiratskandidaten zu wahren. Überschreitet sie den eng gesteckten Handlungsspielraum, droht nicht nur sie ihre Ehre zu verlieren. Das Ansehen ihrer Familie ist damit grundsätzlich in Frage gestellt, weil die Unreinheit der erfahrenen Frau eine rechtmäßige Eheschließung verhindert und Rückschlüsse über die Nachlässigkeit der familiären Kontrolle erlaubt.

Einem Vater wird es also daran liegen, die augenfällige Entehrung einer Frau durch eine uneheliche Schwangerschaft zu verhindern (vgl. Duby 1985: 57). Sein Ziel ist es, die Tochter möglichst schnell und 'hoch' zu verheiraten, um "den weiblichen Familienmitgliedern [und letztlich sich selbst] zu einer standesgemäßen sozialen Placierung zu verhelfen, wofür es vor allem in höheren Schichten - neben dem Klostereintritt - nur den Weg der Eheschließung gab" (Schröter 1984: 152). Auch der familiäre Ruf bleibt gewahrt, gewährleistet doch die Überwachung des weiblichen Fortpflanzungsverhaltens die Legitimität der Kinder (vgl. ebd.: 152,154; 1985: 97). Dabei wird die väterliche Vormundschaft in die sexuelle Muntschaft des Gatten in Form des Deflorationsprivilegs überführt.

Die sexuelle Konditionierung des Mannes und der Frau sind trotz ihrer Unterschiedlichkeit von der gesellschaftlichen Orientierung auf die Institution der Ehe gelenkt. Wie unterschiedlich die sexuelle Betätigung auch ausfällt, Mann und Frau gilt es in einer rechtmäßigen Eheschließung zu binden. Für den Mann stellt sich dabei aber der institutionelle Zwang einer Muntehe noch stärker als für die Frau als ein Fremdzwang dar. Der Ritter unterliegt weit weniger einer innerlichen Selbstzurücknahme, verläßt er doch frühzeitig den häuslichen Rahmen, um nicht nur kriegerische Abenteuer zu suchen. Seine vorrangig kriegerische Tüchtigkeit soll zur Übernahme politischer Macht führen, die nur zustande kommen kann, wenn günstige Eheschließungen zur Verbindung zweier Herrscherhäuser führen. Für die Frau steht hingegen die sittliche Vorbereitung auf die Ehe im Zentrum ihrer Erziehung (vgl. Bumke 1990b: 472). Sie ist stärker von der Ehe abhängig als der Mann, weil sie der ständigen Gefahr unterliegt, einseitig verstoßen oder geschieden zu werden (vgl. Schröter 1985: 97). Die Abweichung vom sittlichen Keuschheitsgebot zieht ihre soziale Deklassierung, zuweilen sogar auch ihren physischen Tod nach sich. Sie wird in der "überwältigenden Zuordnung auf Haus und Ehe" (ebd.: 97) in ihrer Persönlichkeitsstruktur reduziert. Der Mechanismus der Schamangst,

der als Angst vor 'Defloration' zu verstehen ist, untermauert diese geschlechtsspezifisch verlaufende Zivilisationskurve.

Ob dabei allerdings die Angst der Frau vor dem Verlust der 'Jungfräulichkeit' in ihrer psychologischen Bedeutung der Angst des Mannes vor Kastration
gleichkommt, ist fraglich (vgl. ebd.: 180). Wenngleich Mann und Frau der gesellschaftlichen Kontrolle unterliegen und bei erwiesener Eheuntauglichkeit Sanktionen
erleiden, muß berücksichtigt werden, daß die eheliche Praxis nur die 'Schuld' der
Frau aufdeckt. Die Unfruchtbarkeit der Ehe wird nicht auf die Möglichkeit männlicher Impotenz, sondern auf das Versagen der Frau und auf Hexerei zurückgeführt. Ebenso wird nur der Ehebruch der Frau verurteilt, verletzt er doch männliche
"Herrschaftsrechte" (Londner 1973: 11; vgl. Mikat 1971: 813,815,828).

Entgegen der übersteigerten Befürchtung des Mannes stellt sich die
Defloration in ihrer individuellen und gesellschaftlichen Bedeutsamkeit weit mehr
als real begründbare Angst der Frau dar.

Die vorgeprägte Ungleichgewichtigkeit sexueller Gebote für Mann und
Frau wird im gesellschaftlichen Differenzierungsprozeß aufgegriffen und neu gestaltet. Allmählich zeigt sich eine Überführung der männlich-aggressiven Sexualbetätigung des Ritters in höfisch-verfeinerte Umgangsformen. Den um gesellschaftlichen Aufstieg bemühten Landadligen bleibt nur die Alternative, gegenüber
den städtisch-bürgerlichen und kirchlichen Forderungen erbittert an alten Idealen
festzuhalten, oder sich dem 'Pazifizierungsprozeß', als einer Beschneidung lehns-
herrlicher und sexueller Privilegien, anzupassen (vgl. Schröter 1985: 182f.,192).

> "Die wachsende Bedeutung des Reichtums als einer Machtquelle, die sich gegen-
> über physischen Fähigkeiten verselbständigte, hängt ohne Zweifel mit Pazifizie-
> rungsprozessen zusammen, deren Träger, neben der Kirche, eine Gruppe be-
> stimmter Adelsfamilien wurde, denen es allmählich gelang, sich aus einem
> größeren Kreis von Standesgenossen zu Herren über breite Regionen aufzu-
> schwingen" (Schröter 1985: 183f.).

II.2.3.2 Unauflösbarkeit der Ehe

Die seit dem neunten Jahrhundert verfolgte kirchliche Forderung, die
einmal geschlossene Ehe als unauflösbar zu betrachten, stellt einen grundlegenden
Eingriff in die Praxis der weltlichen Eheschließungen dar. Ob allein die kirchliche
Institution als ihr Urheber zu betrachten ist, oder ob nicht auch auf das gesellschaftliche Erfordernis reagiert wird, das soziale und wirtschaftliche Schutzverhältnis der Ehefrau zu garantieren, kann nicht eindeutig entschieden werden. Nicht
einzelne Individuen entwickeln die Idee, einen Zugriff auf die Ehe zu unternehmen;
sie knüpfen vielmehr an die gesellschaftlich vorgeprägte Problemlage an, die die
Ehefrau in einer ungesicherten Rechtsstellung zeigt. In einem wachsenden Interde-
pendenzgeflecht ist vielmehr von einem widersprüchlichen Zusammenwirken welt-
lich tradierter und neu entwickelter kirchlicher Vorstellungen auszugehen.

So konstatiert beispielsweise Schröter, daß schon vor dem kirchlich formulierten Scheidungsverbot gesellschaftliche Konstellationen die Treueverpflichtung einer Ehe erforderlich machten (vgl. Schröter 1985: 91ff.). Die sich zum Schutzverhältnis entwickelnde Muntehe kompensiere hier eine relative Machtlosigkeit der Frau gegenüber dem Mann. Um der einseitigen Verstoßung einer 'unpassenden' oder 'unfruchtbaren' Frau entgegenzuwirken, aber auch, um dem einfachen "Verschwinden von Männern" (ebd.: 91) abzuhelfen, sei seit dem 13. Jahrhundert die einmal geschlossene Ehe für unlösbar erklärt worden. Die adelige Ehefrau habe sich durch die häufige Abwesenheit des fahrenden Ritters in einer gefährdeten und schutzlosen Situation befunden, weil sich nicht zuletzt die eigenen Gatten auf diese Weise von ihrer Frau scheiden lassen konnten. Die ambivalente Implikation dieser 'Sorge' um die Frau kann aber auch in der mißtrauisch betrachteten Autonomie der Burgherrin begründet sein, der in der Abwesenheit des Hausherren nicht nur die Befehlsgewalt, sondern potentiell auch die Möglichkeit sexueller Untreue zukommt. Oft wird der Verrat und die Hinterlist der Frau angeführt, die, zurückgezogen in ihren Gemächern, jede Möglichkeit fände, ihren Mann sexuell zu hintergehen. Unterschätzt wird aber die Tatsache, daß die Frauen in den Burgen der Verfügbarkeit durch ihre Männer ausgesetzt sind und so wohl kaum eine Möglichkeit finden, ihm zu entgehen.

Die eingeschränkte Scheidungsfreiheit hat aber vielmehr noch den Effekt, daß die weit stärkere Gefahr für die Frau, "durch den Sexualkontakt selbst einen entscheidenden, unwiderruflichen Schritt" (Schröter 1985: 94) zu tun, der die Legitimität einer Ehe bedroht, kompensiert und "ins Lot gebracht" (ebd.: 94) wird. Die sexuelle Freizügigkeit des Mannes setzt sich hingegen zweifellos in der Realität fort. Sie kann nur nicht mehr so selbstverständlich wie zuvor offen vorgeführt werden und zur einseitigen Trennung führen (vgl. ebd.: 94f.). Dieser kirchliche Eingriff stellt sich zunächst als eine grundlegende Infragestellung der weltlichen Machtstellung dar, indem ihre zentrale Grundlage, die Ehen der Herrscherhäuser, angetastet wird. Eine unfruchtbare Ehefrau muß aus der Sicht des freien Burgherren jetzt lebenslang 'ertragen' werden (vgl. Ariès 1984a: 183). Die kinderlose Ehe droht aber vielmehr noch die gesellschaftliche Vormachtstellung eines Herrscherhauses zu schwächen. Potentielle Erben können nicht mehr durch neheheliche Beziehungen des Ehemannes kompensatorisch eingesetzt werden. Der Gatte ist zum Verzicht auf die neheheliche Sexualbetätigung verpflichtet. Die hier gezeugten Kinder werden als uneheliche Bastarde einer jetzt zum Konkubinat abgewerteten 'Unehe' von der Erb- und Thronfolge ausgeschlossen (vgl. Duby 1985: 60; vgl. Schröter 1985: 88). Auf dieser Ebene sei daran erinnert, daß die Bedeutsamkeit der Gattin aufgrund ihrer sanguinen Qualitäten gegenüber der standesniederen Sexualpartnerin des Gatten wächst. Der einseitigen Patrilinie wird die Matrilinie hinzugefügt (vgl. Duby 1985: 45).

Die Konflikte um die Unlösbarkeit der Ehe kulminieren im 11. und 12. Jahrhundert in erbitterten Machtkämpfen und zeigen den Widerwillen der weltlichen Herrscher dort, "wo sie die Verstoßung und die Verwandtenheirat oder, in ihrer Terminologie, den männlichen Ehebruch und den Inzest verurteilten" (ebd.: 58). Erst im Verlauf des 14. Jahrhunderts findet sich schließlich eine Gleichbewertung der sexuellen Gebote für Frau und Mann. Die gesellschaftliche Realität am Hofe zeigt aber auch, daß die kirchlichen Vorgaben kontinuierlich umgangen und konterkariert werden, indem neue Gründe für die Ehescheidung interpretierbar gemacht werden (vgl. II.2.1.3). Das sich zuvor als manifester Ehehinderungsgrund darstellende Inzesttabu wird nun in seiner Doppeldeutigkeit nutzbar gemacht. Weil die Kirche allein unzüchtige, d.h. ehebrecherische Sexualpraktiken und inzestuöse Verbindungen der Eheleute als Scheidungsgrund anerkennt, werden neue Ebenen der Argumentation erforderlich. Um eine ungünstige Eheschließung zu annullieren, werden jetzt verwandschaftliche, inzestuöse Verbindungen zwischen den Eheleuten geltend gemacht. Die Annahme des strafbaren weiblichen Ehebruchs wird hier außerdem wiederbelebt und kann die nötige Trennung von der Gattin bewirken (vgl. Mikat 1971: 825f.).

> "Das Hauptinteresse der Adligen, die Übertragung der Kühnheit ihrer Vorfahren von Mann zu Mann, verlangte von ihnen geradezu, eine Frau wegzuschicken, wenn sie ihnen nach einer gewissen Frist keine Söhne geschenkt hatte, und bisweilen auch, die Gattin zu wechseln, wenn sich die Chance zu einer ehrenvollen Verbindung auftat" (Duby 1985: 58).

Wenngleich der gewachsene Institutionalisierungsschub diesen sensibelsten Punkt der Herrschaftsinteressen des Adels berührt, indem der Wert der Muntehe erhöht und somit der Ehefrau mehr Schutz eingeräumt wird, muß die Relativität dieses Wandels gesehen werden. Parallel zur Aufwertung der Muntehe zeigt sich die Abwertung jeglicher außerinstitutioneller Geschlechterbeziehungen, die der hochstehenden Frau teilweise eine günstigere Rechtsstellung verschafft. Die letztlich auch involvierte Kirche beschränkt zwar die weltlichen Privilegien, läßt aber gleichzeitig Möglichkeiten offen, den unabweisbaren Zweck der Ehe, die Fortpflanzung, zu erfüllen. Hier stimmen weltliche und klerikale Führungsschichten überein.

Obgleich Ariès konstatiert, daß die kirchlichen Vorgaben allmählich "widerstrebend, vom Adel akzeptiert [werden, so daß] die Schlacht um die Unauflöslichkeit der Ehe" (Ariès 1984a: 192) im 12. Jahrhundert entschieden worden ist, soll von der fortwährenden Konflikthaftigkeit der ihr zugrundeliegenden Problematik ausgegangen werden. Die Auseinandersetzung um die äußerliche Gestaltung der Ehe wird auf einer neuen Ebene fortgeführt, die den Zugriff auf die sexuelle, innereheliche Gestaltung der Geschlechterbeziehungen indiziert.

II.2.3.3 Muntfreie Formen der Geschlechterbeziehung

Stellte schon die kirchliche Einflußnahme auf die vormundschaftliche Ehe einen Einschnitt dar, so verdeutlicht besonders die Zurückdrängung konkurrierender Eheformen die fortschreitende Institutionalisierung der einzig legitimen Muntehe.

Gegenüber der widersprüchlichen Rechts- und Machtposition der muntherrlich gebundenen Gattin ist in der freieren Form der Friedelehe ein größerer Handlungsspielraum der Frau festzustellen[17]. Obwohl auch die Friedelehe, ähnlich wie die Kebsehe, als sozial hierarchisierte Geschlechterbeziehung zu verstehen ist, steht der Frau als gesellschaftlich Überlegene mehr Macht zu. Sie befindet sich gegenüber der Muntehe in einer "wesentlich stärkeren Rechtsposition" (Mikat 1971: 816), weil sie ebenso wie der Mann ein Scheidungsrecht erhält. Die Praxis der einseitigen Verstoßung durch den Mann ist hier nicht anzutreffen und kompensiert implizit das Ungleichgewicht zwischen Mann und Frau in der Muntehe. Während im weltlichen Recht männliche Privilegien auf dieser Ebene auch der Frau zugestanden werden, zeigt die kirchliche Vorgehensweise umgekehrt, daß die Position des Gatten in der Muntehe an die weibliche Rechtlosigkeit angepaßt wird.

Nicht allein die Frau, sondern auch der Mann muß die einmal geschlossene Ehe aufrechterhalten. Weil die Frau in der Friedelschaft nicht in die eheherrliche Gewalt überführt wird und selbständig ihren Partner wählt, ist sie frei von der einseitigen Vergabe und unterliegt nicht dem Züchtigungsrecht des Partners. Ihre soziale Vorrangstellung stellt sich als Basis dar, über sich selbst zu verfügen, während die zwischen Standesgleichen geschlossene Muntehe die Inferiorität der Gattin festschreibt.

Unerwähnt bleibt dabei allerdings der Stellenwert der weiblichen Keuschheit für das Eingehen der bedeutsamen Muntehe. Es stellt sich die Frage, ob beispielsweise entgegen der gesellschaftlichen Norm die Jungfräulichkeit der Partnerin in einer Friedelschaft bedeutungslos ist. Es ist aber davon auszugehen, daß mit der explizit machtpolitischen Bedeutsamkeit der Muntehe auch die geschlechtsspezifischen Vorgaben rigoroser einzuhalten sind. Der einmal erwiesene Ehrverlust der Frau wird in einer standesgleichen Ehe von gößerer Tragweite ausgefallen sein, als in einer standesungleichen Partnerbeziehung (vgl. II.2.3.1).

Allein die potentielle physische Überlegenheit des Partners räumt ihm die Chance ein, über seine Partnerin Macht gegen Widerstreben durchzusetzen, verfügt er doch als standesniederer Mann nicht über die ökonomischen und rechtlichen Quellen der ehelichen Macht. Die Abhängigkeit des Mannes von der Frau könnte hier theoretisch zu einer Zurückhaltung zwingen, obwohl der gewalthafte Charakter der Gesellschaft eine problematische Geschlechterbeziehung hervorbringt (vgl. Elias 1989b: 105ff.). Ob letztlich aber die Rechtsfreiheit der Frau zu ihrer unumschränkten Herauslösung aus den Interessen der Familie führt, bleibt eine Frage. Mikat expliziert nicht den gesellschaftlichen Kontext, der eine Frau diese Form der Ehe eingehen läßt. Ihr individuelles Interesse, sich nicht unter die Gewalt eines standesungleichen Mannes zu begeben, wird auch vom machtpolitischen und ökonomi-

---

[17] Es bestehen zwei Formen der Friedelschaft. Hier soll zunächst die begünstigte Position der adeligen Frau skizziert werden, die diese Beziehungsform wählt. Wählt ein vornehmer Mann diese Beziehung, ändert sich die Perspektive. Daß der Partner als sozial Überlegener in der Friedelehe über der Frau steht, muß aber noch nicht ihre zwangsläufige Benachteiligung implizieren.

schen Kalkül geleitet worden sein (vgl. Londner 1973: 15). Nicht zuletzt die
Familie wird ein Interesse daran haben, eine 'schädliche' Eheschließung mit einem
niedrigstehenden Mann auszuschließen, um den familiären Besitz zu erhalten. Die
Frau ist hier im eherechtlichen Sinne frei, ihren Partner zu wählen und sich nicht
in seine Gewalt zu begeben. Gegenüber ihrer Familie unterliegt sie aber nach wie
vor dem Vormundschaftsverhältnis, so daß sie nicht über prinzipielle Freiräume
verfügt (vgl. ebd.: 14,16).

Wenngleich die weibliche Machtposition in der Friedelschaft nur relativ
ist, zeigt die kirchliche Verfolgung illegitimer Friedelehen, daß der vornehmen Frau
dadurch die Chance verwehrt bleibt, über Macht verfügen zu können. Obwohl auch
im weltlichen Recht Frauen nur in Ermangelung eines verfügbaren Sohnes als
Erbinnen antreten können und somit nur vorübergehend Einfluß erhalten, kann
diese Position zu einer politischen Bedeutsamkeit der Frau führen (vgl. Ketsch
1984: 361ff.). Die kirchliche Ehegesetzgebung trägt auf dieser Ebene dazu bei, die
Frau auf ihre eheliche und häusliche Funktion festzuschreiben und den Zugang zu
außerhäuslicher Macht zu versperren.

Zwar überführen die Kleriker das nur in der Friedelschaft anzutreffende
Konsensprinzip, nach dem beide Partner sich freiwillig verehelichen, in die Muntehe und emanzipieren somit das Brautpaar von der familiären Gewalthoheit, die freiere Rechtsstellung der Frau wird aber nicht in die Muntehe übernommen, sondern
einseitig dem Vormundschaftsrecht des Gatten einverleibt.

Betrachtet man die Friedelschaft zwischen einem vornehmen Mann und
einer standesniederen Frau, wird deutlich, daß die Institutionalisierung der Muntehe
nicht allein rechtlich-formale Veränderungen der Geschlechterbeziehungen bringt,
sondern explizit auch die sexuellen Privilegien des Adels trifft. Während die
Friedelschaft für vornehme unverheiratete Frauen eine exklusive Form der Geschlechterbeziehung darstellt, ist sie für die verheirateten vornehmen Männer eine
selbstverständliche Praxis polygamer Sexualbetätigung. Der Mann konnte "neben
der Muntehe beliebig viele Friedeln haben" (Mikat 1971: 817) und so bequem eine
sexuelle Verbindung mit einer standesungleichen Frau verfolgen, ohne daß "diese
in den Stand des Mannes aufgerückt [wäre] oder ein Ehegattenerbrecht erlangt"
(ebd.: 817) hätte.

Wenn auch hier, wie bei der Kebsehe, eine sozial hierarchisierte Beziehung anzutreffen ist, stellt die Friedelschaft gerade keine auf einseitige Verfügung
des Mannes zustandegekommene Verbindung dar. Ausdrücklich wird die gegenseitige "Willensübereinkunft von Mann und Frau" (ebd.: 816) für das Zustandekommen der Friedelehe hervorgehoben. Auch die rechtliche Gleichwertigkeit hebt
die Partnerin in einer Friedelehe von der Untergebenen in der Kebsehe ab. Der
Mann erhält keine vormundschaftlichen Rechtsbefugnisse über die Frau, so daß
theoretisch von einer freieren Beziehung ausgegangen werden kann. Diese Form
der Friedelschaft birgt für die standesniedere Frau aber zugleich mehr ökonomische
und gesellschaftliche Unsicherheiten (vgl. Schröter 1985: 383). Nur die Morgengabe gewährleistet die "vermögensrechtliche Sicherstellung" (Mikat 1971: 817) der

Partnerin. Die Übergabe des Muntschatzes an die Familie der Partnerin kann aber zu einer legitimen Muntehe führen. Jedoch erweist sich auch hier diese theoretische Möglichkeit, wie bei der Friedelschaft einer vornehmen Frau, als fragwürdig, wenn man die Bedeutsamkeit standesgleicher Eheschließungen berücksichtigt. Ob der sozial überlegene Partner auf die machtvolle und gewaltsame Durchsetzung seiner sexuellen Interessen in einer rechts- und zugleich schutzfreien Beziehung verzichtet, bleibt offen.

Wenn Schröter zum Beispiel von einer "machtbestimmte(n) Freizügigkeit von oben nach unten" (Schröter 1984: 157) ausgeht, ist anzunehmen, daß gegenüber Untergebenen ein geringerer Selbstzwang ausgeübt wird. Dennoch sei die Friedelehe bzw. die historisch zum Konkubinat (vgl. Londner 1973: 13f.) degradierte Beziehung nicht als eine "rein auf Gewalt beruhende()" (Schröter 1984: 158) zu verstehen. Sie stelle sich ebenso wie die ambivalente "reziproke() Abhängigkeit zwischen Männern und Frauen" (ebd.: 157f.) als Schutz- und Versorgungsverhältnis dar. Zumindest bis zur Zuspitzung der gesellschaftlichen Eheproblematik gelten Friedelehen als "Ehen minderen Rechts" (ebd.: 158), die oft die öffentliche Anerkennung der Partnerin indiziere. Sie manifestiere sich nicht nur am materiellen Ausgleich, sondern auch an der Versorgung ihrer Kinder (vgl. ebd.: 158f.).

Duby verweist aber kritischer als Schröter auf die bevölkerungs- und machtpolitische Relevanz der Friedelschaft, die sich sowohl für die Gattin wie für die Nebenfrau spezifisch auswirkt. So seien bis zum Hochmittelalter die Söhne einer Friedelschaft gegenüber den Töchtern der rechtskräftigeren Muntehe bevorzugt beerbt worden. Für die zwar sozial höherwertige Tochter stellt sich ihr Geschlecht als hinderliches Merkmal dar, das väterliche Erbe anzutreten (vgl. Elias 1989b: 22; vgl. Ketsch 1984: 149). Sie ist vielmehr gezwungen, das väterliche Erbe mit ihren Stiefbrüdern zu teilen. Auch hier zeigt sich die privilegierte Stellung des Mannes sowohl gegenüber seiner rechtmäßigen Gattin als auch gegenüber der standesniederen Nebenfrau. Beide sind in der patrilinearen Abstammungslinie benachteiligt, indem sowohl die Ehe- wie auch die Nebenfrau nicht erbberechtigt sind. Nur der männliche Stammhalter führt das adelige Haus weiter. Dabei ist die biologische Mutterschaft zunächst von sekundärem Interesse.

Während das Kriterium des Konsenses egalitäre Züge der Geschlechterbeziehung impliziert, zeigt ihre soziale Funktion die Bevorteilung des sozial, durch sein Geschlecht vermittelt, höherstehenden Mannes. Das Geschlechterverhältnis ist hier doppelt hierarchisiert und dient letztlich den patriarchalischen Familieninteressen. Die Friedelehe "schützte das Erbgut, ohne die [männliche] Jugend gar zu offen zu zügeln und ohne das profane Wertesystem zu verleugnen" (Duby 1985: 52f.). Es ist gerade auf die Stiftung günstiger Eheschließungen ausgerichtet und kann friedeleheliche Beziehungen so lange tolerieren, wie der Status der Muntehe nicht gefährdet ist. Besonders die sich im weiteren Verlauf als exklusive und nicht mehr selbstverständlich darstellende nebeneheliche Beziehung zeigt aber, daß das adelige Wertesystem fortschreitend in Frage gestellt wird, seine patriarchalen Elemente aber tradiert werden. Die Institutionalisierung der Muntehe trägt nicht nur dazu bei, daß die rechtmäßige Gattin in ihrer sozialen Stellung aufgewertet, sondern als sexuelles Wesen abgewertet wird (vgl. Schröter 1985: 88). Die Hauptfrau ist zunehmend mitsamt ihren Kindern gegenüber der stigmatisierten Konkubine erbberechtigt. Uneheliche Kinder gelten als Bastarde und kämpfen nicht selten über die Zeit hinaus, in der die Problematik eine aktuelle Brisanz gewinnt, um ihre Anerkennung als legitime Nachfahren des Herrscherhauses (vgl. Duby 1985: 53). Um den jugendlichen Ritter gleichzeitig vor der Endgültigkeit jener ehelichen, rein auf Fortpflanzung ausgerichteten Beziehung frühzeitig zu bewahren und seine tolerierten Sexualbedürfnisse in geregelte Bahnen zu leiten, wird seine voreheliche Triebbefriedigung in die Konkubinatsbeziehung überführt.

Nach wie vor besteht also ein Konkurrenzverhältnis von Munt- und Nebenehen, wird doch erstere in der sozialen Wirklichkeit "ohne Liebe eingegangen" (Bosl 1972b: 344; vgl. II.2.1.2) und motiviert die Suche nach einer Geliebten. Die fortschreitende Verankerung der Muntehe läßt jedoch jede leidenschaftliche Sexualbeziehung als "sozialfeindlich()" (Schröter 1985: 163) erscheinen. Ihre Unumgänglichkeit macht es erforderlich, verschleiert zu werden. Schröter konstatiert:

> "Die Ehe als sozial geregeltes Ereignis hat über eine Beziehung, die nur auf persönlichen Motiven beruht, die Oberhand gewonnen" (Schröter 1985: 163).

Sie impliziert für die Sexualbetätigung der Frau zusätzlich eine ungleich größere Selbstzurücknahme als für den Mann. Wenn Elias davon ausgeht, daß auch der freieren Burgherrin wenig Selbstzwang auferlegt ist, muß berücksichtigt werden, daß die zuweilen physische, besonders aber die gesellschaftliche Überlegenheit der Männer ihrer Vormachtstellung ein schnelles Ende bereiten kann.

Ihre vielfach bewunderte Aktivität als Burgherrin bleibt eine Ausnahmeerscheinung, die nur tragbar ist, solange sie nicht in die männliche Domäne einfällt (vgl. Beauvoir 1984: 104; vgl. Elias 1989b: 105f.). Die Hausherrin wird zwar rechtlich und ökonomisch aufgewertet. Ihr wird zugleich aber ein hoher Preis abverlangt, indem ihre autonome, wenngleich sehr exklusive, Sexualbetätigung in der Friedelschaft beschränkt wird. Die allgemein freiere sexuelle Aktivität des Mannes wird im Konkubinat zu seinen Gunsten versteckt geduldet, während die "allmähliche Etablierung der einen und immergleichen Ehe (...) nicht zuletzt auf Kosten der Bewegungsfreiheit solcher [vornehmen] Frauen" (Schröter 1985: 166) geht. Gerade hier wird das Bild entworfen, daß eine sexuell aktive Frau eine bedrohliche Verführerin darstellt und die eheliche Geschlechterordnung bedroht. Der Status einer Ledigen macht sie gegenüber der etablierten, keuschen 'frouwe' verdächtig, begehrenswert und verfügbar zugleich. Die nicht auf affektiver Zuneigung begründete eheliche Institution dient hier also dazu, daß der Mann innerhalb und außerhalb der Ehe nicht zum Opfer des als alles verschlingend und unersättlich geltenden 'Weibes' wird und so seine Überlegenheit wahren kann (vgl. ebd.: 165,172; vgl. Ritter von Stauffenberg 1979: 51,55).

Exkurs: Minnesang und religiöse Dichtung

Die zuvor untersuchten gesellschaftlichen Machtkämpfe um die eheliche Form der Geschlechterbeziehung verdeutlichen, daß die fortschreitende Institutionalisierung in einer sich differenzierenden Gesellschaft unmittelbar auch das Trieb- und Affektleben des einzelnen berührt. Vielmehr zwingt die gewachsene Interdependenz den einzelnen allmählich dazu, seine ungebändigte Triebbefriedigung in bestimmte Bahnen zu lenken. Die unterschiedlichen Eheformen stellen sich als weitgesteckter Rahmen dar, um die sozialen und sexuellen Beziehungen zwischen Mann und Frau zu gestalten. Trotz des bestehenden Widerstands der privilegierten Oberschicht gegen die wachsende Institutionalisierung der einen Eheform kann sich aus der Vielfalt ehelicher Beziehungsmuster nur die Muntehe als rechtsgültige, gesellschaftlich anerkannte Ehe durchsetzen. Die höfische Dichtung und die kirchliche Ehegesetzgebung stehen für den Konflikt, die sich zuspitzende Geschlechterproblematik zu bewältigen und in neue Bahnen zu leiten. Entgegen der rein auf die Ehe orientierten Geschlechtermodellierung zeigen sich spezifische Formen der ritterlich-höfischen Triebbewältigung. Die Minnelyrik und die religiöse Dichtung lassen auf dieser Ebene gerade eine nicht-eheliche Beziehung zwischen den Geschlechtern durchscheinen.

Zur Frage der gesellschaftlichen und sozialen Bedeutsamkeit des Minnesangs liegen umstrittene Einschätzungen vor. Sie verdeutlichen die Schwierigkeit des Rezipienten, die "Ideologie und Realität des Rittertums im Mittelalter" (Brunner/Daim 1981: 24) voneinander zu unterscheiden (vgl. Beauvoir 1984: 104; vgl. Bumke 1990b: 504ff.). So liegen beispielsweise Aussagen vor, die allein den literarischen oder ästhetischen Gehalt der höfischen Dichtkunst unterstreichen, ohne sie in ihrer gesellschaftlichen Kontextualität zu betrachten. Obgleich Brunner und Daim sich um eine distanzierte Betrachtungsweise bemühen und kritisch die mittelalterliche Rittergesellschaft als durchaus patriarchalisch kennzeichnen, wird dieser Anspruch nicht durchgehalten. Neben der Unterschätzung der gesellschaftlichen Aussagekraft bildlicher Darstellungen wird der Minnesang in ihrer nahezu populärwissenschaftlichen Abhandlung als "schönste() Blüte mittelalterlichen Rittertums" (Brunner/Daim 1981: 24) stilisiert.

Auch wenn das literarische Niveau der Dichtung nicht unterschätzt werden soll, ist zu berücksichtigen, daß sie sich in einem gesellschaftlichen Differenzierungsprozeß höfischer gegenüber bäuerlicher und städtischer Kultur herausbildet. Daß die hier vorfindbare Geschlechterbeziehung neben einer vermeintlichen Schönheit vielmehr auch Gewaltsamkeit impliziert, wird dabei übersehen (vgl. Bumke 1990b: 460ff.).

Dennoch ist die Dichtung in ihrem gesellschaftlichen Kontext gegenüber der ehelichen Machtbeziehung als spezifisch verfeinertes Bewältigungsmuster zu verstehen. Sie impliziert die widersprüchliche Problematik eines Ideals leiden-

schaftlicher Liebe und der Realität der gewaltsamen Objektsetzung der Frau in der
Ehe. So konstatiert Elias:

> "Aber es ist schwer zu denken, daß der Minnesang und vor allem seine zarteren
> Töne - nicht immer ist er zart - aus dem gleichen Leben stammen, wie die
> ungedämpften, die rauhen und rüden Verhaltensformen, die ihrer Lage entspre-
> chend, dem Gros der Ritter zu eigen waren (...)" (Elias 1989b: 103).

Jenes Rittertum beginnt sich in der Feudalgesellschaft zu differenzieren und wird
mit einem neuen Handlungsspielraum konfrontiert. Während Ketsch von einer
Etablierung des Ritterstandes ausgeht, der im kulturellen Wandel des 12. Jahrhunderts die höfische Minne hervorbringe, stellt Elias die Ausdifferenzierung der
ritterlichen Führungschicht fest (vgl. Ketsch 1984: 104; vgl. Elias 1989b: 103ff.).
Obgleich auch Ketsch hervorhebt, daß der gesellschaftliche Wandel eine "kulturel-
le() Distanz" (Ketsch 1984: 104) zwischen den Schichten schafft, sind nicht allein
die bäuerlichen bzw. einfacheren Unterschichten als Adressaten der Distinktion zu
begreifen. Die feudale Revolution erfaßt das gesamte Schichtengefüge der Gesellschaft und bringt innerhalb der führenden Oberschichten eine neue Figuration
hervor. Sie erfordert gegenüber den ohnehin unfreien Unterschichten einen allmählichen Schub der Selbstzurücknahme besonders in den freieren gesellschaftlichen Spitzenschichten. Dennoch bedrängen auch die aufsteigenden städtisch-bürgerlichen Mittelschichten wie auch die bäuerlichen Unterschichten neben der wachsenden Macht der kirchlichen Institution die adelige Vormachtstellung. Die wirtschaftliche und gesellschaftliche Bedeutsamkeit der Höfe überwiegt jedoch die Ausstrahlungskraft der Städte (vgl. Elias 1989b: 99ff.).

Die Monetarisierung, die beginnenden Durchsetzungsversuche des Zentralherren gegenüber vereinzelten konkurrierenden Herrschaftszentren und die gewachsene Interdependenz der in neue Integrationsformen gefaßten Menschen entfalten
eine gesellschaftliche Dynamik, die auch die sozialen Beziehungen prägt (vgl. ebd.:
99ff.).

Wenngleich gegenüber der absolutistisch-höfischen Gesellschaft von einer
Dominanz der permanent hereinbrechenden Gewaltdrohung in den zwischenmenschlichen Beziehungen auszugehen ist, erfährt die vom Ritter symbolisierte
kriegerische Eigenschaft des Mannes eine erste Sanktionierung. Jetzt sind die durch
den gesellschaftlichen Akkumulationsprozeß der Herrscherhäuser verarmten landlosen Ritter gezwungen, sich am Hofe zu verdingen (vgl. Schröter 1985: 136). Sie
stellen sich in den Dienst reicher landadliger Ritter und verlieren ihre bislang
unbeschränkte Autonomie. Um von dem immer knapper werdenden Land einen
Teil zu erhalten, um Reichtum und letztlich Macht im gesellschaftlichen Ausscheidungskampf zu gewinnen, lobpreisen die Dichter, Narren und Minnesänger
ihren Burgherren. Die Feudalhöfe entwickeln sich mehr noch als kriegerische
Festungen zu "Repräsentationstätten für die Macht und den Reichtum ihrer Gebieter" (Elias 1989b: 101). Die Bedeutung gesellschaftlicher Repräsentation und
Distinktion ist gewachsen. Schreiberlinge, Dichter und Spielleute dienen hier neben

der Unterhaltung der eigenen Wertsteigerung, unterstreicht doch ihre Indienstnahme den materiellen Reichtum und das Prestige des Hofes (vgl. ebd.: 102,114).

Als sozial Unterlegener ist der kleine Ritter gezwungen, seine physische Wehrhaftigkeit zu sublimieren. Nicht die kriegerische Heldentat allein zeugt von seiner gesellschaftlichen Höherwertigkeit, sondern vor allem sein dichterisches Können, seine Fähigkeit zur kulturellen Distinktion. Der Minnesänger, wie auch Abkömmlinge der freigesetzten städtisch-ländlichen Unterschichten, singt und dichtet im Dienst eines größeren Herren und einer Edelfrau. Ihr gegenüber wird eine große Triebdämpfung und Ehrerbietung abverlangt (vgl. Elias 1989b: 103).

Die Unterscheidung in niedere und hohe Minne verdeutlicht die Widersprüchlichkeit zwischen der geforderten Triebdämpfung und der verfolgten, jedoch unerfüllbaren Lustbefriedigung gegenüber der verheirateten, standeshöheren Frau (vgl. Londner 1973: 117). Während der Ritter mit der sozial gleichrangigen Ehefrau und standesniederen Magd "nicht sehr zart" (Elias 1989b: 105) umzugehen braucht und er seinen Trieben ungezügelt Ausdruck verleihen kann, ist es gerade die Höherwertigkeit und eheliche Gebundenheit der Frau, die ihn verpflichtet, sich zurückzuhalten. Nur das Abhängigkeitsverhältnis ermöglicht ihre Vorrangstellung, die zugleich auf das Fehlen ökonomischer, gesellschaftlicher und kriegerischer Macht des Mannes rekurriert.

Liebe kann hier nicht zur Kennzeichnung einer egalitären Partnerbeziehung dienen, sondern allein als Ausdruck eines Abhängigkeitsverhältnisses verstanden werden. Paradoxerweise ensteht aber gerade zwischen Ungleichen eine Semantik, die die Sexualität ihres rein triebhaften, 'groben' Gehalts enthebt und zu 'höherer', geistig-erotischer Liebe als Tugend verfeinert (vgl. Bumke 1990b: 522ff.,569).

Die Ehe ist dagegen nach wie vor von Liebe entkoppelt und dient rein der Triebbefriedigung und Fortpflanzung. Der Minnesänger Walther von der Vogelweide spricht eben jene Problematik an, wenn er zwischen niederer Minne und hoher Minne unterscheidet:

> "Nideriu minne heizet diu sô swachet
> daz der lîp nâch kranker liebe ringet:
> diu minne tuot unlobelîche wê.
> hôhiu minne reizet unde machet daz der muot
> nâch hôher wirde ûf swinget" (zit.n.: Bumke 1990b: 521)[18].

Dennoch wird im Minnesang nicht die Infragestellung der ehelichen Geschlechterbeziehung und der damit eingeschlossenen Inferiorität der Gattin thematisiert.

---

[18] "Niedere Minne nennt man, die so erniedrigt, daß die Sinne nur nach feiler Lust drängen. Diese Minne trägt auf unrühmliche Weise Schmerz ein. Hohe Minne nennt man, die bewirkt, daß der Sinn sich emporschwingt zu den höchsten Werten" (zit.n.: H.Brackert 1983: 155).

Sie wird eher für die "Barbarei der offiziellen Sitten" (Beauvoir 1984: 105) in der Ehewirklichkeit entschädigt als daraus befreit (vgl. Bumke 1990b: 453f.,503,522, 531ff.,560):

> "Die sittliche Vorrangstellung der Frau in der höfischen Literatur beinhaltet (...) keine soziale und rechtliche Emanzipation der Frau. Sie blieb der eheherrlichen Munt unterworfen" (Ketsch 1984: 105).

Die hier zum Ausdruck kommende gedämpfte Affektlage kann nicht losgelöst von der sozialen Stellung des Sängers betrachtet werden (vgl. Elias 1989b: 105). Er umwirbt eine unerreichbare Frau, in deren Dienst er sich letztlich stellen will. Der verfolgte Minnelohn ist, obgleich uneinlösbar, zweifellos auch darauf ausgerichtet, sexuelle Beziehungen aufzunehmen (vgl. Ketsch 1984: 104) und steht für die ungebrochene Vorherrschaft unreflektierter Triebhaftigkeit. Individuelle Charakteristika der Verehrten sind dabei eher zugunsten ihrer gesellschaftlichen Position als Burgherrin zurückgesetzt. Sie ist hier Objekt der gesellschaftlichen Aufstiegsbestrebungen des auch sexuell interessierten Landlosen, während sie in der niederen Minne der Ehe zum Lust- wie auch Heiratsobjekt degradiert wird (vgl. Ketsch 1984: 106; vgl. Londner 1973: 115). Bemerkenswert ist hier, daß der vermutete Ehebruch im Minnesang eine aktuelle Neuauflage erfährt und so das vorherrschende Mißtrauen des Gatten legitimiert wird (vgl. Bumke 1990b: 464,466,551ff.). Die Nichterfüllbarkeit macht die verbotene Liebe umso begehrlicher und qualvoller. Sich ihr zu unterwerfen ist selbst ein 'ungestümer' Mann bereit, der zugleich in der Ehe fraglos seiner rein triebhaften Befriedigung nachgehen kann.

Die Überhöhung der Edelfrau ist ebenso wie die Unterordnung als Gattin im letztlich "frauenfeindlichen" (Duby 1985: 328) Gehalt der Ritterliebe verwurzelt. Sie kennt keine vertrauensvolle Beziehung zwischen Gleichartigen, sondern das ständige mißtrauische Belauern des "andere(n) Geschlecht(s)" (Beauvoir 1984), die Eroberung und Unterwerfung des geheimnisvollen und somit furchterregenden Weibes. Verherrlichung wie auch Dämonisierung der Frau wurzeln in der kulturell geprägten Differenz der Geschlechter und schreiben ihre Andersartigkeit fest (vgl. ebd.: 113). Sowohl in der ehelichen wie auch außerehelichen Beziehung ist die Machtproblematik zwischen den Geschlechtern ein vorherrschendes Thema. Die Minne zeigt zwar eine "höfische Veredelung" (Londner 1973: 115) der Geschlechterbeziehung, ihre Umformung kann aber gerade nicht darüber hinwegtäuschen, daß von der "Unterwerfung der Frau unter die Herrschaft des Mannes" (Ketsch 1984: 105) ausgegangen wird. Um 1160/70 geht man beispielsweise nach wie vor von der 'leichten Zähmbarkeit' der Frau aus. Obgleich hier keine körperliche Züchtigung umschrieben wird und auf eine Verfeinerung der Geschlechterbeziehung zu schliessen ist, steht die Auffassung, daß der Mann überlegen ist, ungebrochen im Vordergrund der Beziehung:

"Wîp unde vederspil
dui werdent lîhte zam.
Swer sî ze rehte lucket,
sô svochent sî den man.
als warb ein schoene ritter
umbe eine vrouwen guot.
als ich dar an gedenke
sô stêt wol hôhè mîn muot"
(Der von Kürenberg 1982: 26)[19].

Fraglich bleibt, inwiefern hier also von einer "erhebliche(n) Aufwertung" (Ketsch 1984: 104) der Frau auszugehen ist. Ob die anzutreffende Huldigung der Umworbenen letztlich auch in der Praxis umgesetzt wird, oder ob sie nicht vielmehr allein von ideeller Bedeutsamkeit ist, bleibt ungeklärt (vgl. Londner 1973: 114f; vgl. Beauvoir 1984: 104; vgl. Bosl 1972b: 336). Festzustellen ist aber, daß die angeführte Liebessemantik der gängigen Auffassung über die Muntehe zuwiderläuft und ihren institutionellen Zwangscharakter allmählich erfaßt. Sie steht explizit als "ein gesellschaftlicher Wert" (Bumke 1990b: 525) für die Adeligen, die sich den "Gebote(n) sozialer Verantwortlichkeit" (ebd.: 529) nicht unterwerfen wollen und gegenüber der klerikal verfochtenen Körperfeindlichkeit eigene Umgangsformen und Liebesvorstellungen ausbilden. Nur eine exklusive Gruppe der führenden Oberschichten kann hier eine 'Erotisierung' der Geschlechterbeziehung aufbauen, die den einfachen Zugriff auf die Frau erschwert. Sie wird in der Nachfolgezeit der Verhöflichung von durchgreifender Bedeutsamkeit für die inhaltliche Orientierung des Diskurses über die Ehe (vgl. Wunder 1991: 18; vgl. Bosl 1972b: 336). Das neuzeitliche Eheverständnis erlangt den ideellen Status eines Minneverhältnisses und geht mit der Zurückdrängung des willkürlichen Charakters der ehelichen Machtproblematik einher (vgl. Ketsch 1984: 105; vgl. Beauvoir 1984: 105).

Betrachtet man weiterhin den *Marienkult*, so zeigt sich auch hier, daß spezifische Bewältigungsmuster der problematischen Geschlechterhierarchie der Feudalzeit entwickelt werden. Anders jedoch als die verfeinerte Beziehung zwischen Mann und Frau im sinnlich-erotischen Minneverhältnis, verfolgt die Anbetung der Gottesmutter ihre extreme Enthebung von der weltlichen Ehe- und Sexualpraxis. Ihre überhöhte Stellung korrespondiert mit der christlichen Abkehr vom sexuellen Gehalt der ehelichen Beziehung schlechthin. Die Ehe stellt sich dabei für die offizielle Kirche wie auch die oppositionelle Ketzerbewegung des 11. und 12. Jahrhunderts zunächst als Joch dar, das die Vervollkommnung des Menschen in Askese erschwere. Während aber die kirchliche Institution den Widerspruch zwischen der gesellschaftlichen Notwendigkeit der Fortpflanzung und der angestrebten Keuschheit durch detaillierte Sexualnormen zu vereinen sucht (vgl. II.2.4.

---

[19] 'Frauen/Weiber und Jagdvögel, die werden leicht zahm. Wenn man sie richtig lockt, dann fliegen sie auf den Mann. Genauso hat ein schöner Ritter eine edle Dame umworben. Wenn ich daran denke, dann fühle ich mich stolz und glücklich' (vgl. auch: Brackert 1983: 15).

2), lehnt die ketzerische Bewegung jegliche Sexualbetätigung ab (vgl. Duby 1985: 125ff.). Die Kirchenmänner betrachten die Ehe als beschwerliche, aber dennoch unumgängliche Institution, während die Wanderpredigerbewegung allein in der Ehelosigkeit Sinn und Zweck menschlichen Strebens sieht. Ihre totale Verurteilung geht auf die Auffassung zurück, daß auch die Fortpflanzung den Menschen zum Tier herabwürdige, weil sie den Sexualakt voraussetzt (vgl. ebd.: 125ff.).

Nicht nur von den asketischen Predigern wird die Ehe rigoros abgelehnt. Vielmehr kann die mittelalterliche Bewegung mehrere Gruppen auf sich vereinen, die sich dem gesellschaftlichen Wandel zu widersetzen suchen. In einer Zeit, in der nicht nur die "radikale() Infragestellung der Ehe" (ebd.: 127) vorzufinden ist, sondern in der insgesamt gesellschaftlich benachteiligte Gruppen um Macht und Einfluß ringen, bietet sich die religiöse Bewegung als nahezu einziges Wirkungsfeld an (vgl. Bosl 1972b: 342). Die wirtschaftlichen Umwälzungen, zahllose Kriege, die auch einen vermuteten Überschuß von Frauen bewirkt hätten, denen aber in der Ehe, als Witwe oder auch als Ledige eine ungebrochen rechtlose Stellung zukomme, stellten sich dabei als problematischer Kontext dar (vgl. ebd.: 341ff.). Der "Drang nach gesellschaftlicher und sozialer Emanzipation aus einem reinen Dienstverhältnis für die Männer" (ebd.: 342) ist zu dieser Zeit nur auf der religiösen Basis von Gleichgesinnten zu verwirklichen[20]. Die offizielle Kirche kann aber nur für besitzende Frauen der Oberschicht als Zufluchtsstätte vor der 'frauenfeindlichen' Institution der Ehe dienen. Der ständische Charakter der kirchlichen Institution kann nur den adeligen Frauen ein Wirkungsfeld eröffnen, das ihre sittliche und geistige Vervollkommnung beinhaltet (vgl. ebd.: 342). Sie steht selbst wiederum im Interesse des Adels, weil Mädchen im Kloster auf ihre weltlichen Aufgaben als Ehefrauen, Unterhalterinnen und Erzieherinnen vorbereitet werden (vgl. ebd.: 340; vgl. Bumke 1990b: 471ff.,483,494). Sie tragen zur Verfeinerung der höfischen Kultur bei und gelten nebenbei als moralisch höherwertige Erzieherinnen der 'rüden' Ehemänner.

Die sittliche Vorrangstellung kompensiert auch hier die eheliche Unterordnung der Frau. Die oppositionellen Wanderprediger können hingegen der gesellschaftlich ausgestoßenen Witwe, der verstoßenen oder geschiedenen mittellosen Gattin wie auch der Ledigen Rückhalt bieten (vgl. Bosl 1972b: 341; vgl. Duby 1985: 103).

Aber auch adelige Männer schließen sich der außerinstitutionellen Bewegung an, um unangefochten ihre Privilegien der Vielehe und Verstoßung gegenüber der Amtskirche zu verteidigen (vgl. Duby 1985: 129). Die erkennbare Vielschichtigkeit der Bewegung kann schließlich nicht zur Durchsetzung gegen die offizielle Macht der Kirche führen.

---

[20] Dennoch sind die Motive, sich dem klösterlichen Leben zuzuwenden, nicht eindeutig zu erfassen. Innere Berufung oder der Wunsch, sich der Willkürherrschaft des Mannes zu entziehen, können zusammenspielen. Festzustellen ist, daß die religiöse Bewegung Spielräume für Frauen eröffnet (vgl. Bumke 1990b: 495).

Die besonders von Frauen der Mittel- und Oberschicht betriebene Opposition gegenüber ihrer gesellschaftlichen Rolle läßt Frauenklöster entstehen, die eine spezifische *Frauenmystik* entwickeln (vgl. ebd.: 114,124; vgl. Bosl 1972b: 343f.). Das Beginentum bietet Bewältigungsformen der mittelalterlichen Frauenfrage an. "Frauen, die von ihren Männern an kürzerem Zügel gehalten und in ihren Rechten beschnitten wurden" (Duby 1985: 124), laufen ihm ebenso verstärkt zu wie jene, die sich bewußt gegen ihre benachteiligte Stellung im patrilinearen Erbfolgerecht wenden. Die fehlende männliche Führerschaft dieser Frauenklöster macht sie aber gegenüber der Amtskirche zu verdächtigen und autonomen Machtfaktoren. Nicht zuletzt die wirtschaftliche Bedeutsamkeit der selbständigen Frauen, führt u.a. schließlich zur Inklusion in den Dominikanerinnenorden (vgl. Bosl 1972b: 343f.). Aus diesem Beginentum wird aber die entwickelte "mystische Frömmigkeit" (ebd.: 343) nutzbar gemacht, die die Frau allem Weltlichen und besonders dem Sexuellen enthebt. Sie streben Vollkommenheit an und entsagen den irdischen Aufgaben einer Burgherrin. Strenge Keuschheit, Jungfräulichkeit, Armut und Askese kennzeichnen die Selbstidentifikation des Beginentums und bieten auf dieser Ebene einen Schutz vor dem kriegerischen, gewalthaften Zugriff ihrer Männer (vgl. ebd.: 343).

Der Marienkult überhöht die klösterliche Entsagung an die weltliche Liebe und Ehe und entwickelt ein übersteigertes Jungfräulichkeits- und Weiblichkeitsideal:

> "Die idealen Tugenden der christlichen Frau waren Keuschheit, Geduld, Demut, Genügsamkeit, Mäßigkeit, Liebenswürdigkeit und Frohmut. Die Ehe erschien gegenüber der Jungfräulichkeit als der beschwerlichere und schlechtere Weg" (Ketsch 1984: 92).

Die Affinität zur weltlichen Verklärung der vollkommenen, adeligen Frau ist hier auffällig. Walther von der Vogelweide umschreibt beispielsweise die Angebetete folgendermaßen:

> "All mein Glück liegt bei einer Frau.
> Deren Herz ist so vollkommen gut
> und deren Gestalt so schön,
> daß man sich wünscht, ihr zu dienen (...)"
> (zit.n.: H.Brackert 1983: 141).

Obgleich der Minnekult ein erotisches Verhältnis zur Frau meint, das von der weltlichen Ritterliebe ausgeschlossen ist und entgegen der klösterlich verfolgten Asexualität steht, findet sich eine entscheidende Gemeinsamkeit: nur außerhalb der Institution der Ehe kann die Frau einen Freiraum beanspruchen, der sie aus ihrer bislang eindeutig zugewiesenen inferioren Stellung erlöst. Der Preis ist jedoch im Marienkult die sexuelle Selbstentsagung, während der Minnekult die Unerfüllbarkeit persönlicher Sexualvorstellungen festschreibt. Für beide ist jedoch festzustellen: "Marienkult und Minnedienst standen in Wechselwirkung, sie beide waren Ausdruck romantischer Sehnsucht" (Bosl 1972b: 337), die nur fernab von der welt-

lichen Geschlechter- und Ehebeziehung formuliert werden kann. Sie äußert sich
darin, daß die Inferiorität der Ehefrau, sublimiert und höfisch veredelt oder bewußt
abgelehnt, in den Marienkult überführt wird. Vielmehr noch birgt die Überhöhung
der Frau auch in der religiösen Dichtung die Entschädigung ihrer weltlichen
Benachteiligung. Der verinnerlichte Jungfräulichkeitskult impliziert hier nicht
umsonst die Fortführung des im weltlichen Recht bestehenden Deflorationsprivilegs. Der Überführung der Jungfrau an den Ehemann aber steht im Marienideal die
"Flucht vor der Ehe" (ebd.: 343) entgegen, so daß die Doppeldeutigkeit des Frauenbildes nur hier schützende Aspekte beinhalten kann. Die mittelalterliche Problematik der Geschlechterbeziehungen ist damit noch auf lange Sicht nicht gelöst.

II.2.4 Wandel und Kontinuität der ehelichen Machtbalance

Die zuvor skizzierte gesellschaftlich-ökonomische Differenzierung läßt
auch auf der verwandtschaftlichen Ebene neue Strukturen entstehen. Familiäre
Rechtsverbände werden in größere Rechtseinheiten überführt und entmachtet. Sie
prägen nicht mehr konkurrenzlos das Heirats- und Sexualverhalten ihrer Untergebenen:

> "Dieses System gerät vom 13. bis 16. Jahrhundert in den Strom einer globalen
> Entwicklung, die dadurch charakterisiert ist, daß allmähliche Zentralinstanzen,
> d.h. (...) mächtige Adelsfamilien, ein Gewaltmonopol beanspruchen und mit
> wachsendem Erfolg (...) auch durchsetzen" (Schröter 1984: 160).

Kleinere überschaubare Verbände einzelner Familien können im Schub gesellschaftlicher Differenzierung und Pazifizierung nicht mehr unmittelbar gewaltsam
ihre Interessen durchsetzen. Besonders die Bildung der städtischen Integrationseinheiten bringt für die sozialen Beziehungen neue Problemlagen. Der vergleichsweise
größeren Unbeständigkeit der ritterlichen Lebensweise steht die erforderliche
Stetigkeit und Verflechtung des einzelnen im städtischen Leben gegenüber. Allein
die Bevölkerungsdichte der Städte verlangt neue Organisations- und Orientierungsmuster, um die Pläne der einzelnen aufeinander abzustimmen. Gesellschaftliche
Abhängigkeitsverhältnisse verändern sich und lassen die gesellschaftliche Stärke
bislang benachteiligter Gruppen erkennen. Die "Fundamente der bisherigen gesellschaftlichen Statushierarchie" (Schröter 1984: 168) werden erschüttert und zeigen
eine in Stadt und auch auf dem Land konstatierbare Einschränkung der willkürlichen Macht der überlegenen Gruppen. Sie sind gefordert, sich gegenüber den
aufsteigenden Mittel- und Unterschichten zu legitimieren (vgl. ebd.: 168). Während
die höfische Dichtung spezifisch den Verrechtlichungsschub zu verarbeiten sucht,
zeigt die stadtbürgerliche und kirchliche Reaktion neue Ebenen der "Verhaltens-
steuerung (...), deren Gewicht und Folgen (...) noch kaum erfaßt" (ebd.: 168) sind.
Die Ehe als die kleinste soziale Einheit der städtischen und ländlichen
Integrationsformen erlangt eine neue Bedeutung (vgl. Bosl 1972: 189). Die all-

mähliche Monopolisierung physischer Gewalt in einer territorialen Zentralinstanz
bewirkt die Emanzipation der ehelichen Verbindung aus der familiären und lehns-
herrlichen Kontrolle. Schröter stellt eine Freisetzung der Brautleute fest:

> "Das absolute Verfügungsrecht von Vätern beginnt sich (...) zu lockern. Man wird
> aus dieser Entwicklung auf einen gewissen Pazifizierungsschub schließen dürfen,
> in dessen Verlauf die Fähigkeit zur gewaltsamen Selbsthilfe - eine dezidiert
> männliche Fähigkeit, auf der die Macht von Männern über Frauen in Gesellschaf-
> ten eines hohen Gewaltniveaus letztlich beruht - in ihrer Bedeutung zurück-
> gedrängt wurde" (Schröter 1985: 66).

Aber nicht nur allein die strukturelle Entmachtung der väterlichen Autorität indi-
ziert die Umschichtungsprozesse, sondern vor allem die damit einhergehende
Zurückdrängung der gewalthaften und unbefangeneren Verhaltensweisen. Gerade
in den Städten konzentriert sich die Formalisierung des zwischenmenschlichen
Umgangs und bringt erste Ansätze der Sanktionierung des aggressiveren Teils des
Sexualverhaltens von Männern (vgl. ebd.: 138). Obwohl hier nicht von einer
Zurückhaltung und Schamhaftigkeit im neuzeitlichen Sinne ausgegangen werden
kann, zeigen die formulierten Sexual- und Verhaltensgebote, daß hier erstmalig
eine Ebene der ehelichen Geschlechterproblematik thematisiert wird, die für die
Nachfolgezeit von einer nicht zu unterschätzenden Bedeutsamkeit ist. Das von Elias
konstatierte Scham- und Peinlichkeitsempfinden als "Angst vor der sozialen
Degradierung" (Elias 1989b: 397) findet im Spätmittelalter seine ideelle Grundlegung. Diese Problematik ist auch als ein Reflex auf die Folgen zu verstehen, die
die Herauslösung von Frauen aus ihrer absoluten Inferiorität in der Gesellschaft
beinhalten. Wenngleich sich der patriarchalische Gehalt der weltlich-kirchlichen
Auffassungen und Rechtsgrundsätze fortsetzt, ist eine allmähliche Veränderung der
weiblichen Handlungsspielräume zu konstatieren.

Besonders die städtische Gesellschaft weist eine innereheliche Verschie-
bung der Machtbalance auf und verhilft der Frau zu mehr Rechtsansprüchen. Sie
ist als Braut formal aus der familiären Autorität entlassen und hat zumindest
potentiell die Chance auf Selbstverfügung (vgl. Ketsch 1984: 162). Gegenüber
ihrem Gatten erlangt sie die Erweiterung ihres eherechtlichen Handlungsspielraumes. Ihre Erbanteile sind gewachsen und auch die zugesprochene Schlüsselgewalt
und Geschäftsfähigkeit stehen für einen relativen Machtzuwachs der Stadtfrau. Daß
er allerdings unvergleichlich gering und umstritten bleibt, zeigt die konfliktreiche
Problematik der spätmittelalterlichen Gesellschaft. Das eheherrliche Züchtigungsrecht des Mannes stellt sich beispielsweise ungebrochen als Machtungleichgewicht
dar. Es findet aber eine spezifische Legitimation.

Die Gewaltunterworfenheit der Frau kann in einer Zeit, in der auch ihre
Ansprüche auf gesellschaftliche Macht gewachsen sind, nicht mehr offen will-
kürlich durchgesetzt werden. Gerade die gewerbetreibende Frau der städtischen
Mittelschicht droht, entsprechend ihrer ökonomisch gewachsenen Bedeutsamkeit,
Rechte zu fordern, die die innereheliche Machtbalance erschüttern (vgl. Londner

1973: 325f.). Die bislang intakt scheinende Geschlechterhierarchie wird fortschreitend hinterfragt und fordert neue Orientierungen. Der eheliche Diskurs, der besonders auf der Ebene sexueller Normen geführt wird, weist aber, wie die Eherechts-
streitigkeiten zwischen Burgherren und Klerikern, eine besondere Widersprüchlichkeit auf. Während die innerehelichen Machtgrundsätze reformiert und neue Freiräume geschaffen werden, tradiert sich in eigentümlicher Komplizenschaft die prinzipielle Suprematie des Gatten. Die außereheliche Stellung der Frau erlangt jedoch
zweifellos eine rechtliche Aufwertung. Ledige und Witwen erfahren eine juristische
Besserstellung im Stadtrecht, während in der sozialen Wirklichkeit hingegen
skeptisch auf diese Minderheit reagiert wird und die Ausübung weiblicher Autono-
miebestrebungen konterkariert wird (vgl. Ketsch 1984: 163).

Auch die kirchliche Auffassung über die soziale und explizit sexuelle
Ordnung zwischen den Geschlechtern zeigt ambivalente Züge, die eine Freisetzung
aus tradierten Machtkonstellationen anzeigen und eine Überführung in neue Ebenen
des kirchlichen Zugriffs darstellen. Im folgenden sollen die spätmittelalterlichen
kirchenrechtlichen Diskurse über die Ehe angeführt werden, weil sie den Versuch
darstellen, den Geschlechterkanon spezifisch und unvergleichlich bedeutsam zu
modellieren. Sie zeigen implizit die in der konflikthaften mittelalterlichen Gesellschaft anzutreffende "Skepsis gegen neue, die rechtliche Stellung der Frau verbes-
sernde Prinzipien, die der Sorge um eine mögliche Gefährdung der männlichen
Dominanz entspringt" (Londner 1973: 325) und exemplifizieren eine neue und
zugleich alte Geschlechterordnung. Mann und Frau werden als zivilisiertere Partner
und nicht mehr als Fremde verstanden: "Der Mann als Haupt, aber nicht Gewalt-
herr - die Frau als Untergeordnete, aber nicht bedingungslos Unterworfene" (ebd.:
331) umreißen die neue alte eheliche Geschlechterbeziehung. Sie soll exemplarisch
an den Predigten des Berthold von Regensburg und des Albrecht von Eyb vorgeführt und mit der städtisch-rechtlichen Position der Frau verglichen werden,
nachdem zuvor die Genese des christlich kanonischen Eherechts und Frauenbildes
vorangestellt wird.

II.2.4.1 'Sexualrepression' und christliches Eherecht

Während sich die Unauflösbarkeit der Ehe als ihr Rechtsgrundsatz und
Strukturelement durchgesetzt hat und eine ausgefochtene Geschlechterordnung
hinterläßt, stehen im weiteren Verlauf die ehelichen und unehelichen Sexualpraktiken der Laien im Zentrum des klerikalen Zugriffs. Die forcierte Durchsetzung
christlicher Leitbilder begünstigt und benachteiligt zugleich die gesellschaftliche
Position der Frau, indem männliche Privilegien in einer sich pazifizierenden
Gesellschaft beschränkt und auf einer neuen Ebene wiederbelebt werden. Die
vielfach konstatierte Ungezwungenheit im Umgang mit allem Körperlichen kann
dabei als eine Begünstigung der von Männern auslebbaren Sexualbetätigung

aufgefaßt werden. Öffentliche Badehäuser und Bordelle[21] stehen beispielsweise für eine Offenheit, die, verglichen mit dem bürgerlichen Zeitalter, einen geringen Grad der Scham und Peinlichkeit indizieren:

> "Aber gemessen am Standard der Triebregelung in der bürgerlichen Gesellschaft
> selbst ist dennoch die Verdeckung, die Einklammerung der Sexualität im gesell-
> schaftlichen Verkehr, wie im Bewußtsein während dieser Phase relativ gering"
> (Elias 1989a: 244).

Wie gering auch und gerade bei den Klerikern die Beschämung über die "Geschlechtlichkeit" (ebd.: 245) ausfällt, kann bei B.v.Regensburg exemplarisch nachvollzogen werden (vgl.II. 2.4.2). Die hier zum Ausdruck kommende Affektlage weist implizit auf den Konflikt zwischen geforderter und praktizierter Triebregelung hin, die in der Gesellschaft des Spätmittelalters anzutreffen ist.

Gerade auch die theologische Diskussion über die Ehe und den 'Gebrauch der Lüste' bereitet jene ambivalente Haltung gegenüber der Frau vor, die schließlich in der mittelalterlichen und frühneuzeitlichen Frauenfeindlichkeit kulminiert und in der Hexenverfolgung seinen exemplarischen Niederschlag findet. Die Ehe ist nicht nur in ihrem machtpolitischen und strukturellen Gehalt von großer Bedeutsamkeit für die weltlichen Fürsten und Kleriker. Vielmehr besteht seit dem neunten Jahrhundert eine spezifische theologische Auffassung über die körperlichen Aspekte des menschlichen Lebens. Sie erfahren im historischen Verlauf eine spezifische Auf- und Abwertung im ehelichen Kontext. Grundsätzlich ist das Bestreben, das Volk durch die ehelichen Gebote zum "guten Betragen zu zwingen" (Duby 1985: 37), von der Idee geprägt, daß die Ehe als Inkarnation des Sexuellen etwas "Widerwärtiges" (ebd.: 35) und Abscheuliches ist. Sie hindere den Menschen an der geistigen Vervollkommnung, setze die menschliche Kontrolle außer Kraft und stehe letztlich für die Sündhaftigkeit des Menschen (vgl. ebd.: 33; vgl. Londner 1973: 23).

Dennoch erfordert die gesellschaftliche Bedeutung der Ehe eine Sinngebung und Aufwertung als sittliches Verhältnis. Nur die Fortpflanzung rechtfertige die 'schuldhafte' Sexualbetätigung und diene letztlich dazu, den "Himmel wieder zu bevölkern und jungfräuliche Menschen hervorzubringen" (Duby 1985: 33). Ihren sündhaften Charakter hat die sexuelle Lust in der Ehe aber nach augustinischem Recht nicht verloren. Die Ehe wird als Zugeständnis an die Laien formuliert, die

---

[21] Duerr versucht hier genau das Gegenteil aufzuzeigen, indem er gerade eine anthropologische Grundkonstante des menschlichen Schamempfindens annimmt, die der historisch-prozessualen Auffassung vom Zivilisationsprozeß widersprechen soll. Seine These der "universellen Schamhaftigkeit" (Duerr 1988a: 50) des Menschen ist soziologisch nicht haltbar, weil die alters-, schichten- und geschlechtsspezifische Segmentierung des Sexualverhaltens in einer sich differenzierenden Gesellschaft implizit negiert wird. Polemische Streitschriften sind dabei wenig hilfreich, um das Wissen über jene gering erforschten Aspekte zusammenzutragen (vgl. Greiner 1988: 53; vgl. Duerr 1988a: 50; vgl. Elias 1988: 37).

der 'Fleischeslust' ausgeliefert sind. Für sie ist die Ehe eine geeignete Bewälti-
gungsmöglichkeit und unterliegt bestimmten Verhaltensnormen. Treuegebote dienen
dazu, die außereheliche Sexualbetätigung zu sanktionieren und sind mit der Auffassung verknüpft, daß die Ehe als "Mittel zum Heil" nur soweit zu verstehen ist,
"als sie das Übel der Unzucht vermeiden hilft" (Londner 1973: 26).

Erst Thomas von Aquin, der die folgenreichste Sitten- und Ehelehre
formuliert, enthebt die eheliche Institution ihres pejorativen Charakters und überführt sie in die Bedeutung eines christlichen Sakraments. Der Geschlechtsverkehr
ist nun nichts prinzipiell Schlechtes mehr, sondern nur "läßlich sündhaft, sofern er
nicht auf widernatürliche Weise vollzogen wird" (ebd.: 30). Wenngleich hier eine
Realitätsnähe erkennbar wird, indem Zugeständnisse an das menschliche Sexual-
bedürfnis erteilt werden, ist die Eherechtslehre des 13. Jahrhunderts letztlich nicht
losgelöst von ihrem gesellschaftlichen Bedeutungszusammenhang zu betrachten.

Die Scholastiker erkennen vielmehr, daß die Ehe einen Grundpfeiler der
politischen Ordnung darstellt und sich dem kirchlichen Zugriff als nützliches
Instrumentarium anbietet, um ihre Macht durchzusetzen. Die kirchlichen Vertreter
treten als selbsternannte Vermittler zwischen Gott und der Welt an die Stelle, wo
sich "Differenzen zwischen ihrem Eheverständnis (...) und den weltlich-rechtlichen
Normen" (ebd.: 35) eröffnen.

Die Ehe wird als himmlisches Sakrament betrachtet und gilt als "mehr
oder weniger" (Duby 1985: 39) gut, bewahrt sie doch den Menschen vor 'unkeuschen' Gedanken. Besonders der 'habgierige Mann' und die sexuell 'unersättliche'
Frau finden in der ehelichen Institution eine geeignete Form, um sich gegenseitig
zu erziehen und in vorgegebenem Rahmen ihre Natur- und Triebhaftigkeit zu
disziplinieren (vgl. ebd.: 39f.). Die charakteristische Zuschreibung der sexuellen
Unmäßigkeit an die Frau steht gerade für die ambivalente Moral der Kleriker, die
letztlich auch der kriegerischen Geschlechterordnung verhaftet sind und "den
zeitgenössischen Rechtsvorstellungen in die Hand" (Bumke 1990b: 457) arbeiten.
Der Frau wird unterstellt nicht nur physisch unterlegen, sondern vor allem auch
den sexuellen Versuchungen viel stärker ausgesetzt zu sein als der Mann. Sie
könne sich in ihrer "naturgegebenen Schwäche" (Londner 1973: 57) der Verführ-
barkeit durch den Teufel letztlich nicht entziehen und benötige deshalb den Schutz
des Mannes.

Umso rühmlicher fällt die Beurteilung der Frauen aus, die das menschliche
'Joch' der Ehe überwinden und sich als Braut Christi in ihrer Vollkommenheit
erweisen (vgl. ebd.: 28,55,60). Die eheliche Bindung an Christus wird dabei ihres
körperlichen Aspekts enthoben und meint die rein geistig-seelische Verbindung.
Ohnehin liegt einzig hier die potentielle Voraussetzung dafür, daß der Frau Ansehen verliehen wird. Ihre Überordnung als sittliche und religiöse Führerin des
Mannes kann nur erfolgen, indem sie sich der sexuellen Bürde entledigt und der
weltlichen Funktion entsagt (vgl. ebd.: 61). Als asexuelles Wesen kann die Frau
geachtet werden, weil sie letztlich nur so davor bewahrt wird, daß ihre beherrschende Begierde sie "unter die Tiere herabsink(en)" (ebd.: 57) läßt.

Der beherrschende Aspekt der als teuflisch begriffenen Sinnlichkeit hat hier einen doppelten Bedeutungsgehalt. Nicht nur die Frau wird beherrscht und ist durch den Gatten aus den Händen des Teufels zu befreien, indem er seine "Sklavin" (Londner 1973: 56) auf den Weg der ehelichen oder asketischen Keuschheit führt. Vielmehr noch kann das unbekannte Wesen Frau zu einer Bedrohung der männlichen Herrschaftsansprüche geraten. Sie schrecke - so die damalige Vorstellung - selbst vor Verbrechen nicht zurück, um ihre 'tierische' Lust zu befriedigen und provoziert somit den männlichen Führungsanspruch (vgl. ebd.: 59).

Auch der Mann ist also den sexuellen Versuchungen ausgesetzt. Er kann sie aber überwinden, indem er die Frau in der ehelichen Ordnung zu seiner Sklavin macht, so daß er sich "auf diese Weise ihrer Verführung erwehren soll" (ebd.: 56), oder sie in der sittlich-religiösen Ordnung zur unerreichbaren Heiligen stilisiert. Als überirdisches Wesen überwindet die Frau ihre als schadhaft geltende Körperlichkeit und führt den Mann nicht in Versuchung. Sie stellt für ihn keine Bedrohung mehr dar (vgl. ebd.: 59f.).

Sowohl Über- als auch Unterordnung verhindert schließlich die weltliche Anerkennung der Frau als sinnlich-sexuelle Partnerin. Sie manifestiert sich in der ihr zugrunde liegenden Sexual- und Frauenfeindlichkeit, in der immer wiederkehrenden Objektsetzung des 'anderen Geschlechts'. Gerade diejenigen, die in der ehelichen und weltlichen Geschlechterbeziehung, von ihrem Selbstverständnis her gesehen, am wenigsten bewandert sein dürften, bilden extreme 'Männerphantasien' über die Frau aus. Sie wird "vor allem in der asketisch orientierten Literatur zum Ziel heftigster Angriffe und Beschuldigungen, Vorwürfe wie Klatschsucht, Betrug, Schlemmerei, Putzsucht oder Hoffart" (ebd.: 56), sind doch die Mönche zu einem extremen Selbstzwang nicht nur gegenüber ihren sexuellen, sondern auch physischen Begierden gezwungen. Das 'ewig lockende Weib' kann aus der mönchischen Wunschphantasie nur durch Selbstkasteiung und Geißelung vertrieben werden.

Inwiefern auch hier jene Unberührbarkeit der Vollkommenen gerade ihre Begehrlichkeit umso mehr steigert, stellt eine Frage dar (vgl. Exkurs). Es steht fest, daß die weltliche wie auch kirchliche Sexual- und Ehemoral eine "Männermoral [ist], die sich ausschließlich an das stärkere als das allein verantwortliche Geschlecht richtet" (Duby 1985: 38). Allein dem Mann obliegt es, dafür Sorge zu tragen, daß die 'gottgewollte' ungleichgewichtige Machtbalance zwischen den Geschlechtern nicht zerbricht (vgl. Londner 1973: 53ff.; vgl. II.2.2.1).

Dennoch indiziert die sexualfeindliche Tendenz eine ambivalente 'Verbesserung' der Position der Frau innerhalb der Ehe. Aus "damaliger Sicht" (Londner 1973: 52) habe sich die Frau gegenüber dem weltlichen Eherecht in einer gesicherteren Stellung befunden. Das Recht beinhaltet für die Frau keine Freiheit über sich selbst zu verfügen - denn das liefe dem tradierten Unterordnungsprinzip zuwider - , sondern meint allein eine Gleichheit der Geschlechter in ihrem moralischen Bewertungshorizont. Nicht mehr allein die Frau ist zur Treue und Dauerhaftigkeit der Ehe verpflichtet, sondern auch der Mann unterliegt der "prinzipiell gleich(en) Beurteilung" (ebd.: 52) seines sexuellen Verhaltens. Widersetzt sich der Gatte der

christlich legitimierten Ordnung der Ehe, unterliegt auch er dem kirchlichen
Strafgericht, während das "äußere Rechtsverhältnis (...) dagegen kaum Umgestal-
tungen durch [die] kirchliche Einflußnahme" (ebd.: 43) erfährt.

Die Vermögens- und Muntfragen der ehelichen Geschlechterbeziehung
sichern konstant die Bevorteilung des Gatten. Hier wird deutlich, daß sich die
kirchlichen Machtansprüche an die Muntehe im fortschreitenden Prozeß vorrangig
auf ihre sexuelle Komponente erstrecken, bietet das Sexualverhalten doch eine
Leerstelle, um auf das Gemüt einzuwirken (vgl. ebd.: 44,50f.). Die sexuellen
Gebote stehen besonders im Zentrum rechtlicher Ehestreitigkeiten.

Obgleich die Rigorosität des kirchlichen Vorgehens relativiert wird, indem
die Geistlichen den feudalistischen Herrschern bereitwillig Konzessionen machen
(vgl. ebd.: 47f.), zwingt der fortschreitende Zivilisationsprozeß auch die Oberschichten zu einer wachsenenden sexuellen und affektiven Selbstzurücknahme. Die
sexualfeindliche Prägung der Geschlechter- und Ehebeziehung durch die Kirche
bleibt innerhalb dieser Entwicklung jedoch ein nicht zu unterschätzendes Relikt
einer von gesellschaftlichen Spannungen und Konflikten gekennzeichneten Epoche.

II.2.4.2 Schriften zur Ehezucht

Die Schriften des B.v.Regensburg und A.v.Eyb verdeutlichen den Versuch,
zwanghaft auf die Lebens- und Verhaltensweise der Laien einzuwirken. Als
Wortführer des aufsteigenden stadtbürgerlichen Patriziats stehen die Prediger
vorrangig für die geforderte Manierenbildung in den führenden Spitzenschichten
der Städte. Der "dritte() Stand" (Elias 1989a: 273) sucht sich sowohl gegenüber der
verworfenen Praxis des Landadels als auch gegen die als vulgär betrachtete Praxis
der städtischen Unterschichten abzugrenzen. Aber gegenüber dem vom Funktionsverlust bedrohten kleineren Ritteradel sind die bürgerlichen Gruppen mit einer
anderen Lebensweise konfrontiert, so daß der Schub der neuen Moralauffassungen
hier besonders tief greift. Die dichtere städtische Wohn- und Lebensform verlangt
eine spezifisch engere Moralauffassung als der vergleichsweise lockere Zusammenschluß der Feudalhöfe (vgl. Schröter 1985: 138). Der courtoisen 'Sinnlichkeit'
und Erotik des Minnesangs wird ein städtisches Leitmotiv asketischen Triebver-
zichts entgegengestellt. Die stadtkirchliche Auffassung läßt aber implizit auch den
geringen Grad der Selbstkontrolle durchscheinen, indem sexuelle Praktiken offen
angesprochen werden.

Während Elias über mittelalterliche Umgangsformen schreibt, die vorrangig das 'Verhalten zu Tisch' und im gesellschaftlichen Verkehr betreffen, soll
hier im Spezifischen das gebotene Sexualverhalten untersucht werden. Die Moral-
schriften sind ebensowenig als "individuelle Produkte im modernen Sinne des
Wortes, [und als] Niederschriften persönlicher Einfälle von Einzelnen innerhalb
einer reichlich individualisierten Gesellschaft" (Elias 1989a: 77) zu verstehen,
sondern sie sind von fragmentarischer Bedeutung:

> "Was da schriftlich auf uns gekommen ist, sind Fragmente einer großen, mündlichen Tradition, Spiegelbilder dessen, was tatsächlich in dieser Gesellschaft Brauch war, und gerade deswegen bedeutsam, weil es nicht das Große, Außergewöhnliche, sondern das Typische einer Gesellschaft weiterträgt" (ebd.: 77).

Im Sündenkatalog der 1370 formulierten Predigt Regensburgs werden denn auch die sexuellen Gewohnheiten der ehrbaren und weniger ehrbaren Leute angesprochen. Die hier anzutreffenden Vorschriften über das Verhalten in der Ehe richten sich nicht nur an Eheleute, sondern gelten auch für all jene, die nicht im ehelichen Stand leben. Ledige, Witwen und Kupplerinnen werden beispielsweise im weiteren Verlauf skeptisch beurteilt, um die sittliche und gesellschaftliche Vorrangstellung der ehelichen Institution zu unterstreichen. Allein in der Ehe kann die implizit latente Sündhaftigkeit des Menschen überwunden werden, indem Mann und Frau das Gebot der Keuschheit befolgen. Voraussetzung dafür ist jedoch, daß die eheliche Gütergemeinschaft rechtmäßig geführt wird. So richtet sich die Botschaft des Predigers zunächst an den rechtlich verantwortlichen Gatten:

> "dû solt dîns gemechedes mit reinen triuwen pflegen an dem lîbe
> und an der sêle und an dem guote(...). Dû solt diner hûsfrouwen ir
> morgengâbe niht zerfüeren; unde swaz sie dir zuo brâhte, daz soltû
> under hant nemen unde solt dâ mite als frumeclîchen werben,
> daz du ir die nôtdurft da von gebest, an spîse und an kleidern (...)"
> (Regensburg 1965: 319)[22].

Deutlich wird hier die Problematik des ehelichen Vormundschaftsverhältnisses angesprochen. Die Einschränkung der mißbräuchlich genutzten Vermögensverwaltung durch den Gatten ist als ein Teil der allgemeinen Sanktionierung des willkürlichen Vormundschaftsrechtes zu verstehen. Nach einer Ermahnung zur gegenseitigen sexuellen Treue und zur Dauerhaftigkeit der einmal geschlossenen Ehe konzentriert sich Regensburg auf den maßvollen und gezügelten Vollzug der ehelichen Sexualgemeinschaft. Der Warnung vor einer 'maßlosen' leidenschaftlichen Liebe, die Verwirrung stifte, d.h. die Sozialkontrollen außer Kraft setze, folgt die detaillierte Angabe über den erlaubten Rahmen der sexuellen Vereinigung: die Eheleute sollen beachten, daß sie "die fünf zit maze haltet unde maeziclichen sit mit einander an dem bette" (Regensburg 1965: 322)[23], um die eheliche Fortpflanzung nicht in Lust ausufern zu lassen:

> "Diu êrste zît ist, wenne man gemeinlîchen vastet, (...) diu drîtte
> ist, sô die frouwen in kindelbette ligent. Die sehs wochen solt dû sie

---

[22] "Du sollst Deine Gattin an Gut, Leib und an der Seele getreulich versorgen. Du sollst Deine Hausfrau nicht ihrer Morgengabe berauben und das, was sie Dir [in die Ehe] mitbringt, das sollst Du unter der Hand nehmen [d.h. verwalten] und damit nützlich umgehen, Du sollst ihr davon die Notdurft an Speisen und Kleidern geben (...)".

[23] "zu fünf Zeiten [im Jahr] Maß halten und im Bett miteinander maßvoll umgehen"

vermîden regte gar (...) Diu vierde zît ist ein zît (...) sô die frouwen
kranc sint (...)" (Regensburg 1965: 322)[24].

Gerade von der vierten Verbotszeit wolle man im Angesicht Gottes nicht reden,
stellt doch die 'Unreinheit' der Frau eine große Gefahr dar. Nicht nur das in dieser
Zeit gezeugte Kind droht körperlich mißgebildet zu werden. Vielmehr noch ver-
körpert die implizierte Angst vor dem Menstruationsblut der Frau in ihrer psychologischen Bedeutung die körperfeindliche Haltung des Klerikers, der die männliche
Potenz und Vorherrschaft bedroht sieht. Schröter geht davon aus, daß die vor-
geführten Tabus die im mittelalterlichen Denken verwurzelte Angst vor körperlichen Ausscheidungen, insbesondere denen der Frau, exemplifizieren und als
Kastrationsangst zu deuten sei. Die Auffassung, daß die weibliche Genitalblutung
schadhaft und unrein sei, werde hier von der Kirche forciert (vgl. Schröter 1985:
301).
Obgleich diese Deutung zutreffen mag, zeigt die zeitliche Beschränkung des
Sexualverkehrs auch die pragmatische Bedeutung, die Fortpflanzung am geeig-
netsten garantieren zu können. Wenn man die 'verbotenen Tage' berechnet, wird
deutlich, daß die fruchtbaren Tage gebotene Zeiten des Sexualverkehrs sind. Die
Aufgabe, "jungfräuliche Menschen hervorzubringen" (Duby 1985: 33), wird somit
im legitimen Rahmen der Ehe erfüllt. Selbst Regensburg weist offen darauf hin,
indem er konstatiert:"(...) ir habet dannoch zite rehte genuoc (...) daz ir kinde gar
genuoc gewinnet" (Regensburg 1965: 322)[25].
        Indem Regensburg sich auf das göttliche Strafgericht beruft, wird die
Vehemenz der Gefahr unterstrichen, die sowohl von der Mißachtung der Verbots-
zeiten als auch von der Körperlichkeit der Frau schlechthin ausgeht:

"Alliu diu kint, diu in den zîten werdent empfangen, (...) wan ez
wirt entweder behaftet mit dem tiuvel oder ez wirt ûzsetzic oder ez
gewinnet die vallende suht oder ez wirt hogerecht oder blint oder
krump oder ein stumme oder ein tôre oder ez gewinnet einen kopf
(als ein siegel)" (Regensburg 1965: 323)[26].

Der Verweis auf den gefürchteten Teufel schließt den Zirkel, der, von der Ver-
dammung der Körperlichkeit ausgehend, die physisch präsente Frau als Gefahr der
Versuchung sieht und bei den 'Früchten ihres Leibes' endet. Den Frauen kommt
somit umso mehr die besondere Verantwortung und Macht zu, den Mann abzuwei-

---

[24] "Die erste Zeit ist die, zu der man gemeinhin fastet (...) die dritte Zeit ist die, in der die Frauen im
Kindbett liegen. In diesen sechs Wochen sollst Du sie gar besonders vermeiden (...). Die vierte Zeit ist
eine Zeit (...) in der die Frauen krank sind".
[25] "Ihr habt danach genug Zeit, so daß ihr noch genug Kinder gewinnt".
[26] "All die Kinder, die in diesen Zeiten empfangen werden, (...) werden entweder mit dem Teufel
behaftet oder aussätzig sein, oder sie bekommen die Fallsucht oder werden buckelig oder blind oder
krumm oder Stumme oder ein Tor, oder sie bekommen einen Kropf".

sen und ihn nicht mit ihrer Weiblichkeit zu konfrontieren. Seine sittliche Intaktheit hängt auch von der sexuellen Aktivität und dem Verhalten der Frau ab.

Indem der Frau 'trotz' ihrer körperlichen 'Unreinheit' die Kompetenz zugeschrieben wird, die Gebote zu beachten, wird die noch von der Frühscholastik unterstellte Unmündigkeit der Frau gemildert und verfeinert. Die Frau ist nicht mehr absolut, sondern relativ ihrem Gatten unterworfen (vgl. Londner 1973: 331). Dennoch überwiegt die institutionelle Rahmensetzung die Bedeutung der individuellen Verantwortung der Frau, weil der Gatte das Oberhaupt bleibt. Die Ehe wandelt sich aber von einem willkürlich gewalthaften zu einem pädagogischen Verhältnis, in dem vor allem die Frau an Einfluß gewinnt.

> "Ir frouwen, ir sult sie von iu trîben; lât sie niht ze lange für iuch
> sitzen, noch sô er eine sîte bî iu stêt, sô sult ir iuch niht vereinen
> und sult ez alsô füegen (...)" (Regensburg 1965: 322)[27].

Die von Londner konstatierte "sexualpessimistische Ideologie" (1973: 59) birgt für die Ehefrau, aus damaliger Sicht, gleichzeitig einen spezifischen Freiraum. Weil der Frau institutionell zugestanden wird, den Mann abzuweisen, kann sie sich zumindest potentiell der ehelichen Pflicht, sexuell verfügbar zu sein, entziehen. Obgleich der repressive Gehalt der Tabus auf die allein legitime Fortpflanzungssexualität verweist, unterliegt die Frau innerhalb dieser verbotenen Zeit einer 'Schonfrist'. Dem mitunter gewaltsamen Zugriff des Mannes kann die Frau in der Phase der Enthaltsamkeit entgehen.

Ob hier allerdings die "Partei der Schwächeren, der relativen Außenseiter, die von der Kirche gegen die Träger der Macht und der physischen Gewalt ergriffen wird" (Schröter 1985: 298) erkennbar ist, kann bezweifelt werden. Wenngleich Schröter selbst einschränkend feststellt, daß machtpolitische Erwägungen menschliches Mitleid und Sorge überwiegen, stellt Rossiaud expliziter die Zweiseitigkeit des institutionellen Engagements dar. Er zeigt besonders die relative Gleichgültigkeit der Kleriker und Stadtväter gegenüber den Opfern der Gewalt auf (vgl. Rossiaud 1984: 97ff.).

Die innereheliche Geschlechterhierarchie kann sich im sexuellen Zugriff des Gatten manifestieren und bleibt auch von der Kirche unberührt (vgl. ebd.: 109; vgl. Londner 1973: 101). Dennoch birgt der institutionelle Rahmen der Ehe einen Schutz der Frau. Er tritt an die Stelle früherer Beziehungsformen wie beispielsweise die Friedelehe (vgl. II.2.3.3), die dadurch verdrängt wurde. Die Kontrolle öffentlicher, registrierter Verbindungen ist einfacher, so daß die Ehe sich durchzusetzen vermag. Aber es ist nur die als ehrbar geltende Frau, der die kirchliche Parteinahme widerfährt. Die "partielle Verbündung mit den Opfern der Gewalt, zu denen unter anderem auch Frauen zählen" (Schröter 1985: 299), beschränkt sich,

---

[27] "Ihr Frauen, ihr sollt sie vertreiben; laßt sie nicht zu lange bei Euch sitzen, sollte er noch einige Zeit bei Euch stehen, so sollt Ihr Euch nicht vereinen und sollt es also fügen".

wenn überhaupt, nur auf verheiratete Hausfrauen, die ein 'ehrwürdiges' und konformes Verhalten zeigen. Nicht allein Rossiaud zeigt, wie eng die Definitionsgrenzen der Ehrbarkeit von Frauen sind.

Gerade Ledige und Witwen, die eine eigenständige ökonomische Existenz zu behaupten suchen, unterliegen der informellen sozialen Kontrolle des städtischen Figurationsgeflechts. Sie kann sowohl ihren besonderen Schutz implizieren als auch ebenso ein Ausgesetztsein gegenüber Übergriffen bedeuten. Junge Männer, die einer geringeren Sozialkontrolle unterliegen, betrachten gerade die alleinstehende Frau als wehrloses Objekt, um ihre sexuellen Bedürfnisse zu befriedigen. Nicht selten werden diese Frauen Opfer von Verleumdung, sozialer Ausgrenzung und Vergewaltigung. Die männliche Freizügigkeit setzt so die letzte Instanz informellen, nachbarschaftlichen Zusammenhalts außer Kraft (vgl. Schröter 1985: 152f.). Die von Schröter konstatierten Netzwerke, die den nachbarschaftlichen Schutz von Frauen garantieren sollen, können in ihrer Wirksamkeit für die Frau schnell versagen, sobald sie ihren Ruf verloren hat. Diese informellen Regeln männlicher Verbände bedeuten für die Akteure vielmehr noch den Beweis ihrer Kühnheit und Macht (vgl. Rossiaud 1984: 107ff; vgl. II.2.3.1).

Männliche Bruderschaften beanspruchen hier die Macht, über das sittliche Verhalten der Unverheirateten rigoros zu richten. Das von Schröter konstatierte "Faustrecht" (1985: 298) des einzelnen wird tradiert, obgleich die kirchlich-rechtliche Einflußnahme Ansätze dazu ausbildet, die Selbstjustiz einzuschränken. Diese Widersprüchlichkeit kommt auch in der untersuchten Predigt zum Ausdruck, wenn Regensburg sich besonders jenen randständigen[28] und verdächtigen Frauen zuwendet: so unterscheidet der Kleriker zwei Arten von Frauen.

Ehrbare und unehrbare Witwen und Ledige stehen hier außerhalb des institutionellen Ehestandes und werden besonders kontrastiert, um auch diesen Frauen den Weg in die christliche Gemeinschaft zu eröffnen. Das Witwentum, so Regensburg, sei des besonderen Schutzes durch die edlen Ritter und Herren bedürftig (vgl. Regensburg 1965: 331). Aber nur die keuschen Witwen gelten als ehrbar, soweit sie der für sie größeren 'Versuchung' des unehelichen Sexualverkehrs widerstehen. Ihnen rät der Prediger zur Enthaltsamkeit oder zur erneuten Verehelichung, um nicht weiterhin diesem unstandesgemäßen Treiben nachzugehen:

"Wellet ir des niht, sô kêret in gotes nâmen zer ê, daz ist mir vil lieber
daz ir reht und redlich mit der heiligen ê sit (...)" (Regensburg 1965: 334)[29].

---

[28] 'Randständigkeit' meint keine Exklusion der Frauen aus dem gesellschaftlichen Leben, sondern ihre widersprüchliche Eingebundenheit. Rossiaud zeigt den fortschreitenden Reglemtierungsschub, der Prostituierte und Konkubinen trifft. In wirtschaftlichen Krisenzeiten wird ihr relativ anerkanntes Gewerbe zusehends abgewertet (vgl. Rossiaud 1984: 103ff.).

[29] "Wollt Ihr das [enthaltsame Leben] nicht, so kehrt denn in Gottes Namen zur Ehe zurück, das ist mir viel lieber, daß Ihr recht und redlich mit der heiligen Ehe lebt (...)".

Einzig die Selbstverpflichtung zur Keuschheit, sowohl innerhalb wie auch au-
ßerhalb der Ehe, stellt sich als Möglichkeit der Witwe dar, ihrem drohenden
Ansehensverlust entgegenzuwirken. Folgt sie diesem Rat nicht, kann sie das
Schicksal einer ehrlosen und verdammten Hexe erleiden:

> "Daz sint die trüllerinne (...). Die verrâtent manige sêle (...).
> Ir bürger und ir edlen liute, ir sult in iuwer hûs verbieten und ouch
> die stat und ouch daz lant sol man inen verbieten. Pfî, trüllerin,
> des tiuvels blâsbalc, wie manige sêle hâst dû dem almehtigen gote
> verrâten (...)" (Regensburg 1965: 335)[30].

Der Prediger wendet sich hier an die verbreitete Praxis der Ehevermittlung und
geheimen Eheschließung ohne kirchlichen Segen. Vor allem alleinstehende Frauen,
aber auch Ehefrauen sind im Gewerbe der Heiratsvermittlung und der Prostitution
tätig oder leben im Konkubinat, um ihren Lebensunterhalt zu bestreiten. Rossiaud
entlarvt hier die Doppeldeutigkeit des mittelalterlichen Normenmusters. Auch Hausfrauen sind als Vorsteherinnen von Bordellen anzutreffen. Das ertragreiche Gewerbe verschafft letztlich auch dem männlichen Hausvorstand zusätzliches Geld und
gilt im 14. Jahrhundert als durchaus normale Beschäftigung von Frauen (vgl.
Rossiaud 1984: 101ff.). Nicht zuletzt die gesellschaftliche Bedeutsamkeit des
Gewerbes, als Sozialisationsinstanz und Geste mittelalterlicher Gastfreundschaft,
läßt auf die Radikalität der klerikalen Erneuerungsbestrebungen schließen, über-
lieferte Institutionen auslöschen zu wollen.

Obgleich Regensburg auf geringe Gefolgschaft treffen mag, geht von der
Predigt doch ein vehementer Angriff auf die gesellschaftliche Ordnung der mittelalterlichen Städte aus. In eigentümlicher Komplizenschaft nimmt der Prediger aber
gerade die edlen Leute und Ritter von der "sittliche(n) Erneuerung" (Rossiaud
1984: 100) aus. Die vereinzelten Ermahnungen finden nur partiell in gesellschaftlichen Krisensituationen Unterstützung. Rossiaud verkennt aber, daß gerade in Zeiten
eines gesellschaftlich tiefgreifenden Umbruchs eine Empfänglichkeit und Orientie-
rungslosigkeit besteht, die es erleichert, die spätmittelalterliche Sexualfeindlichkeit
durchzusetzen.

Die "Anwandlungen von purifikatorischem Eifer [die] zuweilen, etwa im
Gefolge einer Seuche, nach einer Mißernte oder bei der Ankunft eines wortge-
wandten Predigers" (ebd.: 100) vorzufinden sind, sollten in ihrer strukturellen
Wirksamkeit nicht unterschätzt werden. Gerade die um gesellschaftliche Stärke
ringenden Unterschichten bieten sich für Regensburg als eine geeignete Projek-
tionsfläche an, um die Konfliktpotentiale der Feudalgesellschaft zu bewältigen. Die
in "bedenklicher Weise inkonsequent(e)" (Londner 1973: 48) Haltung der Kleriker

---

[30] "Das sind die Kupplerinnen (...). Die verraten viele Seelen (..). Ihr Bürger und Ihr edlen Leute, Ihr
sollt ihnen Euer Haus verbieten und auch die Stadt und auch das Land soll man ihnen verbieten. Pfui,
Kupplerin, des Teufels Blasebalg, wieviele Seelen hast Du dem allmächtigen Gott verraten (...)".

gegenüber den Ehe- und Sexualpraktiken der Oberschichten findet hier ihren
Ausdruck. Gerade die Bürger und besonders die ritterlichen Edelmänner werden als
verständige Menschen angerufen und gegenüber dem ungläubigen und ungebildeten
Volk abgegrenzt. Sie bleiben, so der Prediger, vom Unheil der 'unkeuschen' Lebensweise verschont, weil sie als Gläubige und Verständige eher zum sittsamen
und christlichen Leben neigen (vgl. Regensburg 1965: 323).

Das städtische Patriziat ehrbarer Leute ist aber nicht nur als sittliches
Vorbild angesprochen, sondern ist auch partiell als Adressat der neuen Geschlechterordnung zu verstehen. Besonders die Stadtfrauen werden trotz ihrer sozialen
Höherwertigkeit von Regensburg aufgefordert, sich der ehelich-sittlichen Ordnung
zu unterwerfen. Auch bei ihnen seien die suspekten Anlagen vorzufinden, die über
alle Schichtengegensätze hinweg allen Frauen zu eigen seien. Regensburg nimmt
die 'luxuriöse Verschwendungssucht' des Adels und der Höfe zum Anlaß, um sich
auf die Vorurteilsbildung über das 'schwache Geschlecht' zu konzentrieren. Jede
Frau, egal ob randständig oder verehelicht, verdrehe dem Mann den Kopf und
treibe mit dem häuslichen Gut Mißbrauch. Sie verdienten nicht das Lob der guten
Ehefrau, weil ihre soziale Lasterhaftigkeit die sexuelle Unkeuschheit befördere.
Auch sie würden im Fegefeuer enden, prophezeit der Prediger (vgl. Regensburg
1965: 336).

Der Ehemann hat hier über das weibliche Gebaren zu wachen und sorgt
für die Einhaltung der ehelichen Erziehungspflichten. 'Widerspenstige', 'streitsüch-
tige' und 'verschwenderische' Gattinnen galten als widernatürliche Erscheinungen,
denn "Man suln strîten unde frouwen suln spinnen (...). Ein man sol ein man sîn,
ein frouwe sol ein frouwe sîn" (ebd.: 325)[31].

Es ist anzunehmen, daß Regensburg hier auf die allmähliche Erweiterung
der innerehelichen Machtbefugnisse der Frau anspielt. Die Schlüsselgewalt verstärkt
partiell die innerhäusliche Kompetenz der Frau und kann ihr dazu verhelfen weitere
Rechtsansprüche durchzusetzen. Sie sind vor der 'teuflischen Versuchung' gewarnt,
den "(K)ampfkolben" (ebd.: 325) zu ergreifen und sich der 'gottgewollten' Vorrangstellung des Mannes zu widersetzen.

Eyb nimmt sich einhundert Jahre später des unbewältigten Geschlechter-
problems an. Für ihn ist die 'überflüssige', leidenschaftliche Liebe zwischen den
Eheleuten Ursache dafür, daß die Geschlechterhierachie erschüttert wird (vgl. Eyb
1984: 10). Jedoch noch drastischer als Regensburg steigert Eyb die Sexualfeindlichkeit zu einer Frauenfeindlichkeit; sie läßt die Lösungsmuster der Neuzeit bereits
erahnen. Am Beispiel der in Indien praktizierten Witwenverbrennung wird die
lobenswerte Gefolgschaft der Gattin aufgezeigt (vgl. ebd.: 8f.): obgleich die bis in
den Tod reichende Treue der Frau für Eyb vorbildlich ist, impliziert sie auch
kritische Aspekte einer übergroßen Liebe. Ein Mann soll sich demzufolge lieber

---

[31] "Männer sollen streiten und Frauen sollen spinnen (...). Ein Mann soll ein Mann sein, eine Frau soll
eine Frau sein".

eine wenig begehrenswerte, unattraktive und dadurch umso keuschere Frau zur
Gattin nehmen, als daß er durch ein 'schönes Weib' zur 'Unzucht' getrieben wird.
Denn die Schöne, so seine Idee, ist hochmütig, eitel und besonders wollüstig. Ihre
Vergänglichkeit lasse sie unattraktiv werden, so daß ihr Mann ihrer schnell über-
drüssig und somit die Beständigkeit der Ehe gefährdet sei (vgl. Eyb 1984: 14).
    Gleichzeitig ermuntert Eyb den Mann dazu, die Keuschheit der Frau mit
Schmuck und Kleidern maßvoll zu belohnen. Der noch von Regensburg sanktio-
nierte Luxus der Frauen wird hier in gemilderter Form allmählich als geeignetes
Mittel sozialer Distinktion hervorgehoben. Diese wird umso bedeutsamer, als daß
die wirtschaftlichen Krisenerscheinungen in den Städten des 15. Jahrhunderts die
sozialen Spannungen verstärken. Ländlich verarmte Unterschichten und rand-
ständige Frauen drängen in die Städte und werden als Bedrohung der gesellschaftlichen Ständeordnung betrachtet. Seuchen, die zuvor vor allem die Besitzlosen erfaßt
hatten, gefährden nun auch die Begüterten und mobilisieren die sittlichen und
sozialen Erneuerungsbestrebungen des städtischen Patriziats (vgl. Rossiaud 1984:
114ff.). Die neue Ebene der Objektsetzung der Frau durch die materiellen Besitz-
ansprüche des Mannes tritt hier deutlich hervor.
    Um sein eigenes Renommee zu steigern, wird letztlich die Frau zur Reprä-
sentationsfigur stilisiert. Materielle Belohnung und Strafe lösen die gewalthaften
Formen in der Ehe ab und schützen den Mann wie auch die Frau. Ihre Ausstattung
mit Schmuck und Kleidern belohnt nicht nur ihre Keuschheit, sondern fesselt auch
die Aufmerksamkeit des nach wie vor als triebhaft begriffenen Mannes (vgl. Eyb
1984: 18).
Der eheliche Diskurs über die Keuschheit ist in der spätmittelalterlichen Gesellschaft des 15. Jahrhunderts mehr noch als zuvor von einem gesteigerten Mißtrauen
gegenüber Frauen gekennzeichnet. Sie haften für die unbewältigte Triebkontrolle
der Männer. Schröter skizziert als Tendenz der spätmittelalterlichen Gesellschaft:

> "Frauen werden offenbar zunehmend als Bedrohung erlebt - als Bedrohung der
> noch wenig zuverlässigen Selbstkontrolle von Männern. Sexualfeindlichkeit, so
> könnte man zugespitzt sagen, äußert sich als Frauenfeindlichkeit [und läßt Frauen]
> den Preis für einen durchgreifenden Wandel von Standards des Sexualverhaltens
> und von Mechanismen seiner Kontrolle (...) bezahlen (...), den mitzutragen
> Männer nicht in gleicher Weise vorbereitet (und bereit) waren" (Schröter 1984:
> 181).

II.2.4.3 Städtisches Eherecht

    Die spätmittelalterliche Gesellschaft ist bis ins 15. und 16. Jahrhundert
hinein noch von Angriffslust und unkontrollierter Triebentladung gekennzeichnet
(vgl. Elias 1989a: 273f.); trotzdem setzt allmählich eine "Tabuisierung männlich-
sexueller Aggressivität" (Schröter 1985: 140) ein. Die eheliche Machtproblematik
gewinnt neue Dimensionen. Die personenrechtliche Gewalthoheit des einzelnen

wird beschnitten und an öffentliche Rechtsinstanzen überführt, so daß die will-
kürliche Auslieferung der Frau an den Mann abgemildert ist bzw. verstärkt öffentlich diskutiert wird. Nicht zuletzt die Dichtung führt Formen des Widerstandes von
Frauen vor (vgl. Londner 1973: 345). Sie sind zwar zum Scheitern verurteilt,
verdeutlichen aber zugleich, daß die eheliche Machtproblematik, als "Problem
weiblicher Unterordnung eine ganz neue Brisanz gewinnt" (Schröter 1985: 140).
Während die Lösungsmuster des 12. und 13. Jahrhunderts recht profane Züge
aufweisen, die die einseitige Durchsetzung der männlichen Körperkraft beinhalten,
gewinnt in einer sich 'pazifizierenden' Gesellschaft eine neue Ebene des ehelichen
und gesellschaftlichen Machtkampfes an Bedeutung (vgl. ebd.: 139). Die ökonomisch gewachsene Bedeutsamkeit der städtischen Produktionsweise und Arbeitsteilung differenziert die Quellen der Macht weiter aus. Das gesprochene Wort
erlangt in seiner jurisdiktionellen Fixierung gegenüber dem unmittelbar gewaltsamen Vollzug der Macht einen bedeutsamen Stellenwert:

"Die Verbreitung der Geldwirtschaft, die mehr und mehr auch die Herrschaftsausübung und Lebensweise von Adligen jeden Ranges in Mitleidenschaft zieht und
verändert, begünstigt (...) die Auflösung persönlicher Abhängigkeitsverhältnisse
(in einigen Gesellschaftssphären)" (Schröter 1985: 208).

Gesellschaftlich bislang benachteiligte Gruppen werden im Zuge der Pazifizierung
allmählich als Rechtssubjekte aufgefaßt und können sich formell auf eine öffentliche Instanz berufen. Sie erhalten damit zumindest potentiell die Chance, ihre
Ansprüche durchzusetzen (vgl. Londner 1973: 79ff.). Auch den bislang aufgrund
ihrer gesellschaftlichen Unterlegenheit recht- und machtlosen Frauen wird auf
dieser Ebene eine neue Zugangsmöglichkeit geschaffen, sich ihrer eheherrlichen
Machtunterworfenheit zu entziehen. Die kirchliche Institution formt eine Rechtsprechung aus, die " - in bestimmter Hinsicht wiederum stellvertretend für Stadtregierungen - den Schutz von Frauen zu ihrer Aufgabe macht" (Schröter 1985:
165). Während sich die ländlichen und städtischen Schichten aus der lehnsrechtlichen Vormundschaft zu lösen beginnen, emanzipieren sich innerhalb der familiären Struktur die Kinder aus der vormundschaftlichen Autorität der Eltern. Sie
verfolgen eigenmächtige Eheschließungen und werden von städtischen Instanzen
rechtlich unterstützt (vgl. ebd.: 209ff.).
Wenn auch die persönlich gewachsenen neuen Heiratsfreiheiten nicht implizieren,
daß die ständischen Vorgaben hinfällig geworden sind, birgt dieser Prozeß Ansätze
einer vormodernen Individualisierung. Die Herauslösung aus familiären, traditionellen Vorgaben räumt dem individuellen Wunsch der potentiellen Eheleute mehr
Platz ein, konfrontiert sie aber zugleich mit neuen Problemen (vgl. ebd.: 391ff.).
Der Freisetzungsprozeß hinterläßt ebenso im Normen - und Orientierungsmuster
der Geschlechterbeziehungen eine Leerstelle. So wie die familiären Möglichkeiten
der Brautvergabe eingeschränkt sind, unterliegt auch das Sexualverhalten der
Töchter einer geringeren Kontrolle und impliziert emanzipative Züge. Dieser Freiraum birgt zugleich aber auch neue Rechtsunsicherheiten bislang vorgeprägter Ver-

haltensmuster, indem beispielsweise die Norm, daß der voreheliche Geschlechtsverkehr einer Frau in eine Ehe münden soll, unwirksam wird.

Schröter konstatiert eine Problematik der Aushöhlung von Rechtsräumen.
Sie birgt sowohl eine potentielle Benachteiligung der Frau als auch die Gefährdung
der ständischen Ordnung:

> "Weder reichten die verbliebenen familiären Druckmöglichkeiten aus, um eine
> durch Geschlechtsverkehr angebahnte Ehe zuverlässig zum Abschluß zu bringen,
> noch waren Mittel verfügbar, um einen Mißbrauch des gewaltlosen Rechtsweges
> als Vehikel des sozialen Aufstiegs per Eheklage mit Sicherheit zu unterbinden. So
> war alles gefährdet, was bisher garantiert gewesen war; die Versorgung gezeugter
> Kinder, die Versorgung und Placierung von Frauen sowie die Beschränkung von
> Eheschließungen auf gleichrangige Männer und Frauen" (Schröter 1984: 173).

Im Verlauf der "sozialen Nivellierung" (ebd.: 171) machen bislang unterlegene
Frauen ihre Ansprüche geltend. Weil aber die kirchliche Ehe- und Sexualauffassung keine muntfreie Form der Geschlechterbeziehung anerkennt, ist die Rechts-
sicherheit der standesniederen Frau gegenüber ihrem Partner in der Friedelschaft
oder im Konkubinat nicht mehr gewährleistet. Um dennoch gesellschaftliche und
ökonomische Sicherheiten zu erlangen, prozessieren Konkubinen auf eine eheliche
Verbindung mit ihrem jeweiligen Sexualpartner (vgl. ebd.: 165,171). Eheklagen
oder Klagen auf Entschädigung sind hier die Handlungsfelder von Frauen, die sich
gegenüber der einseitigen Verfügung durch den Mann widersetzen.

Die von den Stadtregierungen geschaffene Leerstelle wird spezifisch mit
neuen Mitteln gefüllt: während die ständischen Privilegien aufrechterhalten werden,
indem die 'leichtfertige' Frau keinen rechtlichen Rückhalt finden kann, erfährt nur
die sexuell unerfahrene Jungfrau kirchlichen Zuspruch. Als 'Entjungferte' kann die
Frau auf Schadensersatz klagen bzw. eine Ehe fordern. Dies ist zum Beispiel in der
folgenreichsten Eheverordnung der Neuzeit festgeschrieben:

> "So aber einer ein tochter, magt oder jungfrow verfällt, geschmächt
> oder geschwächt hette, die noch nit vermächlet wäre, der soll iro ein
> morgengab geben und si zuo der e han" (Zürcher Eheordnung 1973: 328)[32].

Der Mann muß seine Sexualpartnerin heiraten und unterliegt der Verpflichtung,
seine Sexualbetätigung in den institutionellen Rahmen der Muntehe zu überführen
(vgl. Schröter 1984: 164). Wählt die sozial höherstehende Frau dagegen einen
standesniederen Mann, ist sie verpflichtet, ihm in die Muntehe zu folgen. Sie wird
ihm rechtlich und sozial gleichgestellt und unterliegt seiner Muntgewalt. Der
Statusverlust erstreckt sich jedoch auch auf die Nachkommen, die im Extremfall als
Unfreie gelten können (vgl. Londner 1973: 78). Obgleich der gewalthafte Charakter

---

[32] "So aber jemand einer Tochter, Magd oder Jungfrau verfällt, sie geschmächt oder geschwächt hat, die
noch nicht vermählt war, der soll ihr eine Morgengabe geben und sie zur Ehe haben".

der Muntehe zurückgedrängt scheint, setzt sich die Hierarchie der ehelichen
Geschlechterordnung fort. Eine höherstehende Frau kann sich nicht mehr davor
schützen, daß ihr Besitz dem standesniederen Mann zugänglich wird. Die Zurückdrängung illegitimer oder heimlicher Ehen zeigt, daß sich die Muntehe konkurrenzlos durchzusetzen vermag:

> "Die eheherrliche Munt wird nun nicht mehr von der Art der Eheschließung
> abhängig gemacht (Muntehe oder muntfreie Ehe), sie tritt vielmehr automatisch
> ein, wenn eine Ehe in irgendeiner Form geschlossen ist" (Londner 1973: 77).

Der formale Gehalt der Ehe garantiert zwar die Vormundschaft des Gatten, sie
unterliegt selbst aber einem Wandel. Die in der freieren Geschlechterbeziehung
bestehenden Rechtsvorteile der Frau werden partiell tradiert. Konsens und Gewaltverzicht stellen die gewachsenen formellen Veränderungen dar. Auch die Vorgabe,
daß die Frau nicht gewaltsam zum Geschlechtsverkehr gezwungen werden darf,
steht für eine allmähliche Verlagerung der ehelichen Machtproblematik in formalrechtlicher Hinsicht (vgl. Schröter 1985: 152). Die Verfeinerung und Pazifizierung
der als Wechselspiel und nicht als Überwältigung betrachteten sexuellen Vereinigung läßt u.a. den güterrechtlichen Aspekt der Muntehe in den Vordergrund der
Betrachtung treten.

Die güterrechtliche Ungleichheit zwischen Mann und Frau wird weiterhin
aufrechterhalten, indem der Mann die in die Ehe gebrachten Güter der Frau
verwaltet und über eine bedeutende wirschaftliche Machtquelle verfügt. Sie ist noch
bis ins 20. Jahrhundert wirksam und wird erst 1957 aufgehoben (vgl. Londner
1973: 87ff.). Nur die Schlüsselgewalt kompensiert das innerhäusliche Ungleichgewicht und verschafft der Frau die Inanspruchnahme der innerhäuslichen Mandats-
gewalt. Nicht zuletzt die gewachsene sozio-ökonomische Bedeutung der Hausfrau
als wichtige Arbeitskraft erweitert ihre Rechtsstellung (vgl. ebd.: 72). Sie erhält die
Geschäftsfähigkeit, unterliegt jedoch der hausherrlichen Gewalt des Gatten. Sie
muß aber nicht jedesmal die Zustimmung des Gatten einholen, um geschäftliche
Unternehmungen zu tätigen. Die Schlüsselgewalt stellt hier "eine konkrete Be-
fugniserweiterung der Frau dar, die unter besonderen Umständen bis zum vollen
Eintritt in männliche Rechte führen kann" (ebd.: 92).

Indem die Frau ein Klagerecht erhält, wird sie öffentlich unterstützt. Sie
wird, wie andere Unfreie auch, allmählich als Rechtssubjekt betrachtet. Obwohl die
Rechtsprechung oft ein weibliches Fehlverhalten oder Verleumdung vermutet und
ihr wenig Unterstützung zuteil wird, ist eine formelle Erweiterung konstatierbar
(vgl. ebd.: 101).

Das sexuelle Verhalten von Mann und Frau ist gleichermaßen angreifbar
und kann eine Eheklage begründen. Institutionelle Grenzen nachbarschaftlicher oder
jurisdiktioneller Kontrolle bringen der Frau, die bislang dem ehelichen Gewaltverhältnis ausgesetzt war, Unterstützung (vgl. Schröter 1985: 142f.). Die Frauen
jener Zeit sind "ihren Männern in Wirklichkeit durchaus nicht so hilflos ausgeliefert (...), wie es zunächst den Anschein haben mag" (ebd.: 142).

Das Problem, daß ein theoretischer Rechtsanspruch den in der Realität umgesetzten Machtzuwächsen widerspricht, bleibt bei Schröter aber ungeklärt. Er fragt nicht danach, inwiefern beispielsweise die so wirksam gewordene Macht des gesprochenen Wortes nur bestimmte Formen der Wahrheitsfindung kennt. Die Frau entwächst zwar der eheherrlichen Selbstjustiz, muß sich jedoch an ihr wohlgefällige männliche Helfer wenden, um sich durchzusetzen. Ob sich dabei die informellen Netzwerke der Frauen (vgl. ebd.: 145) gegenüber den institutionellen Rechts- und Machtverbänden der Männer durchsetzen, ist nicht zu erschließen.

Der gewachsene Anteil weiblicher Arbeitskraft impliziert beispielweise nicht zwangsläufig die gesellschaftliche Besserstellung von Frauen. Im Gegenteil verhindern Zunftverordnungen des mittelständischen Gewerbes gerade den Machtzuwachs von gewerbetreibenden Frauen. Sie werden als Konkurrenz betrachtet und von bestimmten Berufszweigen ausgeschlossen.

Vielmehr noch wird ihre außerhäusliche Betätigung im fortschreitenden Wandel immer mißtrauischer betrachtet. Frauen sind neben handwerklichen Gewerbezweigen in den Bereichen der Geburtshilfe, Kindererziehung, Krankenpflege und Nahrungsproduktion anzutreffen und verfügen über Kontrazeptionswissen. Ihre Macht stellt sich implizit als Verfügung über Leben und Tod dar und weckt ambivalente Einstellungen (vgl. I.Ahrendt-Schulte 1991: 209,228). Die ihnen gesellschaftlich entgegengebrachte Wertschätzung als heilende, 'weise Frau' kann sich schnell in Mißtrauen verwandeln und führt dazu, daß ihre Macht zu Ohnmacht wird. Ehefrauen wie auch Ledige unterliegen auf dieser Ebene der Gefahr, als Hexe verfolgt zu werden. Oft sind sie in Rechtsstreitigkeiten als Klägerin, Angeklagte oder 'Anwältinnen' verwickelt, die vorrangig "Streitigkeiten um Geld, Land und Erbe waren" (ebd.: 225).

Den institutionell ausgeschlossenen Frauen stellt sich nur die Alternative, potentielle Nischen des sozialen Gefüges zu nutzen. Die spätmittelalterliche und neuzeitliche Chronologie der Anklageschriften zeigt Bezichtigungen der Frauen als Giftmischerinnen, Kindsmörderinnen, Ehebrecherinnen und Kupplerinnen, die sich des Schadenszaubers bedienen. Dabei bietet ein Leben der Frauen "zwischen den Polen von Angst Erzeugen [als Hexe] und Angst Haben, von Bedrohen und Bedroht Werden, von Macht und Ohnmacht" (ebd.: 199) vielfältige Motive, in Rechtsstreitigkeiten eingebunden zu sein. Ihre vielfach gefragte Unterstützung bei der Arrangierung der richtigen Ehe oder bei der Zubereitung spezifischer Aphrodisiaka kann von den geschädigten Personen gegen sie verwandt werden, indem man der Kupplerin Schadenszauber und Hexerei nachsagt (vgl. ebd.: 210ff; vgl. Schröter 1984: 167).

Diese als spezifisch "weiblicher Racheakt" (Ahrendt-Schulte 1991: 201) betrachtete Abwehr ist auch für die Eheklägerinnen oft die einzige Handlungsalternative. In den Predigten der Kleriker als auch in den Eheerzählungen werden gerade auf diese Nische Angriffe unternommen. Sie werden im Hintergrund der häuslichen Separation sichtbar und als weibliche Hinterlist, Streitsüchtigkeit, Verdorbenheit und Widerspenstigkeit charakterisiert.

Daß aber die Frauen kaum über Alternativen verfügen, um ihre Ehre, Sicherheit und Existenz zu verteidigen, wird nicht nur in den zeitgenössischen Schriften gerne übersehen. Die von der Kirche betriebene Besserstellung der Ehefrau erstreckt sich nur punktuell auf die äußere Rechtsposition und ihre innereheliche Machtunterworfenheit. Aber sie ist weniger als ein Selbstzweck zu verstehen, sondern stellt sich als Resultat einer gesellschaftlichen Entwicklung dar, die neue Figurationen geplanter und ungeplanter Art von Männern und Frauen hervorbringt (vgl. Londner 1973: 100,108).

II.2.5 Zusammenfassung

Die ehelichen Machtverhältnisse zwischen den Geschlechtern sind in der gering pazifizierten Feudalgesellschaft des Mittelalters durch die Dominanz physischer Überlegenheit geprägt. Die aus der biologischen Konstituion abgeleiteten Unterschiede von Mann und Frau werden zu sozialen Merkmalen ausgeprägt, die die hauptsächlichen Quellen der Macht festschreiben. Macht ist hier unmittelbar mit dem Recht und der Gewalt, den eigenen Willen rigoros gegen Widerstreben durchzusetzten, verknüpft. Die Machtunterworfenen, also die Frauen und Kinder, verfügen über einen nur eng begrenzten Handlungsspielraum. Die Struktur der Brautvergabe, der Eheschließung und der innerehelichen Muntgewalt des Mannes verdeutlichen offen und drastisch dieses einseitig ausgerichtete Machtgefälle. Hier ist - mit Luhmann ausgedrückt - erkennbar, daß der Gatte wie auch der Vater sich die potentielle Selektionsleistung ihrer Untergebenen einverleiben.

Erste Ansätze einer verinnerlichten Selbstunterweisung sind in den geschlechtsspezifisch zugeschriebenen Verhaltensstandards zu erkennen. Der Mechanismus der Schamangst verdeutlicht hier eine Umwandlung äußerer Fremdzwänge in Selbstzwänge, die allerdings vergleichsweise gering ausfallen und sich erst in der Nachfolgezeit der bürgerlichen Gesellschaft manifestieren.

Im Zuge der gesellschaftlichen Umstrukturierungen, die zugleich die Institutionalisierung der einzig gültigen Muntehe erkennen lassen, differenzieren sich die tradierten Machtdifferentiale aus. Hinter diesen Prozessen verbirgt sich die Infragestellung der weltlichen Geschlechterhierarchie in der Ehe durch die machtvollen Ansprüche der Kleriker. Die hinterlassene Leerstelle läßt eine eigentümliche Ordnung der ehelichen Machtverhältnisse erkennen. Sie wird inhaltlich neu gefüllt, indem in der sich 'pazifizierenden' Gesellschaft die bislang Unterworfenen partiell an Zustimmung und Macht gewinnen. So tritt die patriarchale Macht des Vaters zugunsten des Brautpaares zurück. Die kirchlichen Vertreter arbeiten hier der einseitigen, erzwungenen Brautvergabe und Verstoßung entgegen und kämpfen um die Durchsetzung neuer ehelicher Gebote. Sie beinhalten eine erschwerte Ehescheidung, die Konsensforderung und das gegenseitige Treuegebot. Während der, ohnehin beschränkte, außereheliche sexuelle und soziale Handlungsspielraum von

Frauen verengt wird, erfahren sie allein in der Institution der Ehe eine relative Aufwertung und Besserstellung.

Zugleich werden jedoch Elemente der tradierten Eheauffassung in die innereheliche Machthierarchie überführt. Die gewalthaften Charakteristika der Geschlechterbeziehung werden zum einen höfisch sublimiert, zum anderen religiös verklärt und etablieren eine spezifische Ordnung zwischen den Eheleuten. Sie läßt die Frau nach wie vor als Machtunterworfene erkennen. Ihre bedingungslose Unterwerfung tritt allerdings allmählich in den Hintergrund und läßt übergeordnete Differentiale der Macht erkennen.

II.3. Machtzuwachs der Frau in der höfisch-absolutistischen Gesellschaft

Nach einer Zeit der sozialen Umgruppierung und starken Fluktuation im 15. und 16. Jahrhundert etabliert sich etwa ab dem 17. Jahrhundert ein neuer Typus gesellschaftlicher und politischer Machtausübung (vgl. Elias 1989a: 94,103ff.). Infolge der Religionskriege der frühen Neuzeit und ihren tiefgreifenden demographischen, materiellen und gesellschaftlichen Auswirkungen wird die Vormachtstellung der Kirche zwar beschnitten, so daß eine Säkularisierung des Weltbildes einsetzt. Die durch die Kirche vorangetriebene Institutionalisierung der Ehe wird jedoch weiter verfolgt. Zugleich ist ein besonderes Wiedererstarken der familiären Autorität zu konstatieren, die im Ausgang der spätmittelalterlichen Feudalzeit zugunsten der Jugend geschwächt worden war (vgl. Muchembled 1990: 265ff.,305).

Ebenso wie sich das Verhältnis zwischen den Generationen verschiebt, ist ein neuartiges Verhältnis zwischen den Geschlechtern zu konstatieren. Die spezifische Machtfiguration des absolutistischen Hofes ist sowohl für das neuzeitliche Eheverständnis als auch für die Entstehung des modernen Menschen von paradigmatischer Bedeutsamkeit[33]: hier wird nicht nur für die Nachfolgezeit der bürgerlichen Gesellschaft des 19. und 20. Jahrhunderts der "Grundstock vieler Verhaltens- und Verkehrsformen ausgeprägt" (Elias 1989b: 352), die allmählich und zeitlich versetzt auch die Unterschichten zu einem bestimmten Verhaltensstandard zwingen:

> "Ihre besondere Situation macht die Menschen der höfischen, guten Gesellschaft stärker als irgendeine andere, abendländische Gruppe im Zuge dieser Bewegung zu Spezialisten für die Durchformung und Modellierung des Verhaltens im gesellschaftlichen Verkehr" (Elias 1989b: 352).

---

[33] Die durchaus lohnenswerte Betrachtung der Reformationszeit und ihrer spezifischen Ehebetrachtungen wird hier nicht einbezogen. Luthers Lehre einer partnerschaftlichen Ehebeziehung kann sich im 16. Jahrhundert noch nicht durchsetzen, weil die Vorherrschaft der etablierten Kirche noch zu mächtig ist (vgl. G.Scharffenorth 1991: 105).

Die höfische Machtfiguration rückt darüber hinaus in das Zentrum der vorliegenden Untersuchung, weil die räumliche Dichte[34] wie auch die Berufslosigkeit ihrer Angehörigen eine "zivilisatorische Umformung" (ebd.353) des Verhaltens hervorbringt, die "besonders markant ist und die zugleich eine unerläßliche Voraussetzung für alle weiteren Veränderungen in der Richtung einer Zivilisation darstellt" (ebd.: 353). Hinter diesen psychogenetischen Differenzierungen verbirgt sich ein sozio-ökonomischer Umschichtungsprozeß, der die Zentralisierung und Monopolisierung von Steuern, Geld und von militärischer und polizeilicher Gewalt indiziert (vgl. Elias 1990a: 10ff.,63). Die gesellschaftlichen Stärkeverhältnisse zeigen eine hierarchisch-ständische Gliederung, die die "höfischen Epigonen des Rittertums endgültig [als] höfische Menschen" (ebd.: 122) erscheinen lassen.

> "Aber diese absolutistische Ständegesellschaft unterscheidet sich von der vorangehenden dadurch, daß die Vertreter des Königtums unzweideutig das Übergewicht über die Stände gewonnen haben" (Elias 1990a: 95).

Der über Landbesitz verfügende Adel verarmt zusehends und ist nicht nur gezwungen, sich als Verwalter und Berater am Hofe zu verdingen, sondern ist auch von einem Funktionsverlust bedroht. Stehende Heere und die Einführung neuer Kriegstechniken lösen die alte ritterliche Kriegführung ab, so daß der Schwertadel um gesellschaftliche Anerkennung und um die Gunst des Königs ringt (vgl. ebd.: 231ff.). Der erstarkende dritte Stand des Bürgertums stellt eine weitere Konkurrenz für den geborenen Adeligen dar. Der Adel erscheint als von 'oben' und von 'unten' bedrängte Schicht, die in der heterogenen Gesellschaft des Hofes umso stärker ihre Privilegien zu erhalten sucht (vgl. ebd.: 387f.). Die Abgrenzung von den als vulgär bewerteten Verhaltensweisen der Unterschichten ist von einer ebenso ambivalenten Haltung gegenüber der sogenannten höfischen 'Frivolität' begleitet. Besonders die restriktive Verheiratungspolitik, die in Deutschland noch massiver als im vergleichsweise liberaleren England oder Frankreich betrieben wird, verdeutlicht diese Bestrebungen, unter sich zu bleiben (vgl. ebd.: 253,259f.,304; vgl. H.U.Wehler 1987: 149ff.). Während in Frankreich eine allmähliche Vermischung des geadelten Bürgertums mit dem Schwertadel zu konstatieren ist, zeigt sich in Deutschland, daß die sanguinen Qualitäten eines Adeligen die erworbenen Fähigkeiten und Tugenden des Bürgerlichen überwiegen (vgl. Elias 1990a: 106f.,149,267; vgl. S.v.La Roche 1983). Aus dieser Dynamik heraus entstehen spezifische Rivalitäten und Gunststreitigkeiten, die sowohl den engen Handlungsspielraum des einzelnen Höflings als auch die Machtquelle des absolutistischen Herrschers auszeichnen (vgl. Elias 1990a: 98f.).

Der Auf- und Abstieg des einzelnen und seiner Familie unterliegt dem Machtbereich des Königs. Er kann durch die Verleihung von Adelstiteln und durch

---

[34] Elias spricht beispielsweise von nahezu 10.000 Menschen, die am französischen Hof anzutreffen sind. Hier ist eine eigentümliche Funktions- und Machtverteilung erkennbar (vgl. Elias 1990a: 60ff.).

Beförderungen die gesellschaftliche Position seiner Günstlinge festschreiben (vgl. ebd.: 109f.). Der König ist wiederum auf die standesgemäße Repräsentation seines Reichtums und seiner Macht konzentriert und benötigt eine Vielzahl finanzieller und politischer Berater, Lakaien und Diener (vgl. ebd.: 103ff.), so daß sich die Verflechtungsketten ausweiten. Aber anders als die verworfene "Tugend der kleinen [wirtschaftenden] Leute" (ebd.: 104) besteht für die höfische Welt der beständige Druck, freigebig, großzügig und ihrem Stande gemäß zu leben. Die Gefahr, die sich dem einzelnen stellt, ist nicht mehr die unmittelbare körperliche Gewaltandrohung, sondern besteht im materiellen und gesellschaftlichen Abstieg und Ruin (vgl. ebd.: 110).

Dennoch bietet sich die Möglichkeit, den absolutistischen Herrscherhof mit dem des ritterlichen Feudalherren zu vergleichen: in beiden Figurationen sind die persönlichen und politischen Belange des einzelnen deckungsgleich. Eine Privatsphäre im modernen Sinne des Wortes besteht nicht. "Familienbindungen und -rivalitäten, persönliche Freundschaften und Feindschaften spielten als normale Faktoren bei der Handhabung der Regierungsgeschäfte wie bei der aller anderen Amtsgeschäfte mit" (ebd.: 9).

So ist es nicht verwunderlich, daß die familiäre Machtausübung des Hausherren mit der patrimonialen Herrschaftsform als König korreliert (vgl. ebd.: 68)[35]. Der König ist bestrebt, "sein Land [und seine Untertanen] als sein persönliches Besitztum, als Erweiterung des Hofhaushalts zu organisieren" (ebd.: 69). Die persönliche Lebensgestaltung seiner Untergebenen unterliegt ebenso seiner Verfügung wie ihre zentrale Basis, die Eheschließung. Er kann seine Macht soweit durchsetzen, daß Ehen gegen den Willen des betroffenen Brautpaares und seiner Eltern geschlossen werden (vgl. ebd.: 69). Allein Teile der adligen und frühbürgerlichen Mittelschichten stellen der nach wie vor machtpolitisch ausgerichteten Eheschließungspolitik des Hofes Modelle entgegen, die das Motiv der Liebe beinhalten.

Der Affekthaushalt der höfischen Eliten und auch der Mittelschichten ist jedoch dadurch gekennzeichnet, daß es in einer sich rationalisierenden und säkularisierenden Gesellschaft erforderlich wird, den unmittelbaren Gefühlsausbruch zu bewältigen. Während mit der bürgerlichen Empfindsamkeit der Romantiker die Echtheit des Gefühls eingeklagt wird, zeigt sich eine spezifisch höfische Sublimierung von Emotionen. Hier ist weniger die Einfühlung in die 'tugendhafte' Seele des anderen, besonders der Frau, gefragt, als vielmehr das "Feingefühl" (ebd.: 98) für die Fragen des Ranges, Standes und der Etikette, um sich selbst behaupten zu können:

---

[35] Die gesellschaftliche Konzentration auf den Königshof wie auch die Größe und Gestaltung der Wohnanlage verdeutlicht diese höfisch-patrimoniale Herrengewalt. Es kommt hinzu, daß sämtliche Seiten des Lebens, Geburt und Tod, die Verrichtung körperlicher Angelegenheiten wie z.B. das 'Lever' des Königspaares weitgehend ritualisiert und öffentlich abgehalten werden (vgl. Elias 1990a: 71ff., 83f.,129f.).

"Die differenzierte Durchbildung des Äußeren als Instrument der sozialen Diffe-
renzierung, die Repräsentation des Ranges durch die Form, ist nicht nur für die
Häuser, sondern für die gesamte höfische Lebensgestaltung charakteristisch"
(Elias 1990a: 98).

Die Geschlechterbeziehung ist hier in gleichem Maße vom äußerlichen Druck der
Selbstbehauptung und Rangzugehörigkeit und von einem spezifischen Distanzie-
rungsbemühen geprägt. So läßt nicht nur die räumliche Anlage des Schlosses
separate Gemächer des Königs und der Königin antreffen. Vielmehr birgt die
emotionale und soziale Distanz zwischen den gesellschaftlich gleichrangigen
Geschlechtern einen beständigen Freiraum höfischer Rangstreitigkeiten und Intrigen. "Die höfische Dame ist keine Hausfrau" (ebd.: 74) und als solche der
geschlechtsspezifischen Arbeitsteilung, wie sie im 19. Jahrhundert anzutreffen ist,
enthoben. Allein hier, in der "Gleichzeitigkeit von ständiger räumlicher Nähe und
ständiger sozialer Ferne, von innigem Kontakt in der einen Schicht und strenger
Distanz in der anderen" (ebd.: 78) liegt der Handlungsspielraum von Frauen in den
gehobenen Ständen. Die Frau ist hier von den unmittelbaren ökonomischen Zwängen der körperlichen Arbeit befreit und kann - sofern sie nicht als Mätresse des
Königs figuriert - in der typischen "Salongeselligkeit" (ebd.: 83) eine relative
soziale Vorrangstellung beanspruchen. Gerade ihr literarischer Schaffensraum
ermöglicht, trotz der eherechtlichen Benachteiligung, eine für diese Zeit markante
und ambivalente Position der Hofdame (vgl. R.E.B.Joeres 1985: 92-116).

II.3.1 Psychologisierung, Erotisierung und die Kunst der Menschenbeobachtung

Das beengte und dichte Leben am Hofe erfordert einen neuen Menschen-
typus, der, anders als der ungestüme Ritter der Feudalzeit, darauf konzentriert ist,
die Schritte seines Handelns über "längere Ketten" (Elias 1989b: 372) hinweg
beständig zu planen. Elias stellt fest, daß "das Bild, das der Mensch vom Menschen
hat, (...) reicher an Schattierungen, (...) freier von momentanen Emotionen" (ebd.:
372) wird. Es differenziert sich aus und zeigt die erforderliche Überwachung des
eigenen Verhaltens wie auch das des Kontrahenten, um den eigenen "Kurswert"
(Elias 1990a: 153) im gesellschaftlichen Ausscheidungskampf zu bestimmen und
zu steigern. Die Schwäche des einzelnen besteht darin, seine mangelnde Affektbewältigung oder einen "Anflug von Verkrampfung" (ebd.: 165) zu zeigen. Sie bietet
eine Angriffsfläche, um die Machtstellung des sozial und gesellschaftlich Überlegenen zu vergrößern. Im Zentrum der höfischen Machtfiguration steht somit die
ranggemäße und situationsgerechte Aussteuerung der Gefühle, die sich differenzieren muß.

"Die reale Position eines Menschen im Geflecht der höfischen Gesellschaft wurde
immer durch beide Momente bestimmt, durch den offiziellen Rang und durch die

aktuelle Machtposition, aber Momente der letzten Art hatten für das Verhalten der
höfischen Menschen zu ihm letztlich die größere Bedeutung" (Elias 1990a: 138).

Um zu erkennen, in welchem Maße der Konkurrenzkampf neuartige Implikationen
für den höfischen Menschen bietet, sei auf die Manierenschriften dieser Zeit
verwiesen. Die beständige Gefühlsdifferenzierung stellt sich hier als derart großer
Fremdzwang dar, daß detaillierte Anweisungen zur Kunst der Fremd- und Selbst-
beobachtung abgefaßt werden. Die kirchliche Manierenbildung der mittelalterlichen
Feudalzeit hat hier zweifellos Spuren hinterlassen und indiziert die Verinnerlichung
religiöser Werte. Es ist unwidersprochen festgesetzt, daß der einzelne sich in
Sprache, Gebärde und Sitte 'zivilisiert' zu verhalten hat. Einzig die Legitimations-
ebene ändert sich, indem jetzt der Mensch in den Mittelpunkt des säkularisierten
Weltbildes tritt.

Der Freiherr Chr.von Wolff (1976) faßt beispielsweise in seinen um-
fangreichen naturrechtlichen Betrachtungen einen Katalog ab, der ausdrücklich
darauf abzielt, die Verschiedenartigkeit der Affekte vorzustellen. Der 'zivilisierte'
Mensch soll hier explizit angeleitet werden, um zu erkennen "für welchen Affect
sich die Beschaffenheit der gegenwärtigen Sache oder Begebenheit schicket"
(Chr.Wolff 1976: 122). Weil es derart schwierig sei, die eigenen willkürlichen
Gefühlsausbrüche und die anderer nachzuvollziehen, rät Wolff dem einzelnen zu
beachten, daß "bey sich selbst [und bei anderen], bey allen Affecten auf das
genaueste untersuchet" (ebd.: 124) werde. Die Unterschätzung oder Unkontrollier-
theit der affektiven Äußerungsformen kann schnell dazu führen, daß der eigene
Rang gefährdet ist. Zu stark hängt die Ehre und das Ansehen des einzelnen von der
einflußreichen öffentlichen Meinung ab, als daß innere Werte wie die ritterliche
Tugendhaftigkeit das mangelnde nuancierte Feingefühl kompensieren können (vgl.
G.Vowinckel 1983: 60ff., vgl. Elias 1990a: 145). Während der Ritter des Mittelalters sein Ansehen durch die physische Unterlegenheit im Kampfe zu verlieren
droht, entscheidet der "Richterspruch der gesellschaftlichen Meinung" (Elias 1990a:
145), vor allem das Denken anderer, über den Stellenwert des einzelnen. Im
Gegenteil riskiert der Höfling seinen gesellschaftlichen Aufstieg, wenn er in
ritterlicher Manier seine Stärke zu beweisen versucht, weil die fehlende Selbstzurücknahme, "jeder Eigenwille, jeder Ausbruch, jeder Fehler" (ebd.: 200) streng
überwacht und sanktioniert wird. Der Kampf um den gesellschaftlichen Aufstieg
wird offiziell nicht mehr so sehr durch den Degen oder das Schwert des Ritters,
sondern versteckt durch Intrigen, Wortgefechte und Affären geführt (vgl. Elias
1989b: 370). Die äußere Befriedung läßt im Alltag des Höflings neue Formen des
Zwangs erkennen:

"aber wenn auch die Anwendung körperlicher Gewalt aus dem Verkehr der
Menschen nun zurücktritt, wenn es ihnen selbst auch verboten ist, sich zu duel-
lieren, so übt der Mensch auf den Menschen nun in mannigfachen, anderen
Formen Zwang und Gewalt aus" (Elias 1989b: 370).

Wolff spielt auf diese erforderliche Affektbewältigung folgendermaßen an:

> "Wer nun darauf acht giebet, der kan bald mercken, ob der Mensch worüber in
> Affect gebracht wird, oder nicht. Die wiedrigen Minen und Geberden zeigen an,
> daß es ein wiedriger Affect sey; die angenehmen hingegen, daß es ein angeneh-
> mer seyn müsse" (Wolff 1976: 120).

Die gesellschaftliche Umbruchsituation des 17. und 18. Jahrhunderts, in der alte
Relikte ritterlich-adeliger Ehrbarkeit mit neuen Formen gesellschaftlicher Distinktion und Etikette konfrontiert sind, läßt das Leben unbeständig und unsicher
erscheinen. Die gering automatisierte Selbst- und Fremdbeobachtung und der
weniger entwickelte Selbstzwang bieten kontinuierlich Unberechenbarkeiten, so daß
auch soziale Beziehungen äußerst labil sind: der Freund von heute kann im höfischen Ränkespiel der Feind von morgen sein (vgl. Vowinckel 1983: 63f.). Die
Abhebung gegenüber dem gleichrangigen Höfling setzt sich spezifisch im Verhalten gegenüber den Niedrigerstehenden fort. Die Armen sind nicht selbstverständlich
im Alltag des Höflings präsent, sondern hinter 'Kulissen' verborgen. So wird
beispielsweise nicht nur die Hofdame von den Küchenräumen ferngehalten, sondern
die höfische Formation ist insgesamt gegenüber den niedrigerstehenden Mittel- und
Unterschichten abgegrenzt (vgl. Elias 1990a: 74; vgl. Vowinckel 1983: 62f.):

> "Weil ein Hoffärtiger gerne mehr seyn will als andere, so pfleget er auch andere
> gegen sich geringe zu halten. Da er nun dieses auch durch äußerliche Handlungen
> [z.B. Kleidung, Sprache, Benehmen] an den Tag leget; so verachtet er andere"
> (Wolff 1976: 562).

Dennoch verkehren die höfischen Epigonen mit dem niederen Stand, indem sie auf
ihre Dienstleistungen als Lakaien, Diener und Beamte angewiesen bleiben. Die
Verachtung der Schwächeren und Niedrigstehenden paart sich mit einer spezifischen Angewiesenheit auf dieselben, so daß sie zugleich überwacht, belauscht und
für die eigenen Intrigen und Pläne umworben werden. Dem König geht es darum,
die aufkeimenden Mißstimmigkeiten zwischen seinen Untergebenen zu schüren und
die "versteckten Eifersüchteleien" (Elias 1990a: 197) zu nutzen, um ihre in seinen
Augen "existenzbedrohend(e)" (ebd.: 197) Einigung zu unterlaufen. So präsentiert
sich der Herrscher als verständiger, weltläufiger Mensch, der über die

> "Fähigkeit [verfügt,] sich zu Menschen beliebiger Herkunft [zu] gesellen, sich auf
> ihre Gemüts- und Wesensart ein[zu]stellen und ungeachtet des Unterschieds der
> Temperamente und der sozialen Positionen (...) mit ihnen gesellschaftlichen
> Umgang [zu] pflegen und sie womöglich für sich einnehmen zu können" (Vo-
> winckel 1983: 63).

Die untereinander konkurrierenden Höflinge bieten ihrerseits alle ihnen zustehenden
Möglichkeiten auf, um die Position des nächsten Untergebenen oder die gesellschaftlich zweifelhafter Personen auszunutzen. Einflußreiche Mätressen oder die

durch 'Mißheirat' randständigen Landadeligen bieten so zum Beispiel einen geeigneten Einflußbereich, um im höfischen Ränkespiel nicht zu unterliegen (vgl. ebd.: 67,71ff; vgl. La Roche 1983: 80,101,111). Gleichzeitig kann der gesellschaftliche Aufstieg nicht nur den materiellen Wohlstand mehren, indem man sich die Schwachstellen des anderen zunutze macht. Dem höfischen Intriganten bieten sich Genugtuung und Vergnügen, unter anderem auch sexueller Art. Gerade diese versachlichte Praxis wird von den Mittelschichten radikal als 'frivol' verworfen und sanktioniert. Während die scheinbar "freimütig ausgelebte Erotik [am Hofe] gewissermaßen die Auflehnung des barocken Lebensgefühls gegen die Zeitlichkeit diesseitiger Existenz zu spiegeln" (S.Buchholz 1988: 120) vermeint, zeigt sich in der pietistisch ausgerichteten Mittelschicht eine spezifische 'Sittsamkeit'.

Die vielfach anzutreffende Figur des höfischen "Bösewicht(s)" (La Roche 1983: 145) wird zum Beispiel im romantischen Liebesideal als 'lüsterner' Antipode skizziert, der den intriganten Zugriff auf das 'tugendhafte' Mädchen unternimmt (vgl. ebd.: 93,101,145). Die Helden und Heldinnen der Erzählung erstreben jedoch die "Verzögerung des begehrten Liebesgenusses und eine wehmütige Genugtuung an der schmerzlichen Freude" (Elias 1990a: 361), um die Echtheit des Gefühls durch Geduld und Leidensfähigkeit zu erweisen. Dennoch ist im höfischen und bürgerlichen Verhaltenskanon gleichsam erkennbar, daß der direkte und gewalthafte Zugriff auf Frauen erschwert ist, oder doch zumindest tabuisiert wird. Im Zentrum der 'Eroberung' einer Frau steht die nuancierte und wortgewandte Werbung.

Der Aspekt des höfischen Sexualverhaltens stellt sich als ein besonderes Problem der Forschung dar. Sowohl von den zeitgenössischen Kritikern als auch in den aktuellen Kommentaren über die Gesellschaft am Hofe wird eine sexuelle Freizügigkeit konstatiert, die Mann und Frau als sozial gleichrangig erscheinen läßt (vgl. Elias 1990a: 292,396). Der bürgerliche Literat J.Chr.Günther (1990) stellt im Jahre 1719 nicht nur empört fest, daß man bei Hofe "nur auf Mittel [sinnt], Einander klug zu hintergehen [...und] stündlich an den Titel flickt" (Günther 1990: 65). Vielmehr kritisiert der Dichter, daß "die Weiber (...) gar ausgelassen" (ebd.: 66) sind:

"Sie tun es frei beim Mondenschein,
So hitzig, daß auf allen Gassen
Die Pflaster ausgeritten sein (...).
Die Männer folgen dem Exempel,
Kaum riecht was Junges in die Stadt[36],
So läuft man plötzlich aus dem Tempel,
Zu sehn, wie viel es Keuschheit hat" (Günther 1990: 66).

---

[36] Hier ist unter anderem die spezifische Land- und Naturromantik erkennbar, wie sie nicht nur im Roman La Roches' hervortritt. Der städtisch-höfischen Lebensweise wird das Ideal der reinen Naturverbundenheit entgegengestellt (vgl. Elias 1990a: 380ff.).

Der dem Hofe näherstehende Naturrechtler Thomasius emanzipiert hingegen das sogenannte lasterhafte Verhalten der Menschen von seiner Natur- und Gotteswidrigkeit, die letztlich mit der bürgerlichen Kritik angesprochen wird. Gegenüber den "blutleeren Begrifflichkeiten, mit denen [z.B.] Christian Wolff Ehe und Geschlecht abhandelt" (Buchholz 1988: 123), steht die sinnenfreudige Haltung des Thomasius. Er gesteht den Eheleuten "'alles erdenckliche Vergnügen [ein], das der Vernunfft nicht zuwieder ist'" (zit.n.Buchholz 1988: 123).

Im folgenden soll die spezifische Verknüpfung von Sexualverhalten, höfischem und bürgerlichen Normenkanon mit der Geschlechter- und Ehebeziehung vor dem Hintergrund einer sich 'pazifizierenden' Gesellschaft aufgezeigt werden. Die in dieser Zeit zahlreich erscheinende Literatur zeigt nicht nur, daß die Ehe- und Geschlechterbeziehung nach wie vor als ein permanentes Problem betrachtet wird. Sie zeigt darüber hinaus erste literarisch-erotische Emanzipationsversuche von gebildeten Frauen, die in ihrer "Signalwirkung" (Joeres 1985: 113) nicht zu unterschätzen sind und die, verglichen mit der Restauration voraufklärerischer Zustände im 19. Jahrhundert, radikale Neuanfänge markieren.

II.3.2 Scham und Peinlichkeit

Das Leben am Hofe läßt erkennen, daß im Zuge der 'Pazifizierung' zwar neue Potentiale der Selbstdarstellung mobilisiert werden, zugleich jedoch ein vergleichsweise gering ausgeprägtes Scham- und Peinlichkeitsempfinden anzutreffen ist. Die Nutzfunktionen körperlicher Verrichtungen sind noch stark mit Prestige- und Herrschaftsfunktionen verbunden und werden offen demonstriert, um die gesellschaftliche Vorrangstellung zu unterstreichen:

> "Die ständige Verfügung über eine Menschenschicht, deren Gedanken der Herren-
> schicht völlig gleichgültig sind, bringt es mit sich, daß die Menschen dieser
> Herrenschicht sich unvergleichlich viel unbekümmerter, etwa beim An- und
> Auskleiden, aber auch im Bade und selbst bei anderen intimen Verrichtungen vor
> anderen Menschen nackt zeigen, als das in der Gesellschaft ohne solchen breiten
> Unterbau von Dienstboten der Fall ist" (Elias 1990a: 77).

Dennoch differenziert sich allmählich die Verdeckung und Schambesetzung der Körperlichkeit schichtenspezifisch aus: zwischen Gleichrangigen wird es nicht nur zusehends bedeutsamer seine Affekte zu 'verstellen', sondern auch, körperliche und visuelle Distanz zu schaffen. Sich den Blicken und Berührungen des anderen zu entziehen, um nicht zuletzt seine gesellschaftliche oder auch sexuelle Begehrlichkeit zu steigern, steht fortan für eine "neue Scham, ein neues Bemühen, bestimmte

Körperteile und bestimmte Körperfunktionen wie die der Ausscheidung zu verbergen" (Ariès 1984b: 15)[37].

Dieser Verdeckungsschub wird auch am gewandelten Eheschließungsritual deutlich. Die Jungvermählten werden nicht mehr öffentlich zu ihrem Bett geleitet, um den Vollzug der Hochzeitsnacht zu symbolisieren (vgl. ebd.: 19). Im Gegenteil: eindeutige und gewaltvolle sexuelle Szenen, die zum Beispiel im Nibelungenlied noch akzeptiert sind, werden jetzt negativ sanktioniert bzw. tabuisiert (vgl. La Roche 1983: 222). Schamempfinden bedeutet dabei, daß, wenn die "eigenen Verrichtungen dem Anblick anderer ausgesetzt sind" (Elias 1989a: 89), Angstgefühle "vor der sozialen Degradierung [...und] den Überlegenheitsgesten" (Elias 1989b: 397) anderer geweckt werden. Dieser Konflikt abweichenden Verhaltens ist

> "nicht nur ein Konflikt des Individuums mit der herrschenden, gesellschaftlichen Meinung, sondern ein Konflikt, in den sein Verhalten das Individuum mit dem Teil seines Selbst gebracht hat, der diese gesellschaftliche Meinung repräsentiert" (ebd.: 398).

Die Angst davor, gesellschaftliche Verbote und Etikette zu verletzen, ist im höfischen Gesellschaftsgefüge so stark ausgeprägt, weil ihre Durchbrechung das "Zerbrechen ihres Charakters als Aristokratie" (Elias 1990a: 134) bedeutet. Peinlichkeit entsteht dagegen, wenn man mit bestimmten Verrichtungen anderer konfrontiert ist (vgl. Elias 1989a: 89):

> "Peinlichkeitsgefühle sind Unlusterregungen oder Ängste, die auftreten, wenn ein anderes Wesen die durch das Über-Ich repräsentierte Verbotsskala der Gesellschaft zu durchbrechen droht oder durchbricht" (Elias 1989b: 404).

Diese Gefühle werden im zivilisatorischen Prozeß umso stärker entwickelt, je mehr Zurückhaltung insgesamt verlangt wird. Das menschliche Empfinden gegenüber Abweichungen in der Trieb- und Affektzurückhaltung sensibilisiert und verfeinert sich (vgl. ebd.: 405); die Schattierungen und Nuancen differenzieren sich aus. Die Beziehungen zwischen den Geschlechtern stellen für diesen Schub ein erkennbares Merkmal dar. Zwar sind nach wie vor Ehebruch, Polygamie und sexuelle Freizügigkeit als Indikatoren für die in der sozialen Realität geringer verinnerlichte Religiosität zu verstehen (vgl. Mikat 1988: 56ff.). Zugleich wird es aber nötig, Liebschaften vergleichsweise geheim zu halten, um den nach außen repräsentierten sittlich-moralischen Anspruch der Überlegenheit über das als 'vulgär' geltende Untertanenvolk zu wahren. Die Sexualität verlagert sich hinter die 'Kulissen' der Gesellschaft:

---

[37] So ermahnt Wolff die Menschen, sich rang- und standesgemäß zu kleiden: "Über dieses haben die Kleider noch einen anderen Nutzen, daß sie nemlich diejenigen Gliedmaßen des Leibes bedecken, durch welche man leicht zur Geilheit gereizet wird (...)" (Wolff 1976: 336).

> "Aber gemessen am Standard der Triebregelung in der bürgerlichen Gesellschaft
> selbst ist dennoch die Verdeckung, die Einklammerung der Sexualität im gesell-
> schaftlichen Verkehr, wie im Bewußtsein während dieser Phase relativ gering"
> (Elias 1989a: 244).

Es wird noch unverdeckt über Sexuelles und Körperliches gesprochen; Wollust,
Lüsternheit und "Geilheit" (Wolff 1976: 336) werden direkt benannt (vgl. La Roche
1983: 93). Die Entblößung eines Mannes gegenüber einer sozial unterlegenen Frau
ist ebenso legitim wie die generelle Tolerierung, sich bei der Verrichtung von
Körperlichem gegenüber Rangniederen nicht zurückzuhalten. Mehr noch zeugt
diese Verhaltensweise von einem besonderem Wohlwollen des Herrschers gegenüber dem Untertanen, steht sie doch im "Einklang mit seiner geringeren, funktionalen Abhängigkeit von den niedriger Rangierenden [und löst] noch kein Gefühl der
Unterlegenheit oder Beschämung aus" (Elias 1989b: 403). Dieses Verhalten gilt
jedoch umgekehrt als eine unstandesgemäße Respektlosigkeit (vgl. ebd.: 403,
1990a: 77).

> "Erst sehr allmählich breitet sich dann eine stärkere Scham- und Peinlichkeits-
> belastung der Geschlechtlichkeit und eine entsprechende Zurückhaltung des
> Verhaltens mehr oder weniger gleichmäßig über die ganze Gesellschaft hin aus"
> (Elias 1989a: 245).

Sie findet ihre geistigen Vorläufer in der Kritik der frühbürgerlichen Mittelschichten des 18. Jahrhunderts und zeigt, daß die Vorstellung einer platonischen Beziehung zwischen den Geschlechtern ihren unmittelbar triebhaften und gewalthaften
Aspekt verdrängt (vgl. Schröter 1985: 397).

II.3.3 Eherecht und Eheideal

Die Frage nach der gesellschaftlichen Stellung der Frau in den höfischen
Oberschichten ist nach wie vor nicht eindeutig zu beantworten. Während Elias und
Schröter von einem relativ großen Machtzuwachs der Frau ausgehen, der unmittelbar mit der Sanktionierung des triebhaften und gewalthaften Charakters in den
sozialen Beziehungen verknüpft ist, versucht L.L.Schücking (1974) eine tradierte
Frauenverachtung aufzuspüren, die sich hinter der höfisch galanten Geschlechterbeziehung verbirgt (vgl. Schücking 1974: 49; vgl. Elias 1989a: 252ff., 1989b: 108;
vgl. Schröter 1985: 173f.,397f.). Auch in der zeitgenössischen Literatur werden
diese gegensätzlichen Implikationen über die Geschlechterbeziehung verdeutlicht.
Schücking erkennt, daß im 18. Jahrhundert die Ehe zunächst in eine grundsätzliche
Krise gerät und einen Popularitätsverlust erleidet, so daß vielfältig konkurrierende
Ehevorstellungen vorherrschen (vgl. Schücking 1974: 49; vgl. Honegger 1991:
18f.,22). So stellt auf der einen Seite die verkrustete Ehegesetzgebung des aufgeklärten Absolutismus eine aufschlußreiche Quelle dar, während die Romane der

adeligen, von sozialem Abstieg bedrohten, Mittelschichten auf der anderen Seite ein spezifisches Eheleitbild favorisieren. Es ist gegen die vermeintliche höfische Frivolität und Versachlichung in den sozialen, sexuellen und ehelichen Beziehungen gerichtet.

Die Ehe gilt nach wie vor in den oberen Schichten als eine Verbindung, durch die die gesellschaftlichen und machtpolitischen Interessen der Familien verfolgt werden. Die Ehevergabe und der Generationenkonflikt stehen hier im Zentrum der Auseinandersetzungen und zeigen die innerfamiliäre hierarchische Machtbeziehung an.

> "Die Ehe interessiert zunächst die Erzeuger als Wächter über die Interessen der Ihren. Von daher sind die Adligen besonders darauf bedacht, die Entscheidung nicht allein dem Willen der Ehegatten zu überlassen" (Muchembled 1990: 306).

Auch die väterliche Sanktionsgewalt bleibt in ihrem materiellen Charakter unverändert groß. Die weit verbreiteten heimlichen Eheschließungen der Brautleute, die sich so dem familiären und äußerlichen Zugriff zu entziehen versuchen, werden nach wie vor mit Enterbung oder Verstoßung des Paares geahndet. Was sich ändert, ist die Orientierung an neuen Verhaltensstandards. So wie auch die Eheschließung fortschreitend ihre gewalthaften Züge verliert, indem zum Beispiel eine Frau nicht mehr geraubt werden darf, mildert sich auch das väterliche Autoritätsverhältnis ab. Die Handlungsspielräume der Kinder vergrößern sich beispielsweise auf der normativen Ebene, indem individuelle Prioritäten in der Partnerwahl berücksichtigt werden. Ein Fall, in dem etwa die töchterliche Abwehr gegen eine Eheschließung begründet sein kann, ist das bis heute bekannte Zerrüttungsprinzip. Die 'Widerwärtigkeit' und charakterliche Unvereinbarkeit der Eheleute kann hier einen Ehehinderungsgrund bzw. einen Grund der Ehescheidung darstellen (vgl. D.Blasius 1988: 77; vgl. Mikat 1971: 827).

Dennoch gilt es, ständische Ehegesetze zu berücksichtigen, da die Eigenwilligkeit, außerhalb des Standes zu heiraten, mit materiellem und gesellschaftlichem Druck gestraft wird (vgl. Wehler 1987: 147; vgl. La Roche 1983: 33,193). Die Tochter hat demnach paradoxerweise "noch nicht die Freiheit der Weigerung (...), sondern nur die, um freie Willensentscheidung zu bitten" (Schücking 1974: 52). Sofern sie voraussehen kann, daß sie künftig ihren ehelichen Pflichten nicht nachzukommen vermag, ist zu erwarten, daß ihr Wunsch berücksichtigt wird. Daß aber nach wie vor heimliche Eheschließungen und die Flucht als Auswege für die Tochter oder den Sohn bestehen, zeigt die in der Realität dominierende Autorität des Brautvaters, Vormundes oder Landesherren (vgl. ebd.: 51ff; vgl. La Roche 1983: 193).

Das "Allgemeine Landrecht für die Preußischen Staaten von 1794" (= ALR 1970) verdeutlicht die ambivalenten Versuche, die "brennende Frage" (Muchembled 1990: 307) der Eheschließung zu lösen. Die Gesetzgebung reagiert dabei auf eine Krise, die durch ein "zu zähes Festhalten an alten Vorrechten auf der

einen, Lockerung der religiösen Bande, spätes Heiratsalter, wachsender Freiheits-
trieb auf der anderen Seite" (Schücking 1974: 52) gekennzeichnet ist. Wehler
umreißt diese 'Zählebigkeit' der adeligen Vorrechte in der Ehegesetzgebung des 18.
Jahrhunderts. Als ideale Ehe wird demnach die zwischen ebenbürtigen Adeligen
angestrebt. Sie beinhaltet die vollwertige Rechtsgleichheit der Eheleute und die
legitime Erbfolge der ehelichen Kinder (vgl. Wehler 1987: 147).

Unebenbürtige Ehen zwischen Hochadeligen und Ritteradeligen, zwischen
niederem Adel und Bürgertum gelten als morganatische "Ehe(n) zur linken Hand"
(ebd.: 147). Sie bergen - analog zur Friedelehe des Mittelalters (vgl. II.2.3.3) - die
Möglichkeit, daß der Rangniedere nicht in den Rang, Stand und Titel des gesellschaftlich überlegenen Partners aufsteigt (vgl. Wehler 1987: 147; vgl. ALR 1970:
372). Gleichzeitig folgt die standesniedere Partnerin in einer morganatischen Ehe
jedoch der Gerichtsbarkeit des Partners. Sie unterliegt zwar nicht dem Zugriff ihres
Gatten, sondern verbleibt wie eine unverheiratete volljährige Frau der Obhut ihres
Vaters, solange er sie nicht daraus entläßt (vgl. ALR 1970: 373,390). Sie wird aber
von ihrem Gatten ihrem Stande gemäß unterhalten und geht somit nicht in die
eheliche Gütergemeinschaft ein.

Während die standesungleiche Eheschließung, wie auch die gegen den
Willen der Brautleute geschlossene Ehe, offiziell untersagt ist, besteht durch die
rechtliche Absicherung der morganatischen Ehe ein Freiraum, um die Privilegien
der Oberschichten zu wahren (vgl. Mikat 1988: 26f.). Vielfach kann der landesherr-
liche Dispens dazu beitragen, daß die materielle und gesellschaftliche Vorrangstellung des Mannes gewahrt oder verbessert wird, während die der Frau sich
verschlechtert. Der Rezipient trifft häufig bei morganatischen Ehen auf Mätressen,
die zur 'linken Hand' geehelicht werden, um die sexuellen Bedürfnisse des höherstehenden Adeligen oder Königs zu befriedigen. Die Familie der Frau mag dieser
Ehe nicht zuletzt deshalb zustimmen, weil ihre eigenen politischen und gesellschaftlichen Belange, ihre Geschäfte am Hofe, dadurch begünstigt werden können.
Im Roman des 'Fräulein von Sternheim' wird dieses gängige Modell deutlich (vgl.
La Roche 1983: 80,92, 101,111).

Die reformerische Ehegesetzgebung des Absolutismus zeigt eine verinnerlichte Religiosität unter gleichzeitiger Wahrung der ständischen Privilegien.
Polygamie, Ehebruch und unstandesgemäße Ehen werden soweit verurteilt bzw.
geduldet als sie der eigenen Position im gesellschaftlichen Gefüge nützlich sind.
Elias konstatiert zum Beispiel, daß der fürstliche Herrscher sich gleichermaßen um
seine ehelichen und unehelichen Kinder kümmert, öffentlich Ehen zur linken Hand
mit Mätressen führt, weil die "Beschränkung der sexuellen Beziehung auf die Ehe"
(Elias 1989a: 253) als bürgerlich und unstandesgemäß gilt (vgl. ebd.: 251ff., 1990a:
183,301,396f.). Die religiösen und naturrechtlichen Fundamente der Gesetzgebung
favorisieren jedoch die monogame Dauergemeinschaft und sind als Konzession an
die nachrückenden, dem Hofe kritisch und abhängig gegenüberstehenden Schichten
zu verstehen. Die güterrechtlichen Aspekte werden beispielsweise in den Vordergrund der Ehegesetzgebung gestellt. Verglichen mit dem Problem der inzes-

tuösen oder polygamen Verbindungen gilt ihm weit größere Aufmerksamkeit (vgl. ALR 1970: 347-368). Unbemittelte, Kriminelle, sogenannte 'lasterhafte' Menschen, die wegen sittlicher Verfehlungen wie zum Beispiel Trunkenheit und 'Liederlichkeit' moralisch angezweifelt werden, unterliegen ebenso einem Heiratsverbot wie schuldhaft Geschiedene und Kranke (vgl. ebd.: 347).

Um eine Ehe normgerecht zu führen, wird nicht nur auf die materiellen Voraussetzungen geachtet, die es ermöglichen, standesgemäß versorgt zu werden. Auch immaterielle Güter wie die 'Glückseligkeit', die letztlich besonders durch die freiwillige Eheschließung möglich ist, werden ausdrücklich vorausgesetzt: "Ohne die freye Einwilligung beyder Theile ist keine Ehe verbindlich" (ebd.: 346). Um der unter Zwang, Nachstellung, Gewaltandrohung, Angst oder Betrug erzwungenen Ehe erfolgreich zu begegnen, wird der Konsens zwischen beiden Brautleuten festgeschrieben (vgl. ebd.: 347). Gleichzeitig wird die Härte dieses Gesetzes gemildert, indem die Ehe nach Ablauf von sechs Wochen und fehlendem Widerspruch vollgültig werden kann. In welcher Form dabei der Widerspruch der ohne männlichen Beistand rechtlosen Frau beispielsweise dazu führen kann, daß die Ehe annulliert wird, stellt sich als ein faktisches Problem dar. Die gewaltsam entführte Braut kann zum Beispiel solange versteckt werden, bis die verstrichene sechswöchige Frist die Ehe zu einer anerkannten werden läßt (vgl. ebd.: 346; vgl. La Roche 1983: 193).

Die sittlichen Vorgaben der reformulierten und weiterentwickelten Naturrechtslehre finden im ALR ebenso eine Fortführung und verdeutlichen, daß die "bis zum Fetischismus gesteigert(e)" (Wehler 1987: 147) materielle und ständische Eherechtsgebung die kulturellen Gebote der Zeit berücksichtigen muß. Die extremen Gesetze erklären sich für Wehler aus der "soziopolitischen Machtkonstellation eines Adels, der sich allenthalben angezweifelt, schneidender Kritik und anhaltendem Legitimationsdruck ausgesetzt sah" (ebd.: 149). Im ALR wird der Ehebruch, die Sodomie, die Verletzung der ehelichen Pflichten, wie zum Beispiel Untreue, das 'bösliche' Verlassen, das Unvermögen oder die Weigerung, sich den sexuellen Zwecken der Ehe zu unterziehen, als Scheidungsgrund für beide Eheleute formuliert (vgl. ALR 1970: 367f.; vgl. Wolff 1975: 16ff.). Die Frau erlangt somit eine weitreichende Möglichkeit, sich den Lasten der Ehe zu entziehen. Gerade Frauen sind in der rechtlichen Wirklichkeit die häufigsten Klägerinnen und nutzen diesen "Fallstrick männlicher Eheautorität" (Blasius 1988: 69), der allerdings im 19. Jahrhundert zurückgenommen wird.

Im 18. Jahrhundert besteht für die Frau jedoch einzig in der Stillzeit die Möglichkeit sich der 'Beischlafspflicht' zu entziehen, so daß die Widersprüchlichkeit ihrer Rechtslage nicht nur hier deutlich wird. Ob der Geschlechtsverkehr während der Stillzeit als widernatürlich gilt, oder ob hier nicht vielmehr die Fortpflanzung gewährleistet werden soll, wird nicht beantwortet. Der Rezipient entdeckt allerdings eine eigentümliche Neuauflage der mittelalterlichen Ehe- und Sexualgebote (vgl. II.2.4.2). Der aus reiner Lust verfolgte Beischlaf wird denn auch von Wolff verworfen und der Polygamie in ihrer Naturwidrigkeit implizit gleichgestellt. Aber anders als noch bei Thomas von Aquin wird vom Ehestand nicht mehr als göttlicher Institution, sondern als natürlicher, vom Menschen geschaffener Einrichtung gesprochen. Die Ehe erscheint somit als vernunftgemäße Einrichtung in der menschlichen Gesellschaft. Th.G.von Hippel stellt zum Beispiel fest:

> "Heirathen heißt, sich einen Grund anschaffen, und im Kaufcontrackt sich ver-
> bindlich machen (...)" (ebd.: 110).

Es wird offen zugestanden, daß Eheschließungen mehrere Absichten erfüllen. Der materielle Aufstieg ist dabei ein legitimer Grund, zu heiraten und steht neben dem der Versorgung unehelicher Kinder. Um den geeigneten Rahmen zur Kindererziehung zu bieten, rät Wolff zur Ehe:

> "Unter die einfachen Gesellschaften gehöret demnach der Ehestand, welche Mann
> und Weib mit einander aufrichten, um Kinder zu erzeugen und zu erziehen"
> (Wolff 1975: 10).

Es ist seiner Ansicht nach in der sozialen Realität für einen Mann unmöglich, mehrere Frauen zu versorgen, wie umgekehrt die Polyandrie die eindeutige Vaterschaft nicht erkennen lasse (vgl. ebd.: 28ff.). Wolff macht praktische Gründe geltend und verdeutlicht die rationalisierte Ehevorstellung einer Zeit, in der eine sittliche Erneuerung von den Mittelschichten ausgeht, deren Stoßrichtung gegen die sexuellen und materiellen Privilegien des Hofes gerichtet ist (vgl. M.Erle 1952: 260ff.; vgl. Schücking 1974: 39ff.).

> "So ist es der Vernunft gemässer, daß der Ehestand lebenslang daure und die
> Gesellschaft nicht anders als durch den Todt getrennet werde, als daß Ehe-Leute
> noch bey Lebenszeiten sich scheiden wolten" (Wolff 1975: 32).

Obgleich durch die naturrechtliche Auffassung die Ehe 'humanisiert' wird, indem der Mensch in den Mittelpunkt der Betrachtung rückt, tradiert sich eine irrationale Auffassung über die sexuelle und sittliche Verfaßtheit der Menschen und über die grundlegende Geschlechterbeziehung. Die hier entwickelte Auffassung über die Machtverteilung zwischen den Geschlechtern bricht schließlich in ihrer Zwanghaftigkeit im bürgerlichen Zeitalter vollends durch. Die lustvollen Aspekte der Sexualität werden zum Beispiel verworfen und zeigen eine Analogie zu den scholastischen Kirchenvätern: die Ehe ist für Wolff mit einer "empfindliche(n) Lust verknüpffet (...) wodurch so wohl Mann als Weib zum Beyschlaffe gereizet werden" (Wolff 1975: 10). Der 'vernünftige' (d.h. enthaltsame) Umgang mit den sexuellen Trieben ist dabei das erklärte Ziel der pädagogischen Unterweisungen Wolffs. Sie sollen letztlich dazu dienen, die sittliche und damit gesellschaftliche Integrität zu wahren, indem der einzelne vor übler Nachrede und Lasterhaftigkeit geschützt wird (vgl. ebd.: 20ff.).

Die soziale Wirklichkeit am Hofe läßt hingegen vermuten, daß sich die Ehe- und Geschlechterbeziehung problematisch gestaltet. Wenngleich die Vergewaltigung sanktioniert ist und der Frau eine soziale Machtressource erwächst, zeigt sich eine neue, differenziertere Konfliktlage (vgl. Elias 1989a: 253). Das Leben ist in dieser Zeit in weit größerem Maße auf die öffentliche Repräsentationspflicht ausgerichtet. Sie fällt für den Mann und die Frau gleichsam beengend aus, so daß der Handlungsspielraum innerhalb der Geschlechterbeziehung eine eigentümliche Distanz und Kontrolle zugleich indiziert. Mißtrauen und die skeptische Bewertung der Ehe "als eine Falle und ein Fluch der Liebe" (Schücking 1974: 39) kennzeichnen die Kontinuität der ehelichen Machtproblematik. Die Ehe 'erniedrigt' nicht nur die Geliebte zur Ehefrau, sondern wird grundsätzlich als "Stätte der Zwietracht" (ebd.: 43) gesehen und läßt den Eheleuten somit keinerlei Möglichkeit, ein harmonisches Verhältnis aufzubauen. Sie gerät vielmehr in das Zentrum literarischer Kritik, so daß der starke Problemdruck deutlich wird, der auf dieser Form der Geschlechterbeziehung lastet. Die Eheauffassung impliziert dabei für Schücking in ihrer Doppeldeutigkeit die "ganze Frivolität einer Gesellschaftsklasse, die allen Zusammenhang mit bürgerlichen Ehrbarkeitsvorstellungen verloren hat" (ebd.: 39).

Während die bürgerliche Geschlechterbeziehung eine harmonische und platonische Seelenverwandtschaft der Eheleute idealisiert, kulminiert die höfische Frivolität und 'Verlogenheit' in der Figur des intriganten 'Bösewichts' und 'Kavaliers'[38], dem es darum geht, sich die Schwächen anderer für die eigenen Absichten zunutze zu machen. Einer höfischen Dame ist zum Beispiel die diskrete Überspielung ihrer wahren Gefühle anempfohlen, um gesellschaftlich zu dominieren. Während die ehebrecherischen Beziehungen des Gatten als unvermeidlich legitimiert werden, gilt für die Frau, daß sie ihre Affekte unter dem Mantel der Diskretion, Großmut und Souveränität bewältigt (vgl. Schücking 1974: 40).

Schücking und Honegger konstatieren, daß die Ehe im 18. Jahrhundert als Lebensform in den gebildeten bürgerlichen und adeligen Schichten einen großen Popularitätsverlust erleidet, so daß ein großer Hang zur Ehelosigkeit besteht (vgl. Schücking 1974: 47; vgl. Honegger 1991: 18f.,22). Die höfische Vorstellung bleibt dagegen im allgemeinen der zweckrationalen, nüchternen Betrachtung verhaftet und zeigt den Kavalier, der "Zartheit und Rücksicht nur in dem ihm einzig romantisch erscheinenden Verhältnis zu der Frau, um die er wirbt" (Schücking 1974: 47), kennt. In der Ehe scheint die problematische Machtbalance zwischen den Geschlechtern nach wie vor ungleichgewichtig auszufallen, indem hier die Rücksichtnahme und Einfühlsamkeit des Gatten als unangemessen verworfen wird: "in der

---

[38] Paradigmatisch ist zum Beispiel die Figur des Lord Derby im Roman La Roches', der die für den Fürsten bestimmte tugendhafte "Rose" (La Roche 1983: 101) Sophie zu 'brechen' versucht. Der Antipode wird als intrigant konzipiert, indem man ihn sagen läßt: "allem meinem Verstand ist aufgeboten, ihre schwache Seite zu finden" (ebd.: 101).

Ehe noch zarte Empfindungen gelten zu lassen, erscheint ihm dagegen als weich-
lich, sich mit unverständigen Kindern abzugeben aber als schwachgeistig" (ebd.:
47).

Ob diese "Menschen (...) für einfache Freuden zu denaturiert" (ebd.: 47)
sind, kann hier nicht interessieren. Die gebildeten Mittelschichten - und darunter
vor allem die Frauen - stellen gerade die sogenannte "hedonistische() Lebensan-
schauung" (ebd.: 43), die Müßiggang, oberflächliche Geselligkeit und galante
Unterhaltung zum Inhalt hat, in Frage (vgl. Honegger 1991: 31f.; vgl. La Roche
1983: 80,109). Aber gegen die "Brutalität, die sich als Vornehmheit gebärdet"
(Schücking 1974: 49), wird ein sinnenfeindliches, pietistisches Weltbild gesetzt, das
nicht weniger beklemmend gewesen sein mag (vgl. Buchholz 1988: 119; vgl.
Schücking 1974: 57).

Der Briefroman über die "Geschichte des Fräulein von Sternheim" (La
Roche 1983) führt exemplarisch die oppositionelle Haltung der erstarkenden
landadeligen und bürgerlichen Mittelschichten vor. Er zeigt ein ambivalentes
Potential, das emanzipative und restriktive Züge zugleich aufweist, die im folgenden näher untersucht werden. Die in diesem Roman artikulierte Kritik an der
ständischen Eheschließungspolitik verdeutlicht zum Beispiel den gesellschaftlichen
Druck, der im 18. Jahrhundert auf den einzelnen Adelshäusern lastet. Den sanguinen Qualitäten des Erbadels wird hier die radikale Möglichkeit entgegengehalten,
durch die erworbenen Qualitäten einer tugendhaften Lebensführung die geburts-
ständische Herkunft zu kompensieren: so klagt beispielsweise der tragisch anmutende Held im ersten Teil des Romans über die Geliebte: "'Warum bestreiten die
Vorzüge deiner Geburt die edle, die zärtliche Neigung meines Herzens?'" (La
Roche 1983: 26). Die Ehe der Liebenden kann dennoch geschlossen werden, weil
erkannt wird, daß "das Verdienst des rechtschaffenen Mannes (...) so viel Wert
haben [kann] als die Vorzüge des Namens und der Geburt!" (ebd.: 26).

Diese Verbindung bleibt jedoch als Mißheirat umstritten und stellt den
Ausgangspunkt der Leidensgeschichte der Protagonistin Sophie dar. Der gesellschaftliche Ruf, den der Sprößling dieser 'Mißallianz' erlangt, bietet nicht zuletzt
eine Angriffsfläche für intrigante Höflinge. So wie auch die Schwester der Braut
diese Liebesheirat als unglückselige 'Verschleuderung' auffaßt, weil dadurch der
Eindruck entstehen könne, daß "Heirathen außer Stande" (ebd.: 32) leichtfertig
praktiziert werden, so scheint die Tochter dieser Ehe am Hofe das unglückliche
Opfer der öffentlichen Meinung zu werden. Sie kann nicht zuletzt angegriffen und
instrumentalisiert werden, weil sie durch die "Mißheirat ihrer Mutter" (ebd.: 193)
keine Macht und keinerlei Respekt beanspruchen kann. Der "Frauenjäger" (Schük-
king 1974: 56) und Intrigant Lord Derby stellt beispielsweise fest, Sophie "verdiene
ohnehin nicht, daß man für sie die nämliche Achtung trüge als für eine Dame" (La
Roche 1983: 193), so daß seine Nachstellungen legitim und einfach erscheinen
können.

Gleichzeitig zeigt sich aber sein 'Erschauern' vor dem als tugendhaft
stilisierten Charakter der Sophie, die sich in ihrer randständigen Position auf eine

distanziert kritische Betrachtungsweise zurückziehen kann. Während die größere Abhängigkeit ihres Onkels und Vormundes ihn dazu veranlaßt, seine Nichte Sophie als Mätresse des Fürsten zu 'opfern', kann Sophie selbst eine relativ autonome Position behaupten (vgl. ebd.: 80,101,111). Es gelingt ihr zwar, sich den Plänen ihrer Verwandten zu entziehen, sie kann dieses jedoch nur erreichen, indem sie sich der Obhut eines Mannes anvertraut. Zu stark ist noch der gesellschaftliche Druck, der eine Waise als Opfer höfischer 'Lüstlinge' und 'Bösewichte' erscheinen läßt. Einzig ihre 'Tugend' der Schicksalsergebenheit, Demut und des Mitleides kann Sophie triumphieren und über die höfische Kunst der Verstellung obsiegen lassen. Der Rezipient kann hier nicht nur das erstarkende Selbstbewußtsein des verarmten randständigen Landadels, sondern auch das der Frauen erahnen. Die Ehe[39] und die untergeordnete Stellung der Frau kann zum Beispiel kritisiert werden, wie auch letztlich die Protagonistin überlegen bleibt, indem sich ihre 'echte' Überzeugung und ihre Aktivität als Quelle der Macht darstellen, um die rein 'künstlichen' Tugenden des Lord Derby zu entlarven. Sophie gelingt es trotz einiger Rückschläge, die gleichsam eine Prüfung ihrer charakterlichen Festigkeit bedeuten, ihren selbständigen Tätigkeiten nachzugehen. Sie erscheint zum Beispiel entgegen den vergleichbaren Heldinnen Rousseaus nicht als ohnmächtige, passive und hilflos ausgelieferte Frau, sondern zeigt offen und selbstbewußt ihre eigenwillige Meinung und ist sogar fähig, sich mit Geschick aus ihrer Lage zu befreien (vgl. Joeres: 100). Dies gelingt ihr jedoch nur soweit, als sie sich dem fordernden Zugriff des Lord Derby zu entziehen vermag.

"Die leidenschaftliche Liebe wird als die Bedrohung der Heldin gesehen, die als Frau die sexuellen Triebe zu kanalisieren und zu sublimieren hat. Damit wird zwar die moralische [und sittliche] Überlegenheit der Frau konstatiert, zugleich aber im Sinne der Doppelmoral der Zeit ihr die Verantwortung für die Tugend, besonders im Bereich der Liebe, zugeschoben" (La Roche 1983: 403).

Um ihre neuartige Eigenständigkeit[40] als Waise zu behaupten, sucht die Protagonistin Halt in ihren moralischen Werten, so daß sie schließlich durch den 'ebenbürtigen' Charakter des Lord Seymour zu ihm als Lebensgefährtin findet. Joeres umreißt treffend die Ambivalenz, die diesem ersten Frauenroman anhaftet, der einen "wachsenden Einflu(ß) weiblicher Autoren auf die deutsche Prosaliteratur" (Joeres 1985: 113) indiziert. Wenngleich die Institution der Ehe nur reformiert wird und ihre gewalthaften Züge der Liebe, Achtung und dem Respekt der Ehegatten

---

[39] Es ist als relativ weitreichend einzuschätzen, daß in einem Gespräch zwischen der freiheitsliebenden und umworbenen Witwe und der tugendsamen Sophie die Ehe als 'Joch' der Frau charakterisiert werden kann: die erfahrene Witwe weigert sich erneut zu heiraten und bleibt davon überzeugt, daß sie ihre "Freiheit geniessen [will], die [sie] durch so viele Bitterkeit erkaufen mußte" (La Roche 1983: 254).
[40] Sophies Eigenständigkeit wird zum Beispiel folgendermaßen deutlich. "Du hast den Geist deines Vaters (...). Du bist nun dir selbst überlassen, und fängst den Gebrauch deiner Unabhängigkeit mit Ausübung der Wohltätigkeit an deiner Großmutter an" (La Roche 1983: 57f.).

weichen (vgl. Erle 1952: 268ff.; vgl. Wolff 1975: 47ff.), erwächst für die Frau
Selbstbestimmung und Macht. Die sittliche Vorrangstellung der Frau ist hier von
der Selbstzurücknahme des Mannes abhängig, der durch Ehrerbietung und Achtung
den Respekt seiner Frau erlangt.

> "Der Roman endet schließlich doch mit ihrer Heirat, mit dem Kniefall vor einer
> Institution, die die Frau gerade der juristischen und sozialen Abhängigkeit von
> ihrem Mann überantwortet. Sophie handelt - bis auf die letzten Seiten des Ro-
> mans - selbstbestimmt und unabhängig, doch das Ergebnis ihrer aktiv behaupteten
> Unabhängigkeit ist die bereitwillige Aufgabe ihrer Eigenständigkeit (...)" (Joeres
> 1985: 111).

Allein die vom Mann gestattete Erweiterung weiblicher Handlungsspielräume in
der Ehe kann der Frau dazu verhelfen, ihre Eigenständigkeit weiterhin zu wahren:
während ihr erster Gatte, Lord Derby, die Zuneigung seiner Frau riskiert, indem er
sie notfalls ohne ihre Einwilligung zu 'besitzen' versucht (vgl. La Roche 1983:
222), ist die Ehe mit Lord Seymour durch dessen größere 'Zivilisiertheit' spezifisch
freier. "Die Ehe zwingt Sophie somit nicht in die Konformität, in die Rolle, deren
übliche Bedeutung für Frauen darin besteht, im anderen aufzugehen" (Joeres 1985:
113). Im Gegenteil kann Sophie ihrer bisherigen Tätigkeit nachgehen. Positiv und
utopisch formuliert kann die Heldin aktiv ihre Selbstbestimmung einfordern, indem
sie vom Mann Anerkennung erwartet. Sophie beklagt sich beispielsweise über die
mangelnde Sensibilität der Männer, die ihre Frauen mit oberflächlichen Geschenken
wie Schmuck zu erfreuen meinen: sie seien nicht darüber

> "unterrichtet (...), daß unser Geist und Herz auch ihre Bedürfnisse haben, zu deren
> Befriedigung alles Gold von Indien, und alle schönen wollüstigen Kostbarkeiten
> Frankreichs nichts vermögen, weil die wahren Hülfsmittel dagegen allein in der
> Hand eines empfindungsvollen Freundes, und in einem lehrreichen und unterhal-
> tendem Umgang zu finden sind" (La Roche 1983: 280).

Die Protagonistin kann sich soweit von der tradierten Unterwürfigkeit einer Frau
emanzipieren, wie die Interdependenz der Geschlechter neu gestaltet wird. Die Frau
ist nicht nur die Ratgeberin und wertvolle "edle Hälfte" (ebd.: 26) des Mannes,
sondern sie kann ihre Selbstbestimmung zumindest formulieren: so kritisiert die
Heldin die den Frauen auferlegte Passivität und Fremdbestimmung und versucht,
die gesellschaftlichen Zwänge zu durchbrechen:

> "Warum darf ein edeldenkendes tugendhaftes Mädchen nicht zuerst sagen, diesen
> würdigen Mann liebe ich? Warum vergibt man ihr nicht, wenn sie ihm zu gefal-
> len sucht, und sich auf alle Weise um seine Hochachtung bemühet?" (La Roche
> 1983: 284).

Diese Utopie ist jedoch noch auf lange Zeit indiskutabel und undurchführbar. Nicht
nur die Anmerkungen des zeitgenössischen Herausgebers, der den Roman zunächst
zensierte, verdeutlichen die Radikalität des Romans, der das vorherrschende

Geschlechtermodell zu erschüttern droht. Sie zeigen zugleich die gesellschaftlichen Grenzen, die dem literarischen und geistigem Schaffensraum einer Frau auferlegt sind (vgl. ebd.: 253ff.). Im bürgerlichen Zeitalter werden die hier erkennbaren Geschlechterdifferenzen radikal manifestiert. Sie kulminieren in der wissenschaftlichen Überführung des rein biologischen zu einer intellektuellen, charakterlichen und emotionalen Geschlechter- und Verhaltensdifferenz, die noch heute fortwirkt und die Irrationalität der ambivalenten Rationalisierung zeigt.

II.3.4 Zusammenfassung

Die gesellschaftlichen Differenzierungsprozesse des 18. Jahrhunderts zeigen ein Aufstreben der bürgerlichen, gebildeten Mittelschichten gegenüber dem absolutistischen Hof. Mit der Zunahme ihrer gesellschaftlichen Stärke zeigt sich eine beginnende Infragestellung der höfischen Etikette und ihrer 'Kunst' der Verstellung, so daß die 'Echtheit des Gefühls' und die emphatische, romantisch-egalitäre Liebe zum springenden Punkt bürgerlicher Emanzipationsvorstellungen wird. Dabei zeigt sich, daß Mann und Frau gleichermaßen mit neuen Formen der ehelichen Machtverteilung konfrontiert sind. Die ständischen Privilegien des von den Ober- und Unterschichten bedrängten bürgerlich-landadeligen Gebildeten ermöglichen dabei sowohl die Absetzung gegenüber der sachlichen und dadurch als verlogen geltenden Ehepraxis des Hofes als auch gegenüber den 'vulgären' Sitten der Unterschichten.

Obgleich die Frau der landadeligen Mittelschicht der rechtlichen, physischen, ökonomischen und positionalen Superiorität des Mannes unterliegt, erwächst ihr durch ihre intellektuelle Ressource der Macht ein bedeutsames Potential der Individualisierung und Selbstbestimmung. Die Pazifizierungsschübe bringen eine Tabuisierung und Sanktionierung der physischen Gewaltanwendung mit sich, so daß die Vergewaltigung der Frau attackiert wird und als 'Unzivilisiertheit' gilt. Liebe, Zuneigung und Sympathie scheinen als Medium Gewalt und Geld zu überwiegen. Diese Werte schlagen sich in den vergleichsweise relativ egalitären Zügen der Rechtsprechung nieder. Die weiblichen Handlungsspielräume sind erweitert, indem der Frau gleichsam das Scheidungsrecht zugesprochen wird. Sie kann sich von den Lasten der Ehe befreien, indem zum Beispiel nicht nur der Ehebruch, sondern charakterliche Unverträglichkeiten der Ehepartner, Trunkenheit und Mißbrauch als Grund der - von Frauen vielfach eingereichten - Scheidung geltend gemacht werden können.

II.4. Machtbalance in der bürgerlichen Ehe

J.Kocka (1988) konstatiert, daß der Begriff des Bürgertums schwer zu
vereinheitlichen ist, weil er heterogene Aspekte und eigentümliche Widersprüch-
lichkeiten impliziert. Als kulturelle und historische Erscheinungsform und als ein
Machtfaktor, der zunehmend bedeutsamer wird, erlangt das Bürgertum im 19.
Jahrhundert eine Vormachtstellung (vgl. Kocka 1988: 34f.).

Die ökonomischen und sozialen Umwälzungen wie auch die Ausstrahlungskraft der französischen Revolution lassen zunächst eine Aufbruchstimmung
und Emanzipationsbestrebung der unter adeliger Bevormundung stehenden Bürgerlichen entstehen. Die ständischen Ungleichheiten zwischen Adel und Bürgertum
verringern sich und die Revolutionierung der Gesellschaft bringt einen säkularisierten konstiutionellen Verfassungsstaat hervor, der die absolutistische Regentschaft
ablöst (vgl. ebd.: 47). Die Ideen des Liberalismus bestärken die wirtschaftliche
Prosperität und forcieren eine kapitalistische Produktionsweise, so daß sich die
vormals im Kleinen wirtschaftenden Berufsbürger zu einer neuen "nachständischen
Formation" (ebd.: 20) entwickeln.

Auch die ideengeschichtliche Grundlegung der bürgerlichen und zivilrecht-
lichen Gesellschaft, in der die Gleichheit aller fast jeden einzelnen zu Staatsbürgern
erklärt, kennzeichnet die sozio-politischen Merkmale des 19. Jahrhunderts. Die
politischen Errungenschaften des bürgerlich emanzipierten "Menschengeschlechts"
kommen jedoch "größtenteils nur seiner männlichen Hälfte zugute" (ebd.: 44).
Diese Brüchigkeit zeigt, daß auf der ideologischen Ebene, im Gegensatz zu der
ständischen Hierarchisierung der absolutistischen Gesellschaft, geschlechtsspezifische Unterscheidungen in den Vordergrund treten. Sie werden in den Naturrechts-
lehren spezifisch untermauert und zu Kriterien der ehelichen und gesellschaftlichen
Machtverteilung entwickelt (vgl. II.4.2). Die Ungleichheit zwischen den Geschlechtern nimmt im 19. Jahrhundert im politischen, sozialen und rechtlichen Bereich
radikalere Formen an und zeigt, daß die Lockerung ständischer Privilegien nicht
zwangsläufig zu einer Erweiterung der weiblichen Handlungsspielräume führt (vgl.
Kocka 1988: 44f.). Es zeigt sich vielmehr, daß den Frauen der Oberschicht ihre
potentiellen Freiräume genommen werden, indem ihre intellektuelle Machtressource
als natur- und geschlechtswidrig abgewertet und reduziert wird.

Ist es für das erste Drittel des 19. Jahrhunderts noch kennzeichnend, daß
sich der Aufstieg des Bürgertums in der Offensive befindet, zeigt sich durch die
zunehmende Entfaltung des "Industriekapitalismus" (ebd.: 49) und der sozialen
Frage eine Bedrohung der bürgerlichen Oberschicht. Die politisch liberale Gesinnung des Bürgertums schlägt nach den Enttäuschungen der gescheiterten Revolution von 1848 in restaurative nationalstaatliche Tendenzen um und zeigt ein Wiedererstarken der patriarchalischen und autoritären Orientierungen in Politik, Wirtschaft,
Gesellschaft und Recht (vgl. H.Rosenbaum 1982: 314f.). Die Differenzierung der
Gesellschaft verdeutlicht dabei, daß monarchistische und bürokratische Strukturen
mit militärischen Privilegien des 'alten' Schwertadels überformt sind, so daß die

Emanzipation des Bürgertums unvollständig bleibt. Ein eigenes Selbstbewußtsein kann sich im Verlauf der zunehmenden Klassenspannungen des geeinten Reiches nicht in allen gesellschaftlichen Bereichen ausprägen: die um Aufstieg in die "satisfaktionsfähige Gesellschaft" (Elias 1990b: 147) ringenden Wirtschafts- und Bildungsbürger adaptieren den zuvor verworfenen adeligen Ehrenkodex, der durch die Eigentümlichkeit der politischen Entwicklung tradiert und kultiviert wird (vgl. ebd.: 69f.).

So wandelt sich beispielsweise die revolutionäre Aufbruchstimmung der Burschenschaften zur Zeit des Hambacher Festes in antidemokratische Züge, die auf die strenge Formalisierung[41] der korpseigenen Verhaltensstandards konzentriert sind (vgl. ebd.: 118ff.). Exemplarisch wird hier die Brüchigkeit des Pazifizierungsschubes deutlich, der die bürgerliche Praxis des Duellierens als Durchbrechung des polizeilichen und staatlichen Gewaltmonopols erscheinen läßt (vgl. ebd.: 90,94,115).

Das Bürgertum findet in der Ausbildung spezifischer Verhaltensstandards im Berufs- und Privatleben, in der Rationalisierung der Lebensführung und in der spezifischen Ehe- und Sexualmoral ein kulturelles Betätigungsfeld, das die mangelnde politische Partizipation kompensiert. Es ist für das Selbstverständis der bürgerlichen Gesellschaft von entscheidender Bedeutsamkeit und unterstreicht ihre kulturelle Ausstrahlungskraft.

Während sich zum Beispiel in Frankreich die Trennlinie zwischen Bürgertum und Adel allmählich verwischt, zeigt die Entwicklung Deutschlands, daß die Schichtengegensätze hier schärfer ausgeprägt und die Verhaltensvorschriften stärker formalisiert sind (vgl. Kocka 1988: 66,68). Der konstatierbare "moralische Paradigmenwechsel" (Vowinckel 1983: 103) zeigt, daß im Bürgertum die Übereinstimmung von "Gesinnung und äußerer Haltung" (ebd.: 100) angestrebt wird und die höfisch-adelige Etikette der 'Echtheit des Gefühls' weicht. Jedoch anders, als noch die Durchformung der 'edlen Seele' den Menschen in das Zentrum des Weltbildes rückte, bringt das durchgesetzte Rationalitätsprinzip den effizienzorientierten Berufsmenschen hervor (vgl. Rosenbaum 1982: 314). Die Sittlichkeit und Durchformung der Triebstruktur stellt sich weniger als starker Fremdzwang dar, sondern ist als verinnerlichter, zur "(zweiten) Natur" (Vowinckel 1983: 114) geronnener Selbstzwang normativ vorausgesetzt. An die Stelle der oppositionellen romantischen Idealisierung und individuellen Glückssuche tritt die Arrangierung mit dem gesellschaftlich erforderlichen Zwang, sich innerhalb der bürgerlich-ständischen Kultur zu behaupten (vgl. ebd.: 125). Die offensive Infragestellung der adeligen und königlichen Supematie weicht dem Rückzug in die 'private' Welt der Familie. Alle Kräfte werden nun darauf konzentriert, sich im Beruf zu qualifizieren und sich durch Staatsfrömmigkeit auszuzeichnen:

---

[41] Elias weist auf die Doppelfunktion der Formalisierung von Verhaltensweisen hin: sie dient zunächst als Distinktionsmittel zwischen höherstehenden und niedrigstehenden Gruppen. Auch die Gruppen selbst werden in ihrem Zusammengehörigkeitsgefühl und Selbstverständnis bestätigt (vgl. Elias 1990b: 100).

"Der gesellschaftliche Anstand (...) kann (...) nur die Darstellung und Bestätigung
des bestehenden sozialen Gefüges beinhalten [und] die freudige Bejahung der
gegebenen Machtverhältnisse und Rollenbeziehungen" (Vowinckel 1983: 125)
vertreten.

Das Verhalten wird nun auch in dieser Schicht, zeitlich versetzt, dem Stand und
Rang entsprechend nuanciert und verfeinert. Die verstärkte Abschottung gegenüber
den Unterschichten, die Bedeutsamkeit von Titeln und die Distanzierung von
Menschen unterschiedlicher moralischer Gesinnung bringen dieses zum Ausdruck
(vgl. ebd.: 125,127; vgl. Rosenbaum 1982: 310ff.,322). Aber in eigentümlicher
Affinität zum mittelalterlichen adeligen Ehrenkodex und Tugendkatalog steht die
Verinnerlichung der neuen und zugleich alten Werte wie auch die 'freiwillige'
Selbstunterweisung und Gewissensbildung für die Spezifik der bürgerlichen Moralvorstellungen. Zwar werden leidenschaftliche Gefühle als 'Krankheit' diagnostiziert
und unterdrückt, weil die Auffassung vorherrscht, daß sie den einzelnen daran
hindern, den beruflichen Erfordernissen optimal nachzukommen (vgl. Vowinckel
1983: 135; vgl. Elias 1989b: 417). Zugleich zeigt sich jedoch, daß die ständischen
Ehrbarkeits- und Anstandsregeln adaptiert und mit den eigenen Moralvorstellungen
vermischt werden (vgl. Elias 1990b: 152,156ff.). Die "Lustprämie" (ebd.: 147), die
dem einzelnen zukommt, besteht nicht zuletzt darin, den gesellschaftlichen Status,
das Ansehen und die Macht zu steigern.

        Die bürgerliche Machtfiguration zeigt, daß die unmittelbare Gesellschafts-
gebundenheit des einzelnen durch seine öffentliche Tätigkeit hergestellt wird und
"durch den Beruf, durch Geld oder Waren vermittelte() Kontakte" (Elias 1990a: 92)
ermöglicht.

        Die gesellschaftlichen Etikette sind nach wie vor "recht engmaschig und
rigide" (Elias 1990b: 139). Durch die schichtenspezifische Distanzierung und durch
die Entstehung privater Rückzugsmöglichkeiten steht jedoch nicht, wie noch in der
höfischen Figuration, die gesamte Person im Zentrum der gesellschaftlichen
Beobachtung und Kontrolle. Vielmehr wird durch die Aufwertung des entstehenden
Freiraums der Familie die zwischenmenschliche Beziehung der Eheleute bedeutsamer und die Entlastung von den Zwängen der öffentlichen Repräsentation partiell
möglich. Diese Widersprüchlichkeit schicheninterner Distanzierung und Enge
kommt nicht nur in der Wohnanlage des bürgerlichen Ehepaares zum Ausdruck:

"Die Appartements für den Herrn und die Dame des Hauses sind ganz nahe
aneinander gerückt, Symbol und zugleich mitbestimmende Grundlage für die
relative Engräumlichkeit der bürgerlichen Ehe, gemessen an der Weitläufigkeit
der höfisch-aristokratischen" (Elias 1990a: 91).

Darüber hinaus verdeutlicht sich die Enge der gesellschaftlichen Zwänge in der
fortschreitenden Scham- und Peinlichkeitsentwicklung, der Verwandlung von
Fremd- in Selbstzwänge und im Bedeutungszuwachs der individuellen Paarbeziehung selbst (vgl. Elias 1989b: 408,418).

Galt noch zuvor, daß gegenüber der sozial gleichrangigen Ehefrau keine besondere Zurückhaltung geboten ist, so wird jetzt die Affektbewältigung und die "Regulierung der Geschlechterbeziehung" (ebd.: 418) erforderlich. Die schichtenspezifischen Gebote sexueller Zurückhaltung und Keuschheit können nur im Umgang mit Menschen niedriger Herkunft überwunden werden. Die Frauen der Oberschicht unterliegen dabei allerdings weit größer dem Gebot absoluter Keuschheit, während das freizügige Verhalten des Mannes versteckt toleriert wird (vgl. Elias 1990b: 139).

Die geschlechtsspezifischen Gebote verdeutlichen die Spezifik der Machtquellen von Mann und Frau und zeigen den weit fortgeschrittenen Grad der Tabuisierung sexueller Lebensäußerungen. Die Sexualität wird

> "mehr und mehr hinter die Kulissen des gesellschaftlichen Lebens verlegt und in einer bestimmten Enklave, der Kleinfamilie, gleichsam eingeklammert" (Elias 1989a: 247).

Die "Anspannung, die die Aufrechterhaltung der bürgerlichen, sozialen Existenz erfordert" (Elias 1989b: 418), ist so stark ausgeprägt, daß sich eine eigentümliche Persönlichkeitsstruktur zu formieren beginnt:

> "Eine Aura der Peinlichkeit, Ausdruck der soziogenen Angst, umgibt diese Sphären des menschlichen Lebens" (Elias 1989a: 247).

Von Sexuellem wird in der Öffentlichkeit nicht mehr gesprochen und die Meidung körperlicher Themen wird zur Selbstverständlichkeit. Sie werden nur in den unteren Schichten offener benannt, weil der gesellschaftliche Druck sich noch vorrangig auf die mächtigeren Oberschichten erstreckt (vgl. ebd.: 247f.; vgl. Rosenbaum 1982: 427f.). Die soziogene Angst, als Wirksamkeit verinnerlichter gesellschaftlicher Fremdzwänge verstanden, wird exemplarisch in Theodor Fontanes Roman "Effi Briest" (1976) deutlich[42], indem der Druck gesellschaftlicher Etikettebildung für den einzelnen besonders tragische Züge annimmt. I.V.Hull (1988) konstatiert, daß der Staat

> "seine Untertanen nicht mehr durch äußeren Zwang, exemplarische Strafen, Abschreckung oder Grausamkeit [beherrschte,] sondern die bürgerliche Gesellschaft (...) auf die Verinnerlichung dieser Prinzipien hin[wirkte], so daß die Bürger selbst die Verhaltensnormen wählten, die dem Staat letztlich zugutekamen" (Hull 1988: 56).

---

[42] Die Protagonistin Effi Briest ist sich beispielsweise der Tragweite ihres Ehebruchs schuldhaft bewußt. Die Affäre mit dem Major wird nicht detailliert geschildert, sondern nur leicht angedeutet. Besonders daran, daß explizit sexuelle Szenen unerwähnt bleiben und nur noch zu erahnen sind, wird dieser Verdeckungsschub deutlich (vgl. Fontane 1976: 192).

Die Sexualität wird hier nicht nur mit der Institution der Ehe verkoppelt, sondern mehr noch der individuellen Selbstkontrolle des einzelnen übertragen. Die Befreiung aus den alten Zwängen hinterläßt einen neuen Orientierungs- und Handlungsbedarf, so daß schließlich die öffentliche Meinung sich darum bemüht, diese "Leere zu füllen" (ebd.: 56).

II.4.1 Vom 'ganzen Haus' zur Berufs- und Hausarbeit

Die zuvor angedeutete Problematik, daß sich ein Privatleben gegenüber einem öffentlichen Erwerbsleben herauszubilden beginnt, ist als sozio-ökonomische Bedingung und Einzigartigkeit der bürgerlichen Gesellschaft zu begreifen. I.Weber-Kellermann (1974) und Rosenbaum weisen auf die für die geschlechtsspezifische Machtverteilung in Ehe und Familie bedeutsamen Auswirkungen dieses gesellschaftlichen Differenzierungsprozesses hin. Er ist durch eine rasch fortschreitende Industrialisierung und eine neue Produktions- und Arbeitsweise gekennzeichnet und indiziert für die gesellschaftliche Entwicklung unterschiedliche Bedingungen. Trotz ihrer schichtenspezifischen Besonderheiten sind nahezu alle Schichten gleichsam von einer Umstrukturierung der sozialen Beziehungen und Verflechtungen betroffen (vgl. Rosenbaum 1982: 477; vgl. Weber-Kellermann 1974: 100). Während die dörflichen Strukturen den bäuerlichen Haushalt fortdauernd als geschlossene Produktions- und Konsumtionseinheit erscheinen lassen (vgl. Rosenbaum 1982: 477), zeigt sich, daß in den bürgerlichen Oberschichten, im städtischen Industrieproletariat und in den handwerklichen Mittelschichten das 'ganze Haus' als eine "Wohn- und Arbeitseinheit, als Produktionsstätte einer gemeinsam wirtschaftenden und -hausenden Familie" (Weber-Kellerman 1974: 101) zerfällt.

Die außerhäusliche Berufstätigkeit intensiviert sich und verlangt eine Umstrukturierung des häuslichen Arbeitsbereiches. Sie expliziert sich darin, daß eine geschlechtsspezifische Separierung der Tätigkeitsfelder durchschlägt und das häusliche Privatleben fortschreitend dem öffentlichen Leben subsumiert wird. Nahezu als "Gegenstruktur" (Rosenbaum 1982: 374) zur außerhäuslichen und rationalen Erwerbstätigkeit begriffen, tritt die Familie als Rückzugsmöglichkeit und Reproduktionsstätte auf.

"Das Heim bekam dadurch den Charakter eines Refugiums, in dem sich der Bürger von den Anstrengungen der Arbeit erholte" (Rosenbaum 1982: 260).

Obgleich die häuslichen Tätigkeitsfelder nach wie vor bestehen, unterliegen sie einem Bedeutungswandel. Ihre produktiven Züge werden auf ihre reproduktiven Aspekte der emotionalen und affektiven Regeneration verkürzt. Der Bedeutungszuwachs der transzendenten Berufsarbeit des Mannes korrespondiert hier mit einer eigentümlichen "Verklärung der Arbeit" (B.Duden 1977: 134) und letztlich mit der Abwertung der auf den Immanenzbereich des Hauses begrenzten Frau. Kann die

Frau zuvor noch durch ihre anerkannte ökonomische Bedeutsamkeit eine relativ erweiterte Machtposition behaupten, so verliert die Haus- und Ehefrau diese Ressource. Wenngleich die erzieherischen, haushalterischen und geschäftlichen Tätigkeiten der Frau faktisch unverzichtbar bleiben, um die Familie aufrecht zu erhalten, zeigt ihre mangelnde gesellschaftliche Anerkennung als Arbeit die Desintegration der Frau an (vgl. Weber-Kellermann 1974: 102). Duden umreißt die Eigentümlichkeit dieses Bedeutungsverlustes, der sich zunehmend darin ausdrückt, daß Arbeit durch 'Liebe' kompensiert wird.

"Die unterschiedliche Arbeit aller hat insofern eine gleiche Bedeutung, als auf niemanden verzichtet werden kann" (Duden 1977: 131).

Während in den Mittel- und Unterschichten das Modell der komplementären, subsidiären Tätigkeitsfelder von Mann und Frau anfänglich fortbesteht und die Frau einer Doppelbelastung von Haus- und Erwerbsarbeit unterliegt, zeigt sich, daß weniger eine

"Formverwandlung der Arbeit der Frau selbst [besteht], sondern die psychischen Erwartungen des gebildeten Bürgertums (...) die Arbeitsleistungen der Frau in einem anderen Licht erscheinen lassen" (ebd.: 132).

Es wird nicht erwartet, daß ein Entgelt für die aus 'Liebe' verrichtete Arbeit zu zahlen ist, sondern vorausgesetzt, daß die Frau sich in 'liebevoller Hingabe' und 'freudiger Selbstaufopferung' den häuslichen Belangen widmet (vgl. ebd.: 133f.).

Daß 'Liebe' hier keineswegs als partnerschaftliche, egalitäre Beziehung der Eheleute zu verstehen ist, sondern sich vielmehr als unterwürfiges Abhängigkeitsverhältnis darstellen kann, ist somit strukturell vorgeformt. Das Wiedererstarken der patriarchalen Autorität in Familie und Ehe wird jedoch zusätzlich durch die rechtliche, gesellschaftliche, politische und psychische Disparität männlicher und weiblicher Handlungsspielräume befördert (vgl. Weber-Kellermann 1974: 105).

"Familienbeziehungen waren auch nicht mit Liebesbeziehungen identisch. In hohem Maße, in einigen Familien wohl auch überwiegend, waren sie Machtbeziehungen, die auf Befehl und Gehorsam gründeten" (Rosenbaum 1982: 377).

Die sentimentale Aufladung der Familie und ihre Bedeutung als 'Gegenstruktur' zur rationalisierten 'Außenwelt' stellt sich als Verklärung einer Realität dar, in der alte Strukturen überwiegen. Rosenbaum konstatiert, daß der Wandel der Familie ohnehin auf der normativen Ebene am spezifisch bürgerlichen Leitbild deutlich wird. Denn in der sozialen Wirklichkeit lassen nach wie vor ökonomische Sachzwänge besonders die Frau auf die Ehe angewiesen sein (vgl. ebd.: 262, 278). Um ihre anfangs bestehende politische Machtlosigkeit zu kompensieren, entwickelt sich im Bürgertum die Idee der Familie und der privaten Sozialbeziehungen als Bereich aus, in dem nicht der gesellschaftliche Zwang der Konkurrenz herrschen, sondern harmonische Übereinkunft und Liebe walten sollen (vgl. ebd.: 260).

Die auch hier bestehenden ökonomischen Zwänge werden verklärt, indem der Frau zwar Bildung zugestanden wird und die persönlichen und charakterlichen Eigenschaften der Eheleute berücksichtigt werden. Für eine 'glückliche' Ehe ist nicht mehr nur die ökonomische Übereinstimmung, sondern "eine bessere Bildung der Frau, die sich zuvor auf ein bißchen Lesen, Schreiben und Rechnen für den Hausgebrauch beschränkt hatte" (ebd.: 278), bedeutsam geworden. Um für den Mann eine geeignete "Gesprächspartnerin" (ebd.: 279) zu finden, wird neben hauswirtschaftlichen Qualitäten die geistige Bildung der zukünftigen Ehefrau in Betracht gezogen.

Daß die Frauen jedoch aus ihrer Bildung Emanzipationsbestrebungen ableiten, ist erst im ausgehenden 19. Jahrhundert abzusehen. Das Bürgertum entfaltet sich "als soziale Klasse" (ebd.: 310) erst hier und zeigt eine Verfestigung patriarchaler Machtverhältnisse, in denen nur der männliche Bevölkerungsteil zum Adressat eines Individualisierungsschubes wird. Der Wegfall ständischer Hierarchien macht vor den Grenzen des Geschlechts halt und zeigt eine Universalisierung und Traditionalisierung der weiblichen Lebensperspektive (vgl. Honegger 1991: 25). Die Ideologie der 'Geschlechtscharaktere' bewirkt ein letztes, um die radikalen Folgen dieser Freisetzungsschübe abzuwenden. Sie könnten Ausbruchsversuche von Frauen motivieren, die nun als Krankheitsbild des vermeintlich 'schwachen Geschlechts' pathologisiert werden.

II.4.2 Polarisierung und Disziplinierung der Geschlechterbeziehung

Die gesellschaftlichen Differenzierungsprozesse bringen nicht nur die Separierung in inner- und außerhäusliche Tätigkeitsbereiche hervor. Ihnen ist strukturell eingeflochten, daß parallel zur Ausbildung des Privatbereichs und der Öffentlichkeit die geschlechtsspezifische Zuordnung in diese Bereiche erfolgt. Aber tiefergehend als zuvor wird die äußere Differenz zwischen den Geschlechtern und ihren Zuschreibungen in eine verinnerlichte Charakterbestimmung umgewandelt und auf neue Ebenen des Machtverhältnisses zwischen den Geschlechtern geführt. K.Hausen (1976) hat mit ihrer Untersuchung erstmalig konstatiert, daß eine der Entstehungsbedingungen der bürgerlichen Gesellschaft die Ausbildung von 'Geschlechtscharakteren' ist. Sie sind wie die sozio-ökonomischen Veränderungen dieser Zeit in den Strukturwandel eingebettet: der Begriff des Geschlechtscharakters meint dabei,

> "sowohl die in der bürgerlichen Familie konstitutive prinzipielle Verschieden-
> artigkeit der geschlechtsspezifisch geteilten Arbeit, als auch die Dissoziation und
> Kontrastierung von Erwerbs- und Familienleben, von Öffentlichkeit und Pri-
> vatheit" (Hausen 1976: 390).

Während das Erwerbsleben einer fortschreitenden Rationalisierung und Modernisierung unterliegt, retardiert das Familienleben auf der Erscheinungsebene in seiner traditionellen Gestalt. Es erscheint vielmehr "im Vergleich zu der nach Arbeitszeit und Arbeitsentgelt gemessenen Arbeit als unökonomisch" (ebd.: 391). Die Überwindung der ständischen Schranken und die mögliche Freisetzung aus dem traditionellen Bezugssystem, das dem einzelnen den 'gottgewollten' Platz in der Gesellschaft zugewiesen hatte, scheint nur auf die außerhäuslichen, transzendenten Lebensbereiche des Mannes zuzutreffen (vgl. ebd.: 370).

Der Wandel des Bezugssystems betrifft jedoch alle Lebensbereiche und motiviert in letzter Konsequenz auch die Freisetzung der Frau aus der patriarchalen Unterordnung in Ehe und Familie. Die damit drohende Auflösung und 'Unordnung' der in der Ehe regulierten Geschlechterbeziehung scheint durch diese revolutionäre Entwicklung absehbar. Der Mann verlöre nicht zuletzt durch seine außerhäusliche und mit häufiger Abwesenheit verbundene Berufstätigkeit jede weitere Basis, um sich als Erzieher und Oberhaupt der Familie zu definieren (vgl. ebd.: 381). Diese Erschütterung ahnend, werden denn auch geschlechtliche Zuschreibungsmuster an die Stelle alter ständischer Merkmale gesetzt. Garantierten die schichtenspezifischen Zuschreibungen der Frau der Oberschicht zumindest noch die Möglichkeit, durch Bildung und rechtliche Privilegien die Erweiterung ehelicher Handlungsspielräume einzuklagen, wird durch die geschlechtsspezifische Zuschreibung das letzte Refugium eines potentiellen Selbstbewußtseins der Frau genommen: nun scheint die überragende Klugheit der 'schönen Seele' in jeder Schicht als 'unnatürlich'.

> "Der Geschlechtscharakter wird als eine Kombination von Biologie und Bestimmung aus der Natur abgeleitet und zugleich als Wesensmerkmal in das Innere der Menschen verlegt" (Hausen 1976: 369f.).

Universale, jeder Frau zueigene physiologische Merkmale wandeln sich zu inneren, psychischen Wesenszügen, die dem Mann als Verkörperung des rationalen Kulturwesens kontrastiv und komplementär gegenüber gestellt werden (vgl. ebd.: 369). Die Frau wird lediglich als Gattungswesen begriffen und jeglicher Kompetenz, selbständig geistig und kulturschaffend tätig zu sein, enthoben.

Obgleich oder weil in der Realität eine eindeutige Unterordnung der Frau bemerkbar ist, zeigt sich auf der normativen Ebene eine eigentümliche 'Gleichstellung' der Geschlechter. Ausdrücklich wird festgestellt, daß Mann und Frau gleichwertig sind, jedoch unterschiedliche Qualitäten aufweisen. W.v.Humboldts (1903) Überlegungen richten sich 1785-1795 darauf, hervorzuheben, daß das "Räderwerk" der Natur still stände, "wenn an die Stelle dieses Unterschieds eine langweilige und erschlaffende Gleichheit träte" (Humboldt 1903: 311). Der Spannung bietende "Widerstreit der Kräfte" (ebd.: 323) scheint sich aus der Perspektive des Mannes nicht so sehr als ein Kampf auf der Basis ungleich verteilter Macht darzustellen, sondern vielmehr die Geschlechterbeziehung erst sinnvoll werden zu lassen.

Indem die Hintergründe dieses gesellschaftlichen Unterschiedes negiert und nicht offen ausgetragen werden, wird deutlich, daß die Machtbeziehung zwischen den Geschlechtern nicht nur nach wie vor ein 'permanentes' Problem bleibt, sondern auf qualitativ neuen Ebenen zu 'lösen' versucht wird. Hausen stellt fest, daß die Konstruktion von Geschlechtscharakteren sich "als Versuch interpretieren [läßt], ein die Verhältnisse stabilisierendes neues Orientierungsmuster an die Stelle des veralteten zu setzen" (Hausen 1976: 371).

Zum Sprachrohr der verfeinerten Männlichkeit und Weiblichkeit werden die 'Moralischen Wochenschriften' und die akademischen Wissenschaften. Innerhalb der Vielfalt wissenschaftlicher Disziplinen entstehen die Gynäkologie, die Psychologie, die Rechtswissenschaft und die Philosophie, die ihre Orientierungsfunktion reichlich ausfüllen. Nicht zuletzt hier wird die Bedeutsamkeit einer 'wissensmäßigen' Machtressource deutlich, die es den Männern ermöglicht, über die vom Studium ausgeschlossenen Frauen phantasievolle Vorstellungen und Urteilssprüche zu entwickeln (vgl. V.Krumrey 1984: 608ff.; vgl. Honegger 1991: 200ff.).

Die Problematik der psychischen Nicht-Identität, die Entstehung von 'Hysterie' und 'stiller Unterwerfung' der Frau kann nicht nur hier wissenschaftlich untermauert, sondern zugleich durch die Enge der bürgerlichen Gesellschaft selbst hervorgebracht werden (vgl. Honegger/B.Heintz 1984: 41ff.; vgl. Honegger 1991: 29; vgl. A.Klein 1980: 89ff.). Die Identitätsproblematik ist in der Konzipierung des Geschlechtswesens "Reaktion auf und zugleich Anpassung an eine Gesellschaftsentwicklung" (Hausen 1976: 381), die das aufklärerische Ideal des autonomen, harmonischen Subjekts scheitern läßt und eine Rückbesinnung auf innere, überkommene Werte und Geschlechterordnungen begünstigt. Der häuslichen Innerlichkeit stellt sich nun die Introspektion des einzelnen anheim und zeigt, daß der politische Rückzug des Bürgers die Bedeutsamkeit innerfamiliärer Beziehungen wachsen läßt (vgl. ebd.: 381; vgl. Klein 1980: 77f.).

Die Suche nach einem Ehepartner gestaltet sich somit vorrangig als eine Suche nach einem charakterlich geeigneten, liebevollen Menschen, dem es gelingt, die häusliche Harmonie zu gestalten. In der Realität dominieren allerdings nach wie vor ökonomische Aspekte die Suche nach einer 'guten Partie', so daß die Widersprüchlichkeit zwischen romantischer Glückssuche und sachlicher Notwendigkeit deutlich hervortritt (vgl. P.Borscheid 1983: 112-135).

Nicht nur die vom Mann verfolgte Wahl der 'edlen, besseren Hälfte' wird der Konzipierung Humboldts gerecht, daß alles "Männliche (...) mehr Selbstthätigkeit, alles Weibliche mehr leidende Empfänglichkeit" (Humboldt 1903: 319) zeigen soll. Vielmehr wird der Frau jegliche Aktivität, Selbständigkeit und Offensivität abgesprochen, wenn es darum geht, die eheliche Machtbalance zu gestalten. Wenn Humboldt harmonisierend konstatiert, "so befriedigt die eine Kraft die Sehnsucht der andren, und beide umschlingen einander zu einem harmonischen Ganzen" (ebd.: 320), wird die übersteigerte Glückserwartung des Mannes deutlich. Indem der Frau eine "Feinheit, unschuldige Verschlagenheit, Behutsamkeit, ein() Witz, ein

Dulden, eine Nachgiebigkeit und Geduld" (A.v.Knigge 1788: 364) gegenüber der "feste(n), unerschütterliche(n)" (ebd.: 365) Tatkräftigkeit des Mannes oktroyiert wird, ändern sich die sozialen Ressourcen der Frauen. Duden stellt fest, daß der Rezipient statt der 'keifernden Weiber' der Vorzeit die überhöhte, idealisierte Frau vorfindet. Das Ideal zeigt sie in selbstvergessener Bedürfnislosigkeit, in freiwilliger Selbstunterweisung unter den Mann, durch den hindurch die Frau überhaupt erst vollkommen wird (vgl. Duden 1977: 126,137)[43].

Der erkennbare Pazifizierungsschub zeigt in seiner Übertragung auf die geschlechtsspezifische Lebenslage, daß gerade die Frau in radikalisierter Form zur Adressatin des Triebverzichtes wird, während die soziale Wirklichkeit für den Mann Freiräume ermöglicht (vgl. Elias 1989a: 255). Trifft der Rezipient noch im Mittelalter auf die *verführerische* 'Eva', die für die mangelnde Triebbewältigung des Mannes haftet, verlagert sich hier das Geschlechterverhältnis: der Mann ist in der Ehe letztlich sexuell überlegen und kann die um *Triebverzicht* bemühte Frau verführen.

Außerhalb der Ehe zeigen sich schließlich 'andere' Frauen, deren Verführungskünsten der Mann erliegt oder auf die er bauen kann. Für die 'frigide' Ehefrau sollen hingegen "Pflicht und Affekt zusammenfallen, [so] daß die Erfüllung der Pflicht selbst zur Äußerungsform des Triebes wird" (Duden 1977: 137). Die noch im Roman La Roches' formulierte Utopie sexueller Selbstbestimmung und Autonomie ist hier vollends, besonders durch die Konzepte eines J.G.Fichte (1796) und eines Humboldt, zum Scheitern verurteilt (vgl. La Roche 1983: 280, 284; vgl. II.3.3). Der Frau wird nun zwar noch ein Geschlechtstrieb zugestanden, weil ohne denselben schließlich die Fortpflanzung gefährdet wäre; da die Frau ihn angeblich "aber nicht aktiv äußern kann, kann sie ihn nur befriedigen, indem sie nicht sich, sondern ihren Mann befriedigt" (Duden 1977: 139).

Die Dimension dieses Verlustes an Eigenständigkeit und das Ausmaß dieser Selbstverleugnung und Triebunterdrückung regt nicht nur die Phantasien der zeitgenössischen Gelehrten an. Es zeigt, daß letztlich die Frau gezwungen ist, das konzipierte Ideal zu verinnerlichen und innerhalb der 'Grenzen des Geschlechts' Handlungsspielräume zu nutzen (vgl. P.Gay 1986: 242-288; vgl. Honegger/Heintz 1984: 7-69). Weil jegliche offensive Abweichung vom kulturellen Ideal der asexuellen Hausfrau und Gattin als Beweis ihres angeblichen 'physiologischen Schwachsinns' pathologisiert werden kann, bleibt der Frau nur die Möglichkeit, die scheinbar 'zwanglosen' Zwänge zu negieren und erwartbare Zwänge vorwegnehmend zu verinnerlichen (vgl. Honegger, B.Heintz 1984: 42)[44]. Der Mann kann somit bei-

---

[43] Paradigmatisch ist der Satz der Braut in Fontanes "Effi Briest" zu verstehen: er "ist ein Mann, ein schöner Mann, ein Mann, mit dem ich Staat machen kann und aus dem was wird in der Welt" (Fontane 1976: 42).
[44] Daß der Mann sich damit die Selektionsleistung der Frau aufbürdet und sich nur über seine aktive Rolle als sexuell und gesellschaftlich potentes Wesen definiert, ist als die Kehrseite dieser extrem hierarchisierten Machtbalance zu begreifen.

spielsweise "auch seine unbefohlenen Befehle (...) schon befolgt" (Luhmann 1975: 36) sehen.

Die Rigidität dieses gesellschaftlichen Zwanges zum Selbstzwang führt auch der Roman Fontanes exemplarisch vor. Die Protagonistin zerbricht offenbar an ihrem Kummer und stirbt an der (in dieser Zeit weit verbreiteten und besonders bei Frauen diagnostizierten) Schwindsucht (vgl. Fontane 1976). Die massenhaft bei Frauen auftretende 'Kränklichkeit' und "Hysterieepidemie" (Klein 1980: 89) des 19. Jahrhunderts verdeutlicht jedoch, daß sich den Frauen oft allein hier eine "sozial akzeptierte() Fluchtmöglichkeit()" (Honegger/Heintz 1984: 41) vor den gesellschaftlichen Rollenanforderungen bietet.

Nicht die "Naturabhängigkeit [wird] in eine freiwillige Unterwerfung unter ein selbstgegebenes Gesetz verwandelt" (Humboldt 1903: 358), sondern die Gesellschaftsabhängigkeit wandelt den Fremdzwang physischer Züchtigungsgewalt in eine spezifische Form der Selbstzüchtigung der Frau um.

Honegger/Heintz formulieren die Widerstandsformen von Frauen als "Listen der Ohnmacht" (1984), die letztlich selbstzerstörerische Folgen zeigen. Die Konzipierung der tragischen Leidensfigur 'Effi Briest' oder die der listig scheinenden Ehebrecherin "Madame Bovary" (G.Flaubert 1990) verdeutlichen, neben der vermeintlichen Prüderie der 'Sittenwächterinnen', den Versuch, die gesellschaftliche Zurücksetzung spezifisch zu bewältigen (vgl. Honegger/Heintz 1984: 23,41ff.).

Die von Frauen partiell mitgetragene Sexualreglementierung stellt sich dabei im besonderen Maße als nahezu einzige Ressource dar, die Machtbalance zu ihren Gunsten zu gestalten. Gay verdeutlicht eindringlich die 'Last der Realität', die für die Frauen aller Schichten besteht: die mangelnde Geburtenkontrolle, die Unkenntnis bzw. Tabuisierung von nicht-generativen Sexualpraktiken, die Gefahren der Schwangerschaft und Geburt lassen den Frauen oft keine andere Möglichkeit, als sich durch Enthaltsamkeit dem Sexualverkehr zu entziehen.

II.4.3 Liebesehe - Vernunftehe: Eheideale und Eherealität

Die Polarisierung der Geschlechterrollen stellt sich als eine signifikante Dimension des gewandelten Verhaltensstandards zwischen den Geschlechtern dar. Ihre Funktion, neue Leitbilder zu formulieren, um der Desintegration des modernen Menschen entgegenzuwirken, korreliert dabei mit einer erkennbaren Sicherung der Macht- und Herrschaftsfunktionen. Die Grundlage der patriarchalen Herrschaftsmechanismen bildet nicht nur das neue Verhaltensmuster, das "empirisch zu beobachtende Folgen von Machtkämpfen zwischen gesellschaftlichen Gruppen" (Krumrey 1984: 608) indiziert. Die eheliche Machtbalance exemplifiziert sich auch im ökonomischen und rechtlichen Kontext, der geschlechtsspezifische Handlungsräume festschreibt.

Die idealisierten Glückserwartungen der bürgerlichen Liebesheirat sind hier mit einer Realität konfrontiert, in der die Ehe zweifellos für Männer nach wie vor als ein Ort besteht, "Erben zu zeugen und ihre Potenz" (Gay 1986: 254) zu beweisen: denn der Nachwuchs stellt nach wie vor ein "nützliches Kapital bei Familienbündnissen" (ebd.: 254) dar.

Obgleich der normative Wandel der Eheauffassung gegenüber den Grenzen der bürgerlichen Realität nicht überschätzt werden soll, verdeutlicht seine Betrachtung, daß sich hier die Grundlage der bis heute konfliktträchtigen Liebes- und Ehebeziehungen durchsetzt (vgl. Luhmann 1982: 183ff.).

In der Forschungsliteratur werden dabei zwei Phasen hervorgehoben, in denen sich das spezifisch bürgerliche Eheideal entwickelte. Borscheid konstatiert, daß in der ersten Hälfte des 19. Jahrhunderts die romantische, leidenschaftliche Liebesauffassung "bereits feste Wurzeln geschlagen" (Borscheid 1983: 118) hatte, während im späten 19. Jahrhundert die restaurative Rückbesinnung ihr Scheitern indiziert. Die problematische Hypostasierung des Gegensatzes leidenschaftlicher Liebe versus beständiger ehelicher Zuneigung erfordert einen eigentümlichen Kompromiß. Die nur aus affektiven Motiven eingegangene Liebesheirat hätte nicht nur "Unordnung in das überkommene Regelwerk" (ebd.: 119) der Partnerwahl gebracht. Sie

> "brachte [vielmehr] die Ordnung der traditionellen Entscheidungskriterien durcheinander und mischte ihre Rangfolge individuell verschieden und unvorhersehbar" (Borscheid 1983: 119).

Gilt das wohlüberlegte und wohltemperierte Planen über längere Ketten hinweg als bürgerlicher Verhaltensstandard, stellt sich die überschwengliche und möglicherweise fragile Emotionalität zwischen den Liebenden als ein unkalkulierbares Risiko dar. Der Kompromiß besteht hier darin, Liebe als Voraussetzung der Ehe zu betrachten und die Ehe selbst als geeignete Form vorzuführen, um die passionierte Liebe in gelenkte, auf Dauer gestellte Bahnen zu überführen (vgl. Luhmann 1982: 188).

Die Kodifizierung der güterrechtlichen und hauswirtschaftlichen Aspekte der Ehe und das Scheidungsrecht spiegeln diese Problematik wider. Während E.Friedberg (1965) das Ringen um die säkulare Zivilehe und die kirchliche Sakramentsehe zur Skizzierung der Auseinandersetzungen des 19. Jahrhunderts heranzieht (vgl. Friedberg 1965: 576ff., 655ff.), zeigen Rosenbaum, Hausen und Gay die sozio-ökonomischen Elemente innerhalb dieser strukturell vorgeformten Handlungsspielräume auf. Die sittlichen Erneuerungsbestrebungen finden im institutionellen rechtlichen Rahmen ihren Niederschlag, indem beispielsweise "ohne bürgerlich-rechtskräftige Eheschließung zusammen[lebende]" (ebd.: 680) Paare belangt werden. Ihre Beziehung wird als Luxus der Ehelosigkeit und als Sittenlosigkeit stigmatisiert und als Konkubinat öffentlich verfolgt (vgl. ebd.: 691). M.Weber (1907) weist nach, daß die polizeiliche Gewalt das Recht einschließt, das "nicht geheim gehaltene Konkubinat auseinander zu treiben, [indem es] als eine Möglichkeit zur Verletzung der öffentlichen Ordnung" (Weber 1907: 535) bewertet wird. Daß damit gleichzeitig die Prostitution befördert werden kann, ist nicht nur die Folge

der öffentlichen Schikanierung einer nicht-institutionellen Lebensform, sondern als
Ausdruck der bürgerlichen Ambivalenz zwischen ehelicher Sittsamkeit und 'jäher'
Leidenschaft zu verstehen (vgl. ebd.: 534f.).

Eine paradox erscheinende Eigentümlichkeit dieser Verfolgung außerehe-
licher Sexualbetätigungen ist, daß die Sexualität innerhalb der Ehe, wie auch die
kultivierten Werte der Liebe und Symphatie, bedeutsamer werden (vgl. Rosenbaum
1982: 347; vgl. Elias 1989a: 255). Voreheliche und außereheliche Beziehungen
werden nicht nur kritisch beobachtet, sondern (was besonders die Frauen betrifft)
strengstens überwacht:

> "Die gesellschaftliche Meinung verurteilt nun ganz streng jede außereheliche
> Beziehung der Geschlechter; allerdings ist hier zum Unterschied von der höfi-
> schen Gesellschaft zunächst wieder die gesellschaftliche Stärke des Mannes
> größer als die der Frau" (Elias 1989a: 255).

Durchbricht der Mann dieses Tabu wird dieses "nachsichtiger beurteilt" (ebd.: 255);
zugleich aber wird es verheimlicht. Während in der höfischen Gesellschaft die Ehe
als ein rein sachlicher Vertrag erscheint und die Befriedigung der Sexualtriebe
nicht von ihr abhängig gemacht wird, ist im bürgerlichen Zeitalter die Ehe der einzig öffentlich anerkannte Rahmen der Triebbefriedigung. Das Verlangen wird eindeutig mit der sexuellen Übereinstimmung und Attraktivität der Eheleute verbunden. Zweifellos geht es dabei nicht um eine lustvolle Sexualbetätigung, sondern um
eine spezifische Triebdisziplinierung:

> "Im Zuge der Umformung des Körpers von einem Lust- zu einem Leistungsorgan
> mußte sie [die Sexualität] verdrängt werden" (Rosenbaum 1982: 348).

Indem die Sexualität auf der normativen Ebene für die Frau und den Mann wohl-
dosiert zur Erfüllung der ehelichen und generativen Pflichten, zu denen jetzt auch
die Erhaltung der Zuneigung zählt, verengt wird, ergibt sich eine problematische
Situation. Knigge spricht die Widersprüchlichkeit an, daß ein Mann, der seine Frau
nicht begehre, trotzdem der ehelichen Pflicht unterliege: er stellt fest, daß es
ohnehin

> "wahrlich schon hart genug (...) [sei], edle Empfindungen, erhabene Gedanken,
> feinere Eindrücke (...), schöne Künste (...) mit der Gefährthinn unsers Lebens
> theilen zu können, weil die stumpfen Organen derselben dafür nicht empfänglich
> sind (...)" (Knigge 1981: 362).

Insbesondere dann, wenn eine Gattin häßlich, dumm, kränklich und übelgelaunt sei,
könne die Lust des Mannes schwinden. Die erfolgreiche Unterdrückung dieser
Abneigung sei jedoch das vernünftige Gebaren eines Gatten: "man sey, selbst in
der Ehe, schamhaft, keusch, delicat, cokett in Gunstbezeugungen, um Eckel,
Überdruß und faunische Lüsternheit zu entfernen" (ebd.: 362). An die Stelle
aufrichtiger Gefühlsbezeugungen (originäres Anliegen des Frühbürgertums) tritt nun

die eigentümliche Affirmation der noch im 18. Jahrhundert verworfenen höfischen 'Kunst der Verstellung'.

Ob dieses eine Reaktion auf die Auswirkungen eines überfrachteten ehelichen Liebesideals darstellt, das nicht zuletzt der Frau affektive Machtressourcen zugestehen könnte, stellt in diesem Zusammenhang eine Frage dar. Die Realität verlangt jedoch ein umgekehrtes Verhältnis, in dem die bedürfnislose Frau erst in der sexuellen Befriedigung ihres Mannes aufgeht. Knigges Frauenbild, das nach heutigen Maßstäben als Frauenverachtung zu bewerten ist, verdeutlicht hier eine eigentümlich neue Konflikthaftigkeit der Ehe. Sie wird im Roman Fontanes, aus der Perspektive der Frau, deutlich: die Protagonistin scheitert daran, daß sie ihre wahre Neigung gegenüber ihrem Mann verbergen muß. Sie darf und kann sich nicht von ihm scheiden lassen.

Die Ehescheidung wird besonders in katholischen Regionen verboten und birgt im protestantischen Preußen zumindest den Anlaß für einen gesellschaftlichen Skandal (vgl. Krumrey 1984: 352; vgl. Rosenbaum; vgl. Weber 1907: 547; vgl. U.Gerhard 1981: 170). Die vergleichsweise 'liberalere' Gesetzgebung des ALR ermöglichte es den Frauen, sich von einem Mann scheiden zu lassen und wurde auch vielfach bis in die 40er Jahre des 19. Jahrhunderts hinein genutzt (vgl. D.Blasius 1988: 76ff.). Danach bleiben nur noch das 'bösliche Verlassen' und der Ehebruch als Gründe bestehen, um sich von einem beispielsweise prügelnden, trinkenden oder ungeliebten Gatten zu trennen (vgl. Gerhard 1981: 170). Gestraft wird eine Scheidung bzw. ein Ehebruch mit dem Verbot, sich wieder zu verheiraten, und mit einer Festungshaft, die für Frauen das doppelte Strafmaß beträgt (vgl. ebd.: 170).

Betrachtet man das genannte literarische Beispiel, so zeigt sich, daß *Effi* gezwungen ist, gesellschaftlich isoliert zu leben, weil der Ruf und die Ehre der Familie gefährdet ist. Der gesellschaftliche Druck ist so groß, daß ihre Eltern sie zunächst verstoßen:

> "Du wirst einsam leben, und wenn Du das nicht willst, wahrscheinlich aus Deiner Sphäre herabsteigen müssen. Die Welt, in der Du gelebt hast, wird Dir verschlossen sein" (Fontane 1976: 305).

Konkret bedeutet das, daß ihr Kind bei ihrem Ehegatten bleibt, der selbst "diese Komödie (...) nun fortsetzen und (...) Effi wegschicken und (...) ruinieren" (ebd.: 291) muß.

Die Ehe entwickelt sich somit im 19. Jahrhundert radikal zu einer überindividuellen Instanz, der die persönlichen Glückserwartungen des einzelnen subsumiert werden. Gerhard konstatiert, daß die umstrittene Rechtsprechung der dem Bürgerlichen Gesetzbuch (=BGB) vorausgehenden 1840er Jahre Preußen an den "Rand einer Staatskrise" (Gerhard 1981: 170) brachte und heftigen Widerstand motivierte.

Die Ehe stellt sich hier für die Frau verstärkt als unentrinnbare "Zwangslage" (Fontane 1976: 52) dar, weil erwartet wird, daß in einer ökonomisch und

gesellschaftlich angemessenen Eheschließung die Liebe zwar nicht vorausgesetzt
ist, aber sich doch zumindest einstellen soll:

> "nun bin ich für gleich und gleich und natürlich auch für Zärtlichkeit und Liebe
> und wenn es Zärtlichkeit und Liebe nicht sein können (...), dann bin ich für
> Reichtum und ein vornehmes Haus" (Fontane 1976: 39)[45].

Der gesellschaftliche Druck, der eine Ledige als 'Jungfer' stigmatisiert, ist so groß,
daß die Suche nach einer günstigen Eheschließung zum Lebensinhalt einer jungen
Bürgerlichen zählt (vgl. Rosenbaum 1982: 339ff.). Die nüchterne Feststellung im
Roman Fontanes ist so nicht als individuelle Skrupellosigkeit der jungen lebens-
hungrigen Braut, sondern aus dieser gesellschaftlichen Konstellation heraus zu
verstehen. Ihr Geständnis, "Ich habe dich eigentlich bloß aus Ehrgeiz geheiratet"
(Fontane 1976: 100), und: "Liebe kommt zuerst, aber gleich hinterher kommt Glanz
und Ehre, und dann kommt Zerstreuung" (ebd.: 40) spiegelt die Alternativlosigkeit
des weiblichen Lebenszusammenhanges im 19. Jahrhundert wider.

Neben dem Ehescheidungsverbot verdeutlicht sich auch im einseitig
ausgerichteten Vermögens- und Eigentumsrecht, daß die Liebe als Ideal konzipiert
wird, welches das Medium Macht und Geld zu überhöhen vermag. Es mutet paradox an, daß die Liebe als sittlicher Wert dem individuellen Freiheitsprinzip entgegengestellt erscheint. Die güterrechtliche Regelung der Ehe zeigt jedoch, daß
"immer die Frau, welche das Wesen der Liebe als totale Hingabe zur Übergabe
auch ihres Vermögens" (U.Vogel 1988: 432) verpflichtete, angesprochen ist. Die
angeblich egoistische Beanspruchung individueller Eigentumsrechte wird als der
Würde der ehelichen Gemeinschaft widersprechend konzipiert (vgl. ebd.: 432).
Dem radikalen Wert der emanzipativ intendierten Liebe wird somit die Spitze
genommen, so daß die seit dem Mittelalter bekannte Muntgewalt wiederbelebt
wird.

Der Mann ist hingegen dazu verpflichtet, sich der vermögensrechtlichen
und geschäftlichen Regelungen der ehelichen Hausgemeinschaft anzunehmen. Die
Frau ist zwar im BGB allmählich als "autonome und selbstverantwortliche Rechts-
persönlichkeit" (Weber 1907: 413) anzutreffen; dieser Versuch, das patriarchalische
und das individualistische Eheideal zu versöhnen, gelingt aber nur "soweit, als dadurch die Rechte des Mannes an ihrer Person und vor allem an ihrem Vermögen
ungekränkt bleiben" (ebd.: 414). Die Residenz- und Namensfolge bewirkt ein
letztes, um die einseitige Ausrichtung auf die Rechte des Mannes zu symbolisieren
(vgl. ebd.: 416ff.). Rosenbaum expliziert die Kodifizierung der affektiven Machtressource am Beispiel der Annullierungspraxis: konnte im ALR beispielsweise die
unter Täuschung zustandegekommene Eheschließung noch für nichtig erklärt

---

[45] Der Gegensatz zur radikalen Forderung im 'Fräulein von Sternheim' wird hier drastisch deutlich.
Reichtum, Status und Ansehen kompensieren bei Fontane nun wieder die emotionale Frustration der
ohnmächtig scheinenden Gattin.

werden, gilt nun die aufgrund finanzieller Täuschung irrtümlich geschlossene Ehe als lebenslänglicher Bund:

> "Das Ideal der Ehe, die in der Verbindung einander in Liebe zugeneigter Men-
> schen besteht und insofern ihren Zweck in sich selbst trägt, hatte sich nun auch
> im kodifizierten Recht niedergeschlagen" (Rosenbaum 1982: 337).

Daß allerdings Liebe zum machtvollen Medium der Geschlechterbeziehung entwickelt wird, zeigt sich an der qualitativ unterschiedlichen Bedeutsamkeit dieses zunächst emanzipativ scheinenden Individualisierungsprozesses. "Der bürgerliche Individualismus erstreckt() sich (...) [zwar] auch auf die Ehebeziehungen" (ebd.: 261). Er scheitert aber am mittelalterlich anmutenden Recht, das "entlang der Geschlechterlinie (...) die Geschlechterdifferenz gleichsam durch eine Rechtsdifferenz bekräftigt" (Blasius 1988: 70). Treffender als von Knigge kann wohl kaum gesagt werden, daß "die Frau eigentlich gar keine Person in der bürgerlichen Gesellschaft ausmacht" (Knigge 1981: 363).

Weil die Frau angeblich nicht selbständig wirtschaften und existieren kann, ergibt sich für sie Sinn allein darin, im sozialen Beziehungsgeflecht und in der Sorge um ihren Ruf aufzugehen (vgl. Rosenbaum 1982: 345). Ihr Ansehen wirkt zurück auf das des Hauses und, dadurch vermittelt, auf den Gatten. 'Verfehlungen' der Ehefrau werden dabei offensichtlicher und werden härter gestraft als die des Mannes, der ohnehin durch die berufliche Funktion als verschwiegener Staatsdiener "ohnmöglich immer so alles erzählen und mittheilen" (Knigge 1981: 363) kann. Seine Normverstöße können womöglich auch unter die Verschwiegenheit fallen. Augenscheinlich als Schutzfunktion suggeriert, drückt die sexuelle Exklusivität der Frau die Herrschaftsfunktion der patriarchalen Ge- und Verbotsskala aus:

> "In Rücksicht auf die Folgen hingegen ist freylich die Unkeuschheit einer Frau
> weit strafbarer, als die eines Mannes. Jene zerreisst die Familien-Bande, vererbt
> auf Bastarte die Vorzüge ehelicher Kinder, zerstöhrt die heiligen Recht des
> Eigenthums, und widerspricht laut den Gesetzen der Natur, nach welchen immer
> Vielweiberey weniger unnatürlich als Vielmännerey seyn würde" (Knigge 1981:
> 367)[46].

Gegen Ende des 19. Jahrhunderts ist in der gesellschaftlichen Entwicklung eine Erweiterung weiblicher Handlungsspielräume zu beobachten. Hausen führt zum Beispiel einen beginnenden Machtzuwachs darauf zurück, daß sich der Altersabstand zwischen den Eheleuten verringert und somit die väterliche Überlegenheit des oft um zwanzig Jahre älteren Gatten geschmälert wird (vgl. Hausen 1988: 97; vgl. Rosenbaum 1982: 332). Die verbesserten gesundheitlichen Bedingungen, eine

---

[46] Interessant ist hier auch, daß das Naturrecht beliebig herangezogen wird, um die gesellschaftlich zugewiesenen Rechtsungleichheiten zu legitimieren. Wolffs (vgl. II.3.3) relativ gleichberechtigten Implikationen werden hier willkürlich zugunsten der sexuellen Bedürfnisse des Mannes umgeformt.

wachsende Erwerbstätigkeit der Bildungsbürgerin und die verbesserte Geburtenkontrolle stellen weitere Aspekte dar, die auf eine allmählich verbesserte Lebenssituation und eine beginnende Individualisierung der Frauen schließen lassen (vgl. Hausen 1988: 97).

Dadurch, daß die gewalthaften Züge der Ehe 'hinter Kulissen' in das Privatrecht verlagert und tabuisiert werden, zeigt sich jedoch ein Überdauern "'überflüssige(r), vom Entwicklungsstand der menschlichen Produktivkräfte überholte(r) Gewalt'" (Gerhard 1981: 186). Obgleich das Züchtigungsrecht des Mannes zusehends 'nur' als 'ultima ratio', "wo gute Worte nichts fruchten wollen" (Wolff 1975: 47), verlagert wird, zeigt die privatisierte eheliche Realität, daß Gewalt noch lange nicht das 'Scheitern der Macht' (Luhmann) indiziert, sondern zum Ehealltag vieler Frauen zählt (vgl. Gerhard 1981: 239ff; vgl. Gay 1986: 296).

II.4.4 Gesellschaftliche Durchdringung

Wenn Institutionalisierung ein auf Dauer gestelltes, abrufbares und für alle Mitglieder der jeweiligen Gruppe zugängliches Orientierungsmuster bedeutet, kann im 19. Jahrhundert erstmalig eine gesellschaftliche Durchdringung des bürgerlichen Familienideals konstatiert werden. Es findet sowohl Eingang in die rechtliche Kodifizierung als auch in die soziale Realität der Partnerwahl. Obgleich die sozioökonomischen Bedingungen der jeweiligen sozialen Klassen einen spezifischen Rahmen darstellen, so daß das Heiratsverhalten der Oberschichten anders gestaltet ist als in den mittellosen Unterschichten, kann festgestellt werden, daß die neuen Normen eine nicht zu unterschätzende Orientierungs- und Leitfunktion übernehmen.

"Die große Attraktivität, die die bürgerliche Familienform für andere Bevölkerungsklassen und -schichten entwickelte, beruhte wesentlich auf der kulturellen Prägekraft des Bürgertums und seiner Vorbildfunktion innerhalb der bürgerlichen Gesellschaft" (Rosenbaum 1982: 379).

Der Aufstieg des Bürgertums zeigt den kontinuierlichen Ausbau seiner Machtposition. Diese Entwicklung umfaßt fortschreitend nicht mehr nur die ökonomischen, sondern zusehends auch die rechtlichen, positionalen und wissensmäßigen Machtressourcen, so daß schließlich hier die gesellschaftliche Stärke des Bürgertums sichtbar wird. Sie trägt dazu bei ein bislang vorgefundenes Ideal der Eheschließung durch ein anderes abzulösen. Die herausragende Bedeutsamkeit der kulturellen und ökonomischen Ausstrahlungskraft des Bürgertums ist dabei aber auch als Kompensation ihrer militärisch-politischen Machtlosigkeit zu verstehen.

Die mit der französischen Revolution eingeleitete Emanzipation des bürgerlichen Individuums bleibt noch zu sehr auf der normativen Ebene verhaftet, als daß alte Formen der Partnerwahl in der äußerlich nach-ständischen Formation verdrängt würden. Das BGB ist als ein Versuch zu verstehen, das individuelle Interesse mit dem gesellschaftlichen und staatlichen 'Allgemeinwohl' zu vereinbaren. Es zeigt zugleich, daß die Durchsetzung des bürgerlichen Familienideals auch den Unterschichten einen Zugang zur Institution der Zivilehe verschafft. Die Liebe als ihr Medium erfährt mithin "Allgemeinzugänglichkeit" (Luhmann 1982: 190) für alle Gesellschaftsmitglieder.

Der partielle Wegfall ständischer Vorrechte bringt zugleich die Aufhebung der Heiratsbeschränkungen für Unbemittelte und erweitert zugleich ihre Emanzipationsmöglichkeiten. Die Oberschichten sehen sich jedoch zusehends mit den Folgen des Differenzierungs- und Demokratisierungsprozesses konfrontiert und adaptieren die noch in der Aufklärung verworfenen sachlichen und vertraglichen Leitbilder des Adels. Die "Liebesheirat [ist jedoch] zu einer Ideologie und zur Norm geworden" (Borscheid 1983: 112), so daß offensichtliche Mitgift- und Geldheiraten zunehmend sanktioniert werden: sie erfordern einen Verdeckungsschub und werden nur noch "hinter vorgehaltener Hand" (ebd.: 131) arrangiert. Das Medium Liebe scheint sich als normative Kraft und als eine Macht darzustellen, die das Medium Geld überlagert. Ein Blick auf die rechtliche Kodifizierung der Ehe als einer überindividuellen Einrichtung der Gesellschaft verdeutlicht nicht zuletzt, daß familiäre und klassenspezifische Interessen an der Eheschließung dem staatlichen Interesse des Allgemeinwohls zu unterliegen scheinen. So formuliert C.F.v.Savigny 1844/50 im Vorentwurf zum BGB über die Ehe:

> "Ihre Ehrfurcht gebietende Natur gründet sich darauf, daß sie, in Beziehung auf den Einzelnen, eine wesentliche und notwendige Form menschlichen Daseyns überhaupt ist, in Beziehung auf den Staat aber unter die unentbehrlichen Grundlagen seines Bestehens gehört. Durch diese ihre Natur erhält sie ein selbständiges Daseyn, einen Anspruch auf Anerkennung, welcher von individueller Willkür und Meinung unabhängig ist" (zit.n.Gerhard 1981: 171).

Der staatliche Fremdzwang der 'zwanglosen' Selbstunterweisung läßt die Ehe somit als unhinterfragbare, selbstzweckbestimmte und universale Form der Geschlechterbeziehung dominieren. Der zum Rechtssubjekt erklärte Arbeiter unterliegt wie der bürgerliche Gelehrte denselben institutionellen Zwängen, Orientierungen und Privilegien dieser Lebensform. Borscheid konstatiert, daß "schließlich (...) die Medien der Liebe als dem einzig legitimen Grund der Partnerwahl den Weg in breite Bevölkerungsschichten" (1983: 112) bahnen.

Die Liebe als sittliche Gemeinschaft zweier Liebender ist dabei für den Proletarier der Unterschicht nicht zuletzt erreichbar, weil ihr idealer und immaterieller Gehalt die ökonomischen Schranken der Klassengesellschaft überschreitet. Die sozio-ökonomischen Bedingungen dieses als Nivellierung und Universalisierung erscheinenden Prozesses bergen in sich eine gewachsene räumliche Mobilität, eine fortschreitende Arbeitsteilung und wirtschaftliche Verflechtung der im Produktionsprozeß beteiligten Akteure, so daß sich äußerlich gleiche Vergesellschaftungsbedingungen ergeben (vgl. Rosenbaum 1982: 481): die Bekanntschaft mit "zuvor unbekannten Lebensverhältnissen" (ebd.: 481) ist dabei eine grundlegende Erscheinung der Industrialisierung und erleichtert die auf- und abwärtsmobilen

Kontakte zwischen den Klassen. Das Ideal der "staatsbürgerliche(n) Gleichheit überdeckte (...) die sozialen Differenzen" (ebd.: 481) und ist folgerichtig als Universalisierung einstiger Individualisierung zu verstehen.

Daß das Ideal an den fehlenden Voraussetzungen in dem durch Pauperismus, durch Klassen- und Geschlechterkonflikte charakterisierten Verfassungsstaat scheitert, ist die Eigentümlichkeit dieser Institutionalisierung. Der "neue() Code der intimen zwischenmenschlichen Kommunikation" (Borscheid 1983: 130) kann sich sowohl in den Ober- wie auch Unterschichten nicht durchsetzen. Engels geht 1884 davon aus, daß die fehlende Verfügbarkeit über die zentralen ökonomischen Ressourcen der Macht nur die proletarische Ehe zur einzig wahren Liebesbeziehung werden läßt:

> "Hier fehlt alles Eigentum, zu dessen Bewahrung und Vererbung ja gerade die Monogamie und die Männerherrschaft geschaffen wurden, und hier fehlt damit auch jeder Antrieb, die Männerherrschaft geltend zu machen" (Engels 1977: 82).

Die Erwerbsarbeit der Frau stellt sich jedoch nicht zwangsläufig als Ressource ihrer ehelichen Macht dar. Sie verdeutlicht im Gegenteil, daß der Code inniger Zuneigung, Aufmerksamkeit und Liebe an der Realität scheitern muß und sich nahezu als freischwebender Wert darstellt, der nur auf eine privilegierte Elite zugeschnitten ist (vgl. Borscheid 1983: 132). Obgleich in den geringer formalisierten Unterschichten "sinnliche Momente bei der Wahl des Ehepartners weitaus öfter im Vordergrund als in anderen Schichten" (ebd.: 132) gestanden haben mögen, "schlugen [...sie] allzuoft im täglichen nervenaufreibenden Kampf ums Überleben in Streit und Haß um" (ebd.: 132).

Das Problem der ehelichen Harmonie äußert sich in allen Schichten der Gesellschaft und wird lediglich spezifisch ausgetragen. Ob hinter 'vorgehaltener Hand' oder mit offener Aggressivität ausgetragen, scheint sich die physische Gewaltanwendung des Mannes trotz der gesellschaftlichen Pazifizierung und der Institutionalisierung der Liebe nicht nur im 19. Jahrhundert als überlegene Ressource der ehelichen Machtfiguration darzustellen.

II.4.5 Zusammenfassung

Die eheliche Machtbalance in der bürgerlichen Gesellschaft ist in einen Prozeß der Individualisierung und Universalisierung zugleich eingebettet: der noch im 18. Jahrhundert machtlose Bürger erhält den Status als Rechtssubjekt im konstitutionellen Verfassungsstaat, während die Frau gleichsam in allen Schichten der Gesellschaft als rechtloses Mündel des Mannes erscheint.

Die Formulierung von 'Geschlechtscharakteren' ist dabei nicht nur als Reaktion auf die Herauslösung des modernen Menschen aus der ständischen Formation zu verstehen, sondern kompensiert die mit der halbierten Individualisierung einhergehende rechtliche, ökonomische und gesellschaftliche Zurücksetzung der Frau. Die gesellschaftlich zugewiesene Segregation der Geschlechter wird dabei sowohl zum ideologischen Leitbild der aufgewerteten Familie als auch zum rigide begrenzten Handlungsspielraum von Mann und Frau. Der äußere Fremdzwang des Staates wandelt sich dabei in eine fraglose Unterweisung und Selbstunterwerfung der Frau. Die Waffen des ehelichen Machtkampfes nehmen hier qualitativ neue Ebenen an und lassen das 'keifende Weib' des Mittelalters dem 'schwindsüchtigen, schwachen Geschlecht' weichen.

Der Individualisierung und Emanzipation intendierende Begriff der Liebe scheint sich dabei zunächst als ein Medium darzustellen, das in der nachständischen Formation jegliche sachlichen und ökonomischen Aspekte verdrängt. Indem aber Liebe zugleich mit der totalen Hingabe und Aufopferung der Frau verbunden ist, wird nicht nur ihre reproduktive Arbeit unsichtbar, sondern die Brüchigkeit der übersteigerten bürgerlichen Glückserwartung deutlich. Liebe als neu erwachsener 'Zwang' überlagert die bisherigen Formen der Machtbalance zwischen den Generationen und den Eheleuten. Die im Privat- und Familienrecht institutionalisierte und kasernierte Gewalthoheit des Mannes stellt sich dabei nicht nur als kontraproduktives Relikt mittelalterlicher Zustände dar, indem die progressiven Elemente des ALR, das Scheidungs- und Eigentumsrecht, völlig zurückgenommen werden. Es stellt sich zugleich die Frage nach der gewandelten Machtbeziehung zwischen den Geschlechtern, die die Balance affektiver Ressourcen, gegenüber den physischen, rechtlichen, positionalen, wissensmäßigen und ökonomischen Machtressourcen des Mannes auszuloten sucht.

Kapitel III
Eheliche Machtverhältnisse in der Moderne

Das 20. Jahrhundert birgt im Vergleich zur Gesellschaft des 19. Jahrhunderts eigentümliche und radikale Zäsuren und spezifische Kontinuitäten, die sämtliche gesellschaftlichen Bereiche durchziehen: so ist festzustellen, daß die Begriffe der Modernisierung und Individualisierung die gesamtgesellschaftlichen Prozesse meinen, die seit der Ablösung der ständisch-hierarchischen Gesellschaftsformation im 18. Jahrhundert vorangetrieben werden. Sie erreichen im 20. Jahrhundert einen Höhepunkt, weil das Verhältnis zwischen Individuum[1] und Gesellschaft, zwischen Herrschenden und Beherrschten, Männern und Frauen neuartige Implikationen enthält.

Obgleich die ökonomischen Ungleichheitsstrukturen der kapitalistischen, bürgerlichen Produktionsweise nach wie vor eine Ober- Mittel- und Unterschicht antreffen lassen, die sich durch die unterschiedliche Verfügbarkeit über die zentralen gesellschaftlichen Produktionsmittel etablieren, zeigt sich eine qualitative Egalisierung. Sie basiert auf den kulturellen und politischen Umbrüchen, die seit dem 2. Weltkrieg emanzipative und individualisierende Tendenzen verstärken (vgl. Kocka 1988: 31,55f.). Die extrem ungleichgewichtig ausgeprägte gesellschaftliche Machtfiguration verlagert sich zugunsten der Regierten, indem ihre politische Partizipation in großem Maße zunimmt.

Die großen Weltkriege führen zur Erschütterung und Neuordnung der Großmächte und zeigen, daß die nationalstaatliche Isolation und Souveränität der wachsenden ökonomischen, politischen und militärischen Einbindung in eine Weltgesellschaft weicht (vgl. Elias 1987c: 219ff., 1990b: 62ff.). Die wachsende Verflechtung der ökonomischen, politischen und sozialen Interdependenzketten wird dabei als äußerer Zwang erlebt, der den autonomen Handlungsspielraum des einzelnen Staates beschränkt. Innerhalb dieser Staaten zeigen sich jedoch Gestaltungsspielräume des einzelnen, die vergleichsweise größer sind als beispielsweise im absolutistischen Fürstenstaat oder im konstitutionellen Verfassungsstaat (vgl. Elias

---

[1] Der Begriff des Individuums meint dabei nicht, daß der einzelne als 'homo clausus' gleichsam abgeschlossen von gesellschaftlichen Zwängen lebt. Er soll explizit zum Ausdruck bringen, "daß jeder Mensch in der ganzen Welt ein autonomes, sich selbst regierendes Wesen ist oder sein soll, und zugleich auch, daß jeder Mensch in bestimmter Hinsicht von jedem anderen Menschen verschieden ist" (Elias 1987c: 210).

1987c: 219ff.). Um überhaupt diese grenzüberschreitende Verflechtung zu ermöglichen, bedarf es einer Selbstkontrolle des einzelnen, die sich als destabilisierend
darstellen kann, wenn sie versagt:

> "Die Hauptgefahr, die hier der Mensch für den Menschen bedeutet, entsteht
> dadurch, daß irgend jemand inmitten dieses Getriebes seine Selbstkontrolle
> verliert" (Elias 1989b: 319).

Die unmittelbar hereinbrechende Gewaltdrohung der mittelalterlichen Gesellschaft
und der beständige ökonomische Zwang der bürgerlichen Gesellschaft des 19. Jahrhunderts werden vom einzelnen nicht bewußt als Fremdzwänge erlebt, auf die sich
seine Ängste konzentrieren. Vielmehr zeigt sich eine "eigentümliche Form von
Sicherheit" (ebd.: 325), die dem einzelnen durch das polizeiliche, militärische und
ökonomische Gewaltmonopol des Staates zukommt:

> "Sie wirft ihn nicht mehr als Schlagenden oder Geschlagenen, als körperlich
> Siegenden oder als körperlich Besiegten zwischen mächtigen Lustausbrüchen und
> schweren Ängsten hin und her, sondern von dieser gespeicherten Gewalt in der
> Kulisse des Alltags geht ein beständiger, gleichmäßiger Druck auf das Leben des
> Einzelnen aus, den er oft kaum noch spürt" (Elias 1989b: 325f.).

Die 'Lustprämie' für diese Selbstunterweisung des einzelnen besteht darin, sowohl
auf militärischen und polizeilichen Schutz wie auch auf ökonomische Versorgung
im 'Wohlfahrtsstaat' zurückgreifen zu können. Jedoch stellt sich diese Sicherheit
nicht als beständig und dauerhaft dar. Sie unterliegt konjunkturellen Schwankungen
und läßt je nach dem Grad der wirtschaftlichen Prosperität und politischen Steuerung spezifische Ängste stärker oder schwächer hervortreten. So zeigt sich beispielsweise in den Sozialstaaten der Industriegesellschaften, daß die persönliche
Sicherheit des einzelnen in großem Maße von der sozialen Absicherung abhängt:
sie ist als ein "Reflex der Einrichtungen des Sozialstaates im Persönlichkeits-
habitus" (B.van Stolk/C.Wouters 1987: 76) zu verstehen und befördert Emanzipationsbestrebungen.
        Die ökonomischen Krisen, die das 20. Jahrhundert durchziehen, lassen
dabei spezifische Auf- und Abstiegsbewegungen gesellschaftlicher Gruppen und
ihrer besonderen Ängste erkennen. Sie beeinflussen entscheidend die Bedingungen
fortschreitender Emanzipation des einzelnen und lassen gesellschaftliche Institutionen umso bedeutsamer werden, je stärker der Reglementierungsdruck ausfällt.
        Die Institution der Ehe und Familie wird dabei durch die fortschreitenden
Zwänge der Moderne brüchiger und bedeutsamer zugleich. Die sozialen Bewegungen der sechziger Jahre konnten gerade im Kontext eines hohen Lebensstandards
in den 'Wohlstandsgesellschaften' entstehen und radikale Kritik formulieren, die bis
hin zur Forderung nach der Auflösung der Ehe reichte.
        Die seit den sechziger Jahren forcierte Liberalisierung und die Informali-
sierung von Verhaltensstandards zwischen den Generationen, den Geschlechtern,

zwischen Hoch- und Niedrigstehenden ist dabei in die fortschreitende Effektivierung und Rationalisierung der Berufs- und Lebenswelt eingebettet. U.Beck (1986) konstatiert, daß die Entwicklungen in den sechziger und siebziger Jahren als ein "Anfang eines neuen Modus der Vergesellschaftung" (Beck 1986: 205) aufzufassen sind.

Individualisierung meint dabei, daß "bestimmte subjektiv-biographische Aspekte des Zivilisationsprozesses" (ebd.: 206) neuartig hervortreten. Trotz der Krisenanfälligkeit gesellschaftlicher Entwicklungen sind bestimmte Schübe einer Modernisierung zu konstatieren, die die tradierten Formen gesellschaftlicher und familialer Reproduktion qualitativ durchgreifend verändern. Der einzelne wird vielmehr infolge der wachsenden gesellschaftlichen Problemlagen und Risiken zum einen aus "historisch vorgegebenen Sozialformen und -bindungen im Sinne traditionaler Herrschafts- und Versorgungszusammenhänge" (ebd.: 206) herausgelöst. Dabei verliert er sowohl vormals bestehende Zwänge als auch gesicherte Wahrheiten und Sinnzusammenhänge. Indem jedoch eine "neue Art der sozialen Einbindung" (ebd.: 206) und eine Radikalisierung der Machtunterworfenheit des einzelnen hervortritt, zeigt sich die Ambivalenz der individualisierten "Risikogesellschaft" (ebd.):

> "Individualisierungen liefern den Menschen an eine Außensteuerung und -standardisierung aus, die die Nischen ständischer und familialer Subkulturen noch nicht kannten" (Beck 1986: 212).

Die Bildungsexpansion, der Anstieg des gesellschaftlichen Reichtums und Lebensstandards und die Verrechtlichung von Arbeits- und Sozialbeziehungen beschleunigen in der Ära nach Adenauer diese Individualisierung. Diese Prozesse weisen zugleich auf die historisch ohnehin gegebene Zerbrechlichkeit der Sozialbeziehungen, wie zum Beispiel die der Geschlechterbeziehung. Es wird deutlich, daß die Benachteiligung der Frauen nicht auf herkömmliche Weise kompensiert werden kann.

Frauen beginnen nun selbst, ihre vormalige Außenseiterposition zu verlassen. Das, was Beck als Auslieferung einer auf sich selbst zurückgeworfenen, flexiblen Normalbiographie an eine Außensteuerung des Marktes und Staates beschreibt, kann auf dieser Ebene als Vervollkommnung des bislang halbierten Modernisierungsprozesses betrachtet werden. Die vielfach anzutreffende kulturkritische Empörung über einen vermeintlich sittlich-moralischen Verfall der 'permissiven' Gesellschaft, in der gesicherte Sozialkontrollen zu versagen drohen (vgl. Duerr 1988b,1990,1993 gegenüber Kuzmics 1989: 143ff.,1990), kann dabei als ein wiederbelebter Anachronismus verstanden werden. Sie zielt implizit darauf ab, die zugunsten der Frauen verschobene Machtbalance (die sich diesem als Informalisierung zu bezeichnenden Prozeß verdankt) innerhalb wie außerhalb der Ehe zu revidieren.

Die Versuche, den individualisierten einzelnen wiedereinzubinden, werden dabei in historisch bekannter Form unternommen: konservative Gruppierungen versuchen die nach wie vor auf geschlechtsspezifischer Arbeitsteilung und Polarität beruhende Differenz innerhalb der Familie als ideales Modell und als Institution gegenüber den gesellschaftlichen Wandlungserscheinungen zu stabilisieren (vgl. A. Cramer 1985: 200ff.; vgl. K.Jurczyk 1980: 171-208.).

Gleichwohl bergen die totalisierenden Aspekte der Moderne nicht nur ökologisch und ökonomisch neuartige Risiken und Ausbeutungsstrukturen, sondern auch neuartige zwischenmenschliche Konflikte. Sie lassen beispielsweise die Familie als "Zweckbündnis zum geregelten Emotionalitätsaustausch auf Widerruf" (Beck 1986: 209) erscheinen und zeigen spezifische "Beziehungsprobleme im Wohlfahrtsstaat" (Stolk/Wouters 1987). Sie sind allerdings als Ausdruck und Konsequenz von Entwicklungen zu verstehen, in denen offen zutage tritt, daß die Geschlechterbeziehung die einer ungleichen Machtverteilung ist. Sie ähnelt derjenigen in einer Beziehung zwischen Etablierten und Außenseitern, die jedoch vielfach interdependenter und komplizierter gestaltet ist.

Familie und Ehe entwickeln sich zum Beispiel nicht erst jetzt zum "Arbeitsbereich" (I.Ostner/B.Pieper 1980), sondern werden allmählich als solcher erkannt. Ihr Fortbestehen hängt dabei entscheidend davon ab, inwiefern es gelingt, die von Frauen formulierten Emanzipationsforderungen zu integrieren. Daß das "ambivalente() Machtgefüge() in der Richtung einer Egalisierung" (Elias 1990b: 55) dabei von den Männern die Bereitschaft verlangt, ihre Privilegien abzugeben, drückt letztlich die gewachsene Angewiesenheit der Geschlechter aus:

> "Die Informalisierung bringt also eine stärkere Beanspruchung der Selbstzwangs-apparaturen mit sich und zugleich ein häufiges Experimentieren, eine strukturelle Verunsicherung (...)" (Elias 1990b: 53).

Als ein positives, wenngleich längst überfälliges Ergebnis dieser auch produktiv zu verstehenden Verunsicherung ist hervorzuheben, daß die strukturelle Gewalthaftigkeit der Geschlechterbeziehung erkannt und zu verändern versucht wird. Die "Zukunft der Macht" (Taureck 1983) zwischen den Geschlechtern hängt dabei davon ab, inwiefern sich die Männer "die Ansprüche dieser Frauen [nicht nur] zu ihrem eigenen schlechten Gewissen" (Kuzmics 1989: 300) machen, sondern gleichsam verinnerlicht als eine Selbstverständlichkeit begreifen.

III.1. Soziale Bewegungen und die Modernisierung der Ehe

Der radikal anmutende Bedeutungswandel der Ehe ist als ein Ergebnis der objektiven sozio-ökonomischen Umschichtungen der sich modernisierenden Gesellschaft zu verstehen, der durch die Zielsetzungen bestimmter gesellschaftlicher Gruppen verstärkt wird. Die Komplexitätssteigerung der gesellschaftlichen Verflechtungen bewirkt auch im Binnenraum der Privatsphäre, daß die Konflikthaftigkeit in Ehe, Familie und sozialen Beziehungen allgemein potenziert wird. Einen entscheidenden Schub innerhalb dieser Komplexitätssteigerung und Modernisierung

leistet dabei die Frauenbewegung als Teil der sozialen Bewegungen. K.W.Brand/-
D.Büsser (1983) konstatieren, daß soziale Bewegungen sich hinsichtlich ihrer
Zielsetzung, ihrer Ausstrahlungskraft und sozialen Zusammensetzung wie auch
ihrer gesellschaftsverändernden Relevanz auszeichnen. Die Frauenbewegung der
sechziger und siebziger Jahre ist dabei gegenüber ihren historischen Vorgängerin-
nen der bürgerlichen und sozialistischen Frauenbewegung als eine Gruppierung von
zunächst studentischen und mittelständischen Frauen aufzufassen, die ihre gesamtgesellschaftliche Benachteiligung zu überwinden sucht (vgl. Brand/Büsser 1983:
123ff.).

Obgleich sie, hervorgehend aus dem Sozialistischen Studentenbund (SDS),
zunächst eine Minderheit darstellen, gelingt es den Frauen langfristig, eine aus-
strahlungskräftige Bewegung aufzubauen. Die privilegierten Studentinnen und
gebildeten Freiberuflichen tragen zunächst die Bewegung, weil nicht zuletzt mit der
Bildungsreform gerade Frauen aus den Mittelschichten Bildungszugänge erlangen.
Parallel dazu zeigt sich eine Entwicklung des Arbeitsmarktes, der die weibliche
Erwerbstätigkeit in der wirtschaftlich prosperierenden Bundesrepublik fördert und
erforderlich macht (vgl. ebd.: 123f.).

Der Trend zur Kleinfamilie, die wachsende Zahl von Alleinerziehenden-
Haushalten und die Effektivierung und Modernisierung der Hausarbeit indizieren
dabei die objektiven Bedingungen des gesellschaftlichen Umbruchs. Er berührt die
traditionelle Rollenzuschreibung der Frau (vgl. Beck 1990: 44f.). Die Frauenbewegung reagiert auf diese objektiven Tendenzen der liberalen Ära, die alle Bereiche
wie zum Beispiel die Sexualität und das Schul-und Erziehungssystem erfassen:

> "Auf der einen Seite verbesserten sich also die objektiven Voraussetzungen für
> die politische Artikulation von Frauen, insbesondere sofern sie der jüngeren
> Generation und den gebildeten Mittelschichten angehörten und relativ unabhängig
> waren (vor allem Studentinnen, Angehörige freier Berufe, Ledige)" (Brand/Büsser
> 1983: 124).

Indem die unabhängigeren Frauen auf der anderen Seite Fragen der Sexualität, des
Selbstbestimmungsrechtes (§218) und der alltäglichen Gewalt in Ehe und Familie
aufgreifen, gelingt es ihnen, eine Breitenwirkung zu entfalten und Problemfelder in
die Diskussion zu bringen, die zusehends "von größeren gesellschaftlichen Gruppen
als krisenhafte Belastung" (ebd.: 36) erlebt werden. Die Frauenbewegung favorisiert
dabei explizit, die in das Privatleben verlagerte gesellschaftliche Problematik der
Unterdrückung öffentlich zu machen. Die Gründung von Häusern für geschlagene,
vergewaltigte und mißhandelte (Ehe-)Frauen, die Versuche, anti-autoritäre Erzie-
hungsstile umzusetzen, wie auch die Selbstbezichtigungskampage der §218-Initia-
tiven stellen in ihrer Langzeitwirkung einen so großen gesellschaftlichen Druck dar,
daß die Massenmedien, die Gesetzgebung und die Männer selbst darauf reagieren
müssen. Die Frauenhäuser "dokumentierten unübersehbar das Ausmaß der alltäglichen Gewalt in Ehe und Zweierbeziehungen, waren (...) Anklage und Zeugnis"
(ebd.: 132f.).

Obgleich die teilweise 'radikalen' Positionen der Frauenbewegung, die sich im weiteren Verlauf weiter differenziert, öffentlich verunglimpft werden und eher der gesellschaftlichen Ausgrenzung bestimmter Meinungen förderlich sind, ist der emanzipative Druck der Frauenbewegung nicht zu übersehen. Ihre Positionen werden zwar integriert und in ihrer Radikalität der Zielsetzung vielfach affimiert; sie üben dennoch "eine subtilere Wirkung auf traditionelle Werte, Rollenmuster und alltägliche Verhaltensformen aus, die sich vorerst nur bei Minderheiten niederschlägt, aber doch langfristig weitreichende Effekte zeigen dürfte" (ebd.: 153).

Einer der Effekte der "modernisierende(n) Funktion" (ebd.: 71) der Frauenbewegung ist es, daß Frauen in der Ehe gleichberechtigte Entfaltungs- und Entwicklungschancen fordern und partiell auch gesetzlich erlangen. Ihre Bereitschaft zur "Verweigerung der Frauenrolle" (B.v.Kleist 1991: 5) drückt sich u.a. besonders in hohen Scheidungsziffern aus.

So zeigt sich im "Statistische(n) Jahrbuch für die BRD" (1990), daß von 1970-1980 zunächst ein rückläufiger Trend bei Eheschließungen zu verzeichnen ist, der erst ab 1988 wieder ansteigt. Die Tendenzen zur Ehescheidung setzen sich nahezu ungebrochen seit 1970 ansteigend fort und gehen erst ab 1988 zurück. Insgesamt übersteigen nach wie vor die Eheschließungen (1988 = 400.000) die Zahl der Scheidungen, die 1988 bei 130.000 lagen. Zum Vergleich fielen 1980 auf 370.000 Verheiratungen 90.000 Scheidungen (vgl. Statistisches Bundesamt 1990: 61-71; vgl. Beck 1990: 25; vgl E.Beck-Gernsheim 1990a: 91ff.).

Bei dieser Entwicklung ist signifikant, daß zunehmend Frauen die Ehescheidung einreichen, weil sowohl ihre subjektiven Erwartungen und Ansprüche an Paarbeziehungen gewachsen sind, als auch objektiv durch die Reform des Scheidungsrechtes seit 1977 und durch die wachsende weibliche Erwerbstätigkeit der Rahmen für die weibliche Individualisierung erweitert ist.

Beck-Gernsheim konstatiert, daß sich hinter der Bereitschaft der Frauen, ihre ehelichen Machtdefizite zu erkennen und zu verändern, eine neue affektive Aufladung von Ehe und Liebe insgesamt verbirgt:

> "Im Enttäuschungsfall gaben Frauen früher ihre Hoffnungen auf. Heute dagegen
> halten sie an den Hoffnungen fest - und geben die Ehe auf" (Beck-Gernsheim
> 1990a: 86).

Die Ehe wird auch bedeutsamer und emphatischer aufgeladen, weil die ständischen Vorgaben wegfallen und gleichsam den Durchbruch des romantischen Liebesideals bis in alle Gesellschaftsschichten indizieren (vgl. II.4.4). Die Freisetzungsprozesse erfassen demokratisierend auch das individuelle Liebespaar, Mann und Frau gleichermaßen. Die Frau ist trotz der konservativen Bemühungen der Familien- und Frauenpolitik nicht mehr so stark wie noch im 19. Jahrhundert auf die Ehe als Versorgungsgemeinschaft angewiesen. Die eheliche Partnerschaft muß auf einer neuen Ebene theoretisch mehr denn je die emotionalen als die ökonomischen Bedürfnisse einer 'Überlebensgemeinschaft' befriedigen. Die persönliche Glücksvorstellung tritt dabei sowohl in das Zentrum der ehelichen Gemeinschaft selbst, als sie sich auch konfliktvoller gestaltet. Schränkten ständische Vorgaben und institutionelle Zuschreibungen über die Pflichten und Rechte in der Ehe den Selektionsspielraum beider Akteure ein, sind nun die Gestaltungsmöglichkeiten des "persönlichen Glücks, wenn die Liebe aus äußeren Fesseln befreit wird" (Beck-Gernsheim 1990b: 109), gewachsen.

Sie beinhalten neben allen emanzipativen Zügen einen erhöhten Zwang und Druck, eigenständig an der Beziehung zu 'arbeiten' und bieten auch häufiger "Anlaß zu Uneinigkeit, Meinungsdifferenzen und Streit" (ebd.: 119). Gleichzeitig sind die äußeren Anforderungen an die berufliche Mobilität und Flexibilität gestiegen, so daß die 'reproduktiven' und affektiven Aspekte einer Partnerschaft bedeutsamer und unverzichtbarer werden. Die 'Beziehung' soll die psychische Stabilität und Sinnstiftung ermöglichen, die in einer fortschreitend verwalteten, 'entzauberten' und streng rationalisierten 'Risikogesellschaft' verloren geht, ohne dabei jedoch die notwendige Distanz und Nähe zwischen den Partnern aufzugeben (vgl. Beck 1990: 49ff.):

> "Wir suchen unsere Lebensgeschichte, wollen uns aussöhnen mit unseren Enttäuschungen und Verletzungen, wollen unsere Hoffnungen und Lebensziele entwerfen" (Beck-Gernsheim 1990a: 72)

und dabei 'authentisch' bleiben, die Balance zwischen Wir und Ich, Macht und Liebe bewußt 'aushandeln'.

Ihre bisherige traditionelle Zuschreibung als "Ehesymbiose" (ebd.: 92), die die freiwillige bzw. unbewußte Selbstunterweisung der Frau unter ein 'Aufgehen' im Ehemann implizierte, erweist sich zusehends als antimodernistisch und dysfunktional. Nicht nur die gestiegene Lebenserwartung und die potentiell verlängerte Ehedauer in der Normalbiographie des einzelnen zeigt unterschiedliche Ehephasen an, die es zu gestalten gilt: beide Partner sind, am "Ideal stabiler Partnerschaft" (Beck 1990: 27) festhaltend, damit konfrontiert, ihre eigene Eherealität den variierenden Lebensläufen entsprechend zu gestalten. Zu der einseitigen Orientierung der Ehe an der männlichen Berufsbiographie gesellt sich allmählich die weibliche Erwerbstätigkeit mit denselben Mobilitätszwängen.

Parallel zu den objektiven und ambivalenten Kennzeichen der Individualbiographie sind nun auch die Ideale und Erwartungshaltungen der Männer und Frauen aneinander gewachsen: der Mann wünscht sich eine selbstbewußte und aktive Partnerin, die seine Privilegien jedoch nicht antastet. Die Männer haben dabei "eine Rhetorik der Gleichheit eingeübt, ohne ihren Worten Taten folgen zu lassen" (Beck 1990: 24). Nicht nur hier kann festgestellt werden, daß der gesellschaftlichen und ökonomischen Produktivkraftentwicklung tradierte Relikte und Geschlechtsrollen in ihrer Zählebigkeit entgegenstehen.

Es ist gegenwärtig nicht abzusehen, ob sich angesichts der wachsenden Pluralisierung der Formen der Geschlechterbeziehungen eine "postromantische Welt" (Beck-Gernsheim 1990a: 77) durchzusetzen beginnt, die den übersteigerten 'Interpenetrationsdruck' der Liebesbeziehung zu überwinden vermag (vgl. Luhmann

1982: 160,218). Festgestellt werden kann aber, daß durch die gewachsenen Ent-
scheidungsmöglichkeiten, und zwar allein, getrennt, gemeinsam aber unverheiratet,
gemeinsam in einer Wohngemeinschaft oder anders leben zu können, die Monopol-
stellung der Ehe und ihre Machthierarchie berührt wird. Die im 19. Jahrhundert
'mühsam' zusammengeführte eheliche Liebe wird, ebenso wie auch die Sexualität,
Hausgemeinschaft und Elternschaft, nun wieder entkoppelt und individuell gestalt-
bar: Ehe läßt sich von Sexualität trennen,

> "Elternschaft läßt sich durch Scheidung multiplizieren und das Ganze durch das
> Zusammen- oder Getrenntleben dividieren und mit mehreren Wohnsitzmöglich-
> keiten und der immer vorhandenen Revidierbarkeit potenzieren" (Beck 1990: 52).

Zu fragen bleibt, was letztlich die Institution der Ehe, nach einer Phase des Popula-
ritätsverlustes, attraktiv erscheinen läßt, und was ihr Charakteristikum im Zeitalter
des "biographische(n) Pluralismus der Lebensformen" (ebd.: 51) ist. Beck geht
davon aus, daß "weniger das materielle Fundament und die Liebe, sondern die
Angst vor dem Alleinsein (...) Ehe und Familie zusammen[hält]" (Beck 1990: 49).
Gerade in den Zeiten wirtschaftlicher und gesellschaftlicher Regression scheint
besonders für Frauen die Angewiesenheit auf die Ehe zu wachsen, wobei ihr
Emanzipationsbewußtsein mit einem wiedererstarkenden Patriarchalismus in der
Öffentlichkeit, Gesetzgebung und ehelicher Machtverteilung konfrontiert ist.

III.2. Nicht-eheliche Lebensgemeinschaften

Die 'nicht-eheliche Lebensgemeinschaft' stellt sich trotz oder wegen ihrer
weitverbreiteten Akzeptanz in der Öffentlichkeit als ein Problem finanz- und
familienpolitischer wie rechtlicher Orientierung dar. Schon der Begriff selbst legt
nahe, daß diese Form der hetero- oder homosexuellen, trauscheinlosen Lebensgemeinschaft nur in Bezug zur Institution der Ehe ex negativo als Nicht-Ehe
expliziert wird (vgl. M.Wingen 1984; vgl. BMJFG 1985).
Ein Unterscheidungskriterium gegenüber der Ehe stellt die Norm der
Dauerhaftigkeit und Revidierbarkeit der Beziehung dar: während die Ehe implizit
auf Dauer ausgerichtet und strukturiert ist und idealiter als unkündbar gilt, setzen
sich nicht-eheliche Lebensgemeinschaften von vornherein die Option, daß sie kein
Bündnis auf Lebenszeit darstellen. Die als nicht-eheliche Beziehung, Konkubinat
oder auch 'wilde Ehe' beschreibbare Lebensform ragt gegenüber der Institution der
Ehe spezifisch heraus, weil sie eine bewußt gewählte Alternative oder auch eine
erzwungene ökonomische Notwendigkeit darstellen kann, ohne jedoch eine Institution zu sein.
Anfänglich bewußt als eine egalitäre, der Monogamie kritisch gegenüber-
stehende anti-institutionelle Beziehung in der studentischen Kommunebewegung
erprobt, fand diese Lebensform unter Abstrichen auch Anhänger in anderen gesell-

schaftlichen Gruppen, so daß monokausale Zuschreibungen nicht ausreichen, um
das Besondere dieser Art von Beziehung hervorzuheben (vgl. Wingen 1984: 21,63).

Es zeigt sich zum Beispiel, daß die nicht-eheliche Gemeinschaft ihre
historischen Vorläufer im verfolgten Konkubinat des 19. Jahrhunderts haben kann
(vgl. Weber 1907: 535; vgl. II.4.3), oder aus ökonomischen Gründen eine erzwungene Lebensform in einer bestimmten Lebensphase darstellt. Sie kann sich auch als
vorübergehende Etappe einer festen Paarbeziehung herausstellen, die mit dem
Kinderwunsch oft in einer Eheschließung mündet, oder aber bewußt anti-instu-
tionell und emphatisch begründet wird.

Während sich zum Beispiel für verwitwete Rentner und Rentnerinnen die
nicht-eheliche Lebensgemeinschaft als einzige Möglichkeit darstellt, weiterhin die
Rentenansprüche des verstorbenen Gatten oder der Gattin geltend zu machen
('Rentnerkonkubinat'), kann in der studentischen Paarbeziehung jeder Partner und
jede Partnerin weiterhin seine/ihre ökonomische Selbständigkeit wahren (vgl. Wingen 1984: 62).

Auch ledige Frauen wählen oft bewußt nicht-eheliche Lebensgemeinschaften, um der angestrebten Berufstätigkeit und Autonomie nachgehen zu können. Eine verheiratete Frau wird nach wie vor formell oder informell als vorübergehend berufstätig eingeschätzt, weil immer noch angenommen wird, daß der
Kinderwunsch zum zeitweiligen oder gänzlichen Ausstieg aus dem Berufsalltag
führt (vgl. ebd.: 62; vgl. H.Pfarr 1991: 13).

Die sexuelle Freizügigkeit bzw. umgekehrt die fehlende Treueverpflichtung mag sich weiterhin als ein Anspruch darstellen, eine nicht-eheliche Lebensgemeinschaft einzugehen, obgleich auch hier der Wert der partnerschaftlichen
Treue nahezu institutionalisiert ist. Er stellt sich zumindest oft als ein Problem
partnerschaftlicher Konflikte dar.

Um eine bestehende Ehe mit ihren Privilegien und/oder Zwängen zu
erhalten und gleichzeitig aber eine Liebesbeziehung mit einem anderen als dem
angetrauten Partner führen zu können, kann auch die konkubinatsähnliche Verbindung gewählt werden (vgl. Wingen 1984: 63). Galt historisch das Konkubinat
oft als Verbindung zweier Menschen, die einem staatlichen Heiratsverbot unter-
lagen oder Ehebruch begangen, stellt sich die nicht-eheliche Lebensgemeinschaft
heute als eine relativ frei gewählte Lebensform dar.

In der Erfahrung, daß die Ehe trotz ihrer Freisetzung aus ständischen
Vorgaben weniger die emphatische Liebe und Harmonie als vielmehr auch Konflikte durchschlagen läßt, stellen unverheiratete Paare den Anspruch die nicht-
eheliche 'Liebesbeziehung' egalitärer und liberaler zu gestalten: weil jegliche
Rechte und staatliche Pflichten nicht vorliegen, wird diese Lebensform individuell
oft als die einzig 'wahre' und 'freie' Liebesbeziehung favorisiert. Ihre Befürworter
stellen dabei den Vertrauensaspekt der letztlich nicht meßbar zu machenden Liebe
dem Aspekt des vertraglichen Übereinkommens einer Ehe gegenüber. Hier wird
auch die Annahme angeführt, daß ein langes eheliches Zusammenleben einen

Alltag einschleifen lassen kann, der Langeweile und abnehmende Aufmerksamkeit impliziert, an dem schließlich der partnerschaftliche Respekt scheitern kann (vgl. BMJFG 1985: 40ff.)[2]:

> "In der Neigung zu nichtehelichen Lebensgemeinschaften kann [muß aber nicht] eine gewisse Abneigung gegenüber institutionellen Ordnungsformen zum Ausdruck kommen, ein Argwohn gegenüber allem Instituitionellen als einer die freie persönliche Entfaltung einschränkenden und belastenden Auflage" (Wingen 1984: 55).

Weitere Befragungen verdeutlichen allerdings, daß bei der überwiegenden Mehrheit der trauscheinlosen Paarbeziehungen keine prinzipielle, sondern eher eine vorübergehende Ablehnung der Ehe als Institution zu konstatieren ist.

Besonders, weil die Bedeutung der Liebe insgesamt gewachsen ist, gestehen sich wohl viele Paare einen nötigen Erprobungsspielraum vor der Ehe zu. Sie wollen in einer sexuellen Lebens- und Wohngemeinschaft gleichsam 'testen', ob der/die Erwählte der oder die lebenslänglich vorstellbare Partner/Partnerin für den 'Ernstfall' Ehe ist. Für diese Annahme spricht zum einen, daß die nichteheliche Lebensgemeinschaft gerade bei jungen Leuten ohne Eheerfahrung anzutreffen ist. Vor allem bei den Zwanzig- bis Dreißigjährigen ist (trotz einer problematischen Datenbasis) eine 10 bis 20%-ige Verbreitung dieser Lebensform festzustellen. Umgerechnet werden bei 300.000 bis 500.000 jungen Leuten nicht-eheliche Beziehungen bevorzugt. Mit den aus ökonomischen Zwangslagen zustandegekommenen Konkubinaten addiert, zeigt sich, daß in den achtziger Jahren bis zu 1 bzw. 2,5 Mio. sogenannter 'wilder Ehen' existieren (vgl. Wingen 1984: 27ff.; vgl. BMJFG 1985: 8).

Die in allen Schichten "steigende gesellschaftliche Akzeptanz" (Wingen 1984: 29) dieser Gemeinschaften stellt einen öffentlichen Druck dar, der sogar auf juristische Überlegungen einzuwirken beginnt, besonders, wenn uneheliche Kinder vorhanden sind und vermögens- oder steuerrechtliche Aspekte vorliegen (vgl. ebd.: 10f.).

Umgekehrt geht von der nicht-ehelichen Lebensgemeinschaft aber auch auf die bestehende Institution der Ehe selbst eine Ausstrahlungskraft aus: die in unehelichen Paarbeziehungen scheinbar leichter zu verwirklichenden Erwartungen, Hoffnungen und die vorherrschenden Orientierungen gelangen allmählich auch in die Ehe. Sie ist durch ihre vermeintliche 'Deinstitutionalisierung' unter einen größeren Legitimationsdruck gestellt, um sich angesichts der hohen Scheidungs-

---

[2] Inwiefern auch das Empfinden, mit der Verheiratung einen Partner zu 'besitzen', einen weiteren Grund darstellt, daß der eheliche Respekt verloren gehen kann, wäre in diesem Kontext anknüpfend an die Gewaltproblematik ein zu untersuchender Aspekt (vgl. Stolk/Wouters 1987).

quote als akzeptables und sinnvolles Muster darzustellen[3]. Das individuelle Ehepaar wird durch seine voreheliche Erfahrung in einer Paargemeischaft egalitärere
Leitbilder umzusetzen versuchen.

Die Problematik, daß bei Elternschaft und Trennung keinerlei staatliche
Rechtsansprüche geltend gemacht werden können, bezeugt hingegen wieder die
Beweislast der nicht-ehelichen Lebensgemeinschaft gegenüber der Institution der
Ehe.

Die nicht-eheliche Lebensgemeinschaft setzt für die Partnerin letztlich
voraus, was in der Ehe noch nicht selbstverständlich ist: eine Ehescheidung verlangt zwar, daß jede/r Partner/in künftig für sich selber sorgen kann. Die bestehende Unterhaltspflicht bei unzureichenden Eigenmitteln des Partners bzw. der
Partnerin stellt sich jedoch als eine Sicherheit der nachehelichen Versorgung dar.
In einer nicht-ehelichen Lebensgemeinschaft sind die Partner voneinander unabhängig und von gegenseitigen Unterhaltsverpflichtungen befreit (vgl. ebd.: 47). Männer
entdecken umgekehrt ihre Ansprüche, sich gegen ihre Benachteiligung im Sorge-
recht über ihre Kinder, das durch das 'Muttermonopol' gekennzeichnet ist, zu
wehren. Als verheiratete Väter stehen ihnen gegenüber nicht-ehelichen Lebens-
partnern mehr Ansprüche auf das Kind zu, so daß vielleicht auch Männer eher zur
Heirat neigen könnten (vgl. BMJFG 1985: 49).

Weil nach wie vor traditionelle Motive der Eheschließung vorherrschen,
die mit individuell gewachsenen Ansprüchen vermischt werden, ist es problematisch, Aussagen über die zukünftige Entwicklung der Ehebereitschaft zu treffen. Es
ist zum Beispiel fraglich, ob sich die nicht-eheliche Lebensgemeinschaft letztlich
als "endgültige Form des Zusammenlebens" (Wingen 1984: 46), entsprechend der
großen Variierbarkeit und Flexibilität der individualisierten Wahlbiographie,
durchsetzen wird. Dagegen spricht, daß die 'wilde Ehe' häufig als voreheliche
Experimentierphase gilt und, daß es immer noch zur (männlichen) Normalbiographie zählt zu heiraten. Untersuchungen über den Berufsalltag zeigen, daß der
(ältere) Berufstätige als Ehemann mehr Seriosität, Souveränität und Durchset-
zungsvermögen beanspruchen kann. Urlaubspläne, steuerliche Vergünstigungen und
die bevorzugte Berücksichtigung des familialen Hintergrundes bei Versetzungen
stellen eine der Konstanten dar, die die Ehe gegenüber nicht-ehelichen Lebensformen begünstigt (vgl. BMJFG 1985: 48).

Auch die umgekehrte Vermutung, ob allmählich innerhalb der Institution
der Ehe vormals anti-institutionelle Individualisierungsansprüche besonders der
Frauen integriert werden, ist eindeutig nicht zu belegen. Die ökonomischen Voraussetzungen sind nach wie vor eine der Bedingungen dafür, daß Frauen inner- und
außerhalb der Ehe eigenständig leben können:

---

[3] Die in den Medien anzutreffende Fülle von Partnerschafts-Quizsendungen, Partnerschaftstests,
'Traumhochzeiten' und die Ratgeberliteratur lassen sich u.a. auch als ein Reflex auf diese Sinnentleerung begreifen.

"Eheähnliche Verhältnisse müssen Frauen sich leisten können; sie variieren daher
auch mit der Berufs- und Einkommenssituation von Frauen" (Ostner 1986: 247).

Die tendenzielle 'Feminisierung' der Armut infolge der steigenden Arbeitslosigkeit
bewirkt womöglich den Trend, verstärkt traditionale Sicherheiten zu suchen. Frauen
wollen heute zwar nicht mehr leben wie bisher, sie 'können' aber oft, entsprechend
ihrer materiellen und sozialen Lage, noch nicht anders als in einer Ehe leben (vgl.
Beck-Gernsheim 1983; vgl. BMJFG 1985: 48f.).

III.3. Staatliche Familienpolitik und Eherecht

Die staatliche Familienpolitik wie auch die Reform des Eherechts von
1977 stehen in dem Widerspruch, gesellschaftlichen Ansprüchen an die Emanzipation der Frau partiell entgegenkommen zu müssen und zugleich Ehe und Familie
nach wie vor als sinnstiftendes Modell der Geschlechterbeziehung vorzuführen (vgl.
Wingen 1984; vgl. Dritter Familienbericht 1979; vgl. Jurczyk 1980: 174). Besonders die Betrachtung des Frauen- und Familienleitbildes im *Dritten Familienbericht*
der Sachverständigenkommission des Bundestages wie auch die praktizierte Rechtsprechung verdeutlichen diese Ambivalenz.
        So stellt beispielsweise Wingen in seiner Untersuchung über nicht-eheliche
Lebensgemeinschaften erstaunt fest, daß trotz der gewachsenen Liberalisierung des
Eherechts die Ehe "insbesondere einer wachsenden Zahl von Frauen immer weniger entspricht" (Wingen 1984: 84).
        Die Eherechtsreform von 1977 zeigt, daß das gängige einseitige Versor-
gungsprinzip des männlichen Familienernährers abgelöst wird und es den Eheleuten
überlassen bleibt, "selbst die ihnen gemäße Form zu bestimmen" (ebd.: 84). Der
§1356(2) des BGB stellt zum Problem der Haushaltsführung zwar ein hohes
Zugeständnis an individuelle Prämissen der Eheleute dar, indem der Mann und
besonders die Frau "berechtigt [sind], erwerbstätig zu sein" (BGB 1991: 243) und
in eigenem Einvernehmen die finanziellen Angelegenheiten der Hausgemeinschaft
zu regeln. Zugleich verdeutlichen jedoch die 'Härtefallregelungen' sowohl beim
Recht der Frau auf Erwerbstätigkeit wie auch im Scheidungsrecht[4] erhebliche
Einschränkungen, die den rein theoretischen Gehalt des 'liberalen' Familien- und
Eherechts indizieren.
        Sollte sich beispielsweise herausstellen, daß bei "der Wahl und Ausübung
einer Erwerbstätigkeit auf die Belange des anderen Ehegatten und der Familie
[nicht] die gebotene Rücksicht" (BGB 1991: 243) genommen wird, ist es dem Staat
erlaubt, in die geschützte 'Intimsphäre' der Ehe und Familie einzugreifen.

---

[4] §1568(1) besagt, daß eine Ehe u.a. nicht geschieden werden sollte, "obwohl sie gescheitert ist, wenn
und solange die Aufrechterhaltung der Ehe im Interesse der aus der Ehe hervorgegangenen minderjäh-
rigen Kinder aus besonderen Gründen ausnahmsweise notwendig ist(...)" (BGB 1991: 277).

Obgleich die Aussagen des Dritten Familienberichtes empfehlenden Charakter tragen, verdeutlichen sie die nach wie vor patriarchalischen Denkweisen, die die Frau vorrangig als generatives Wesen und erst sekundär als Berufstätige auffassen. Die als Wahlfreiheit vorgeführte Pluralität der weiblichen Biographie scheitert zugleich an den immanenten und überindividuell gegebenen Rechtsgrundsätzen der Institution der Ehe. So wird festgestellt, daß der Staat trotz der bewilligten Berufstätigkeit der Frau berechtigt ist einzugreifen, sobald die Frage der familialen Reproduktion und Kinderversorgung problematisch wird:

"Der Staat wäre aber insbesondere legitimiert einzugreifen (...)

> - wenn die Wirkungen der individuellen Entscheidungen mit gesellschaftlichen und/oder gesamtgesellschaftlichen Zielen nicht zu vereinbaren sind. In diesem Zusammenhang wären in erster Linie die Auswirkungen einer verstärkten Erwerbstätigkeit auf das Geburtenverhalten zu untersuchen. Könnte man nachweisen, daß die verstärkte Erwerbstätigkeit verheirateter Frauen, während der Zeit, in der die größte Zahl der Kinder geboren wird, zu einem Geburtenrückgang führt, der die Erhaltung der Bevölkerungszahl in Frage stellt, wäre der Staat legitimiert, einer solchen Entwicklung entgegenzuwirken" (Dritter Familienbericht 1979: 31).

Obgleich bei der Kodifizierung des Eherechts mittlerweile der Versuch unternommen wird, von Geschlechtsrollenzuweisungen abzuheben, zeigt das vorliegende Zitat, daß die Individualisierung des weiblichen Lebenszusammenhanges an der 'Kinderfrage' scheitert. Indem die sogenannte Frauenfrage unweigerlich mit der Frage der Kindererziehung und -versorgung gekoppelt wird, verdeutlicht sich, daß Frauen nach wie vor auf ihre biologischen Eigenschaften reduziert werden:

> "Von der Gebährfähigkeit der Frau wird auf die Zuständigkeit für Kind, Hausarbeit, Familie und daraus auf Berufsverzicht und Unterordnung im Beruf geschlossen" (Beck 1990: 35).

Hier kann auch einer der Gründe dafür liegen, warum Frauen oft nicht-eheliche Lebensgemeinschaften als rechtsfreien Raum bevorzugen oder alleinstehend erwerbstätige Mütter bleiben. Diese Wahl expliziert hier besonders, daß die "Angemessenheit der Form von Ehe und Familie zur Befriedigung gesellschaftlicher und individueller Bedürfnisse (...) in Frage gestellt" (Jurczyk 1980: 173) ist.

Die Sachverständigenkommission intendiert keineswegs offensiv, die "Erwerbstätigkeit verheirateter Frauen" (Dritter Familienbericht 1979: 23) zu verurteilen. Vielmehr wird zugestanden, daß der Zunahme weiblicher Erwerbstätigkeit zweifellos die Steigerung des Sozialproduktes zu verdanken ist (vgl. ebd.: 23). Die verbesserten Lebensbedingungen und die gewachsenen Emanzipationsmöglichkeiten werden ebenso als lobenswerte Errungenschaften des Sozialstaats genannt und keineswegs 'weggewünscht'. Offenbar aus Sorge um das Kindeswohl und um die psychische Stabilität des einzelnen in der problematischer werdenden Lebenswelt wird denn auch eingeräumt, daß die weibliche Erwerbstätigkeit "nicht nur unter dem ökonomischen Gesichtspunkt (...) gesehen werden" (ebd.: 23) dürfe. Jedoch wird, anstatt gesellschaftliche Hilfestellungen zu bieten, die Lösung des bestehenden Widerspruchs des Berufs- und Familienleben der einzelnen Frau bzw. der einzelnen Familie überlassen, soweit es die Geburtenrate nicht beeinträchtigt. Letztlich als vermeintliche Orientierungshilfe vorgeführt, wird argumentiert,

> "daß es in vielen Fällen fraglich wäre, ob sich angesichts der mit der Erwerbs-
> tätigkeit der Frau verbundenen Anstrengungen die verbleibende geringe materielle
> Verbesserung der Lebenssituation lohnen würde" (Dritter Familienbericht 1979:
> 23).

Hält das individuelle Ehepaar jedoch an der Erwerbstätigkeit der Frau fest, obwohl sie keinen großen ökonomischen Gewinn einträgt und werden dadurch generative Aspekte 'beeinträchtigt', kann in den 'rechtsfreien Raum' der Ehe und Familie durch den Staat eingegriffen werden.

Obgleich die restaurativen Tendenzen der Familienpolitik und die verstärkte Werbung für Ehe und Familie "nicht nur als Antwort auf materielle Benachteiligungen und existentielle Abstiegsängste zu entschlüsseln" (Beck/Beck-Gernsheim 1990: 16) sind, können bevölkerungs-, arbeitsmarkt- und finanzpolitische Erwägungen keineswegs ausgeschlossen werden. So wird beispielsweise durchaus offen die Befürchtung ausgedrückt, daß die Zahl der "deutschen Kinder" (Dritter Familienbericht 1979: 62), durch die der ausländischen übertroffen werden könnte (vgl. Statistisches Bundesamt 1990: 64ff.). Betrachtet man die Entwicklung des Arbeitsmarktes, den Anstieg nicht-ehelicher Geburten und Lebensgemeinschaften und die bis 1985 rückläufige Geburtenzahl, die insgesamt gegenüber den Todesfällen geringer ausfällt, so wird recht schnell deutlich, daß die Familien- und Frauenpolitik nicht umsonst "wie kaum zuvor Gegenstand privater und öffentlicher Diskussion" (Jurczyk 1980: 172) ist.

Die Familienpolitik hat die theoretische Funktion, die problematischen Risikolagen der sich modernisierenden Gesellschaft aufzufangen und auf die "kulturellen Tiefenverunsicherungen, wie sie sich im Zuge von Individualisierungsprozessen in allen Nischen, Winkeln und Schichten des Alltags einnisten und fortbohren" (Beck/Beck-Gernsheim 1990: 16) zu reagieren. Konkret zeigt sich der Versuch, der Familie für die sozio-ökonomische Krise des Wohlfahrtsstaates "eine Lückenbüßerrolle" (A.Cramer 1985: 223) zuzuweisen. Besonders die Situation der Lohnarbeiterfamilien und die Diskussion um die Renten-, Sozial- und Pflegeversicherung läßt erkennen, daß die Versorgungsleistungen des Sozialstaates zusehends der privaten Initiative der einzelnen Haushalte und Leistungsträger überantwortet werden.

Die Diskussion um den 'Generationenvertrag', die Sorge um ein 'Aussterben der Deutschen' und der Streit um den §218 werden miteinander verknüpft. Sie lassen die nach wie vor bedeutendste Konsumtions- und Reproduktionsstätte, die Familie, als "ein erstes Auffangbecken" (ebd.: 233) für die, die durch das

soziale Netz zu fallen drohen, fungieren. Die Gewährleistung eines Erziehungs-
geldes für die im Schwangerschaftskonflikt befindliche ledige Mutter oder die
berufstätige Frau haben dabei zum Ziel, sowohl die Geburtenrate ansteigen zu
lassen, als auch die Arbeitslosenstatistik aufzubessern. Schwangere Berufstätige
werden frühzeitig den Arbeitsmarkt verlassen, aber bei der weiter ansteigenden
Arbeitslosigkeit nur erschwert einen Wiedereinstieg in ihren bisherigen Arbeitsplatz
finden (vgl. ebd.: 202,227; vgl. Jurczyk 1980: 175). Die Familie wird weiterhin
"als strukturell notwendige(r) komplementäre(r) Teil zum Berufsbereich zu erhalten
und zu stabilisieren" (Jurczyk 1980: 174) versucht.

Obwohl die wachsende Zahl von Eheberatungsstellen und der Boom
psychologischer Fachliteratur über die 'Beziehungsprobleme' der Geschlechter die
gewachsene Konflikthaftigkeit der Institution von Ehe und Familie zwischen Individualisierung und Traditionalisierung aufzeigt, wird ungebrochen auf die kompen-
satorische Funktion der Kleinfamilie gesetzt. Jegliche "Alternativen zur Normal-
familie werden mehr denn je ausgeblendet" (ebd.: 179), sei es in Form der nicht-
ehelichen Lebensgemeinschaft, des Single-Haushalts oder der Wohngemeinschaft.
Trotz eines gewachsenen Bewußtseins über die Problematik der alternativen
Lebensformen wird weiterhin die Familie gefördert.

Besonders die problematische Rechtslage der 'Vergewaltigung in der Ehe'
zeigt auf dieser Ebene, daß dem Erhalt der Familie und Ehe gegenüber den individuellen Ansprüchen der Frau Vorrang eingeräumt wird. Diese bedeutsame Machtressource wird trotz (oder gerade wegen) aller 'Feminisierung' der Gesellschaft auf
Kosten weiblicher Handlungsspielräume aufrechterhalten und läßt vollends die
Privilegierung patriarchalischer Interessen durchscheinen.

Ein Härtefall der die Scheidung erschwert, ist durch die Unzumutbarkeits-
klausel gegeben: die Straffreiheit von Vergewaltigungen in der Ehe fällt explizit in
das Interesse, die Institution der Ehe dem individuellen Interesse des Opfers
überzuordnen. In einer Initiative des Rechtsauschusses des Bundesrates wird so
beispielsweise zwar empfohlen, "Vergewaltigungen innerhalb und außerhalb der
Ehe" (Frankfurter Rundschau 1991a: 32) gleich zu behandeln, den

> "Gerichten soll aber die Möglichkeit gegeben werden, Strafmilderung oder
> Strafverzicht zu gewähren, um Ehen in Einzelfall in ihrem Fortbestehen zu
> schützen" (Frankfurter Rundschau 1991a: 32)[5].

Vor allem die öffentliche Diskussion um dieses konfliktträchtige Thema ehelicher
Macht und die Reaktionsweise, sowohl vermeintlich progressiver als auch konser-
vativer Männer, läßt erkennen, wie bedrohlich der Machtzuwachs von Frauen eingeschätzt wird, die neben ihrem Recht auf Erwerbstätigkeit radikal das Recht auf

---

[5] Die Rechtsprechung fällt damit noch hinter die des 18. Jahrhunderts zurück und stellt sich als Fortführung der mittelalterlichen 'patria potestas' dar. Im ALR von 1794 stellte der Mißbrauch zumindest einen
Scheidungsgrund dar und wurde häufig angeführt (vgl. II.3.3).

sexuelle Selbstbestimmung fordern. Nicht nur die vermehrte Schließung von
Frauenhäusern, sondern auch die prinzipielle Ablehnung staatlicher 'Interventionen
im Ehebett' kennzeichnen die Befürchtungen dieser Männer (vgl. Spiegel 1987: 24-
31). Während die Erwerbstätigkeit von Frauen selbstverständlich hinterfragt wird
und hier die staatliche Intervention legitimiert wird, versagt die staatliche Sorge-
und Schutzverpflichtung dort, wo sie am dringendsten benötigt wird. Statistisch gesehen wird jede fünfte verheiratete und jede vierte getrennt oder geschieden
lebende Frau von ihrem eigenen (Ex-)Mann vergewaltigt, wobei die Dunkelziffer
um ein vielfaches höher liegen wird (vgl. Spiegel 1987: 25).

Während in der öffentlichen und juristischen Diskussion, die meistens von
Männern dominiert wird[6], ungebrochen daran festgehalten wird, daß es Frauen
angeblich an eindeutigen Abwehrsignalen fehle (vgl. Frankfurter Rundschau 1991b:
20) und der Mann ohnehin bestimme, "wo es in der Ehe langgeht, gerade auch
beim Sex" (Spiegel 1987: 26), zeigen differenzierte Untersuchungen eine spezifische Machtproblematik zwischen den Geschlechtern auf.

Frauen sind heute nicht mehr "allzeit bereit (...), dem Manne zur Verfügung zu liegen, wie und wann er es haben will" (ebd.: 25). Das gewachsene
Selbstbewußtsein von Frauen befördert ein Verhalten, sich nicht mehr schicksalser-
geben an eine mißglückte Ehe oder einen prügelnden Ehemann anzupassen,
sondern die Berücksichtigung ihrer Bedürfnisse einzufordern (vgl. Stolk/Wouters
1987: 65ff.). Häuser für geschlagene Frauen verdeutlichen, daß Gewalt zwar leider
immer noch zum Ehealltag vieler Frauen gehört. Sie signalisieren aber auch, daß
Ehefrauen nicht mehr bereit sind, nur 'für andere da zu sein'. Daß viele Frauen
nach wie vor doch zu ihren schlagenden und vergewaltigenden Männern zurück-
kehren, hängt dabei mit einer sich differenzierenden und komplizierten Macht- und
Abhängigkeitsproblematik zusammen. Es sind weniger primär ökonomische Ab-
hängigkeitsstrukturen als Grund der hohen Rückkehrbereitschaft von mißhandelten
Frauen anzuführen. Der alte Geschlechterkampf hatte "notwendige Kompromisse
für ein Minimum an Gemeinsamkeit in der Überlebenssicherung" (Ostner 1986:
255) zum Inhalt, während heute vielfach psychische Abhängigkeiten und Ängste
den Gewalttopos bestimmen:

> "Heute zielt die Gewaltrede - vereinfacht gesagt - unmittelbar auf die Gemein-
> schaftsfiktion, auf die Aufkündigung von Vertrauen und Partnerschaft" (ebd.:
> 355).

---

[6] Das Urteil des BGH von 1966 ist zum Beispiel immer noch wirksam und leitet die Vergewaltigungs-
diskussion. Es besagt, daß die Frau "ihren ehelichen Pflichten nicht schon damit [genügt], daß sie die
Beiwohnung teilnahmslos geschehen läßt. Wenn es ihr infolge ihrer Veranlagung oder aus anderen
Gründen, zu denen die Unwissenheit der Eheleute gehören kann, versagt bleibt, im ehelichen Verkehr
Befriedigung zu finden, so fordert die Ehe von ihr doch eine Gewährung in ehelicher Zuneigung und
Opferbereitschaft und verbietet es, Gleichgültigkeit oder Widerwillen zur Schau zu tragen" (zit.n.:
Spiegel 1987: 31).

Hinzuzufügen bleibt, daß die

> "Angst, ohne Partner leben zu müssen, die Angst vor dem sozialen Abstieg und
> die Scham vor den Kindern (...) viele Frauen dazu [bringt], die Schuld für die
> Brutalität des Mannes bei sich selbst zu suchen. Sie steigern sich in einen Wie-
> dergutmachungswahn" (Spiegel 1987: 27).

Die psychischen, affektiven Ressourcen bestimmen gegenwärtig am subtilsten die Machtproblematik zwischen den Geschlechtern und können die bestehende Relevanz ökonomisch ungleich verteilter Machtressourcen übersteigen.

III.4. 'Liebe' und Macht

Während die soziale Realität des Wohlfahrtsstaates eine partielle Individualisierung der weiblichen Normalbiographie gegenüber den traditionellen patriarchalischen Strukturen im Berufsleben, der Rechtsprechung und der Familienpolitik indiziert, sind vor allem auf der normativen Ebene markante Einschnitte im Geschlechterverhältnis zu konstatieren (vgl. Beck-Gernsheim 1983: 307ff.; vgl. Ostner 1986).

Obgleich die sexuelle Liberalisierung, die wachsende Einsicht über die Bedeutsamkeit weiblicher Berufsarbeit und Emanzipation einschneidende Veränderungen im weiblichen Lebenszusammenhang markieren, entstehen neue Problemlagen.

Die Befreiung aus ständischen und zusehends auch aus geschlechtsständischen Schranken bewirkt zunächst, daß Liebe zum Leitmotiv von Partnerschaften wird. Sie hinterläßt jedoch auch eine Leerstelle in den traditionellen Orientierungsmustern und Verhaltensstandards, die spezifisch neu gefüllt wird: so stellt zum Beispiel der voreheliche Geschlechtsverkehr von Jugendlichen kein gesellschaftliches Tabu mehr dar und konfrontiert Männer und Frauen nicht mehr so stark wie zuvor mit geschlechtsspezifisch doppeldeutigen Botschaften (vgl. Beck-Gernsheim 1983: 325). Ledigen Frauen und Müttern ist es möglich, eine eigenständige (wenn auch problematische) Existenz zu behaupten, so daß eine Frau heute nicht mehr "bedingungslos angewiesen [ist,] auf die Ehe als schnellstmöglichstes Lebensziel" (ebd.: 314) hinzuarbeiten.

Der Wandel der alten Verhaltensstandards bietet aber auch widersprüchliche Implikationen und neue Zwänge. Der bürgerlichen Tabuisierung und Einklammerung der Sexualität im 19. Jahrhundert steht nun vielfach eine Überforderung Jugendlicher entgegen, die mit doppeldeutigen Botschaften konfrontiert werden. Der insgesamt gewachsene Konkurrenz- und Leistungsdruck in Schule, Erziehung, Ausbildung und Beruf durchdringt alle Aspekte der weiblichen und männlichen Normalbiographie (vgl. ebd.: 325ff.). Frauen und Männer beginnen zwar neue Formen von Liebesbeziehungen zu entwickeln, sie scheitern jedoch vielfach an den stark in der Persönlichkeitsstruktur jedes einzelnen verankerten Geschlechterrollen

und Erwartungen. Männer wünschen sich zwar mittlerweile selbstbewußte Partner-
innen, Frauen wünschen sich verständnisvolle Partner, für die Emanzipation kein
Fremdwort ist. Die Realität des Ehe-, Familien- und Bezie-hungsalltags zeigt
jedoch, daß alte Leitmuster, wie das der männlichen Ernährerrolle, besonders in
wirtschaftlichen und gesellschaftlichen Umbruchzeiten wiederbelebt werden. Das
von Stolk und Wouters erforschte Modell der 'harmonischen Ungleichheit' ist als
ein paradigmatischer Lösungsversuch zu verstehen, zwischen alten Leitbildern und
neuen Lebensformen eine Balance der Machtbeziehung zwischen den Geschlechtern aufzubauen. An die Stelle der rigorosen Unterordnung der Frau tritt die
Auffassung, daß die Partner selbstverständlich gleichberechtigt, aber 'verschieden'
sind. Semantiken wie 'Gleichheit in der Differenz' oder 'Komplementarität der
polaren Geschlechterrollen' explizieren diese Orientierungssuche (vgl. Stolk/Wou-
ters 1987: 149). Sie zeigen jedoch auch die Befürchtung, daß eine angebliche
'Gleichmacherei' und Rollenvielfalt das tradierte Selbstverständnis und womöglich
die psychische Stabilität, sogar die Liebe selbst zu erschüttern droht. Der im 19.
Jahrhundert konzipierte Geschlechtsunterschied scheint sich hier gleich-sam als das
Reizvolle der Liebe überhaupt fest eingelagert zu haben. In Teilen der Frauenbewegung wird beispielsweise davor gewarnt, daß Frauen 'männliches Macht-
streben' und Rollenverhalten nachahmen. Oft wird dabei eine imaginierte Weiblichkeit und Männlichkeit festgeschrieben (vgl. Schaeffer-Hegel 1984).

Diese scheinbar harmonische Ungleichheitsvorstellung verdoppelt dabei
den im 19. Jahrhundert konzipierten Geschlechterantagonismus und überführt ihn
auf neue Ebenen. Das alte Gegeneinander von Mann und Frau wird allmählich von
der abstrakteren und komplizierteren 'Ich und Du-Identität' abgelöst (vgl. Stolk/-
Wouters 1987: 142). Während die Leitbilder bis in die fünfziger und sechziger
Jahre des 20. Jahrhunderts die intellektuelle, physische, ökonomische und soziale
Dominanz des Mannes unzweifelhaft als Ideal vorführten, wird nun das Aushandeln
der Macht empfohlen, um die prekäre Geschlechterverschiedenheit auszubalan-
cieren.

Es wird vor den Problemen einer hierarchisierten Paarbeziehung gewarnt
und festgestellt, daß vor allem die Männer "die gefährlichsten Gegner einer guten
Partnerschaft" (A.Y.Napier 1990: 20) sind. Dabei ist zwar ausschlaggebend, daß die
Verfügbarkeit über die zentralen Ressourcen der Macht (berufliches, gesellschaftliches Ansehen und Geld) die ehelichen Machtverhältnisse determiniert. Die Bereitschaft von Frauen, sich dieser Machtungleichheit und ihren impliziten Privilegien
anzupassen und sich "über ihren Machtmangel in der Ehe hinwegzutrösten" (ebd.:
25) steige sogar, je prestigeträchtiger die männlichen Machtressourcen besetzt
werden. Bei den Männern zeige sich jedoch die tendenzielle Unfähigkeit, sich den
Ansprüchen von Frauen tatsächlich zu öffnen; denn "ihre Angst vor weiblicher
Macht boykottiert eine ausgewogene Machtverteilung" (ebd.: 20).

Konstatierte Beck noch, daß Männer insgesamt bei Zugeständnissen und
Lippenbekenntnissen gegenüber den Emanzipationsbestrebungen der Frauen stehen-
bleiben, stellt Rerrich (1988) qualitative Unterschiede fest, die der unterschied-

lichen Lebensphase von Mann und Frau und der Phase ihrer gemeinsamen Partnerschaft entsprechend variieren. Zwar stellt die Eheschließung immer weniger einen
"gravierenden Einschnitt in der Gestaltung des Alltags" (Rerrich 1988: 117) der
Partner dar. Die Familiengründung bedeutet allerdings eine Zäsur für die weibliche
und männliche Biographie, weil überkommene Geschlechtsrollenzuweisungen im
gesellschaftlich vorstrukturierten Rahmen der Familie zwangsläufig wiederbelebt
werden. Das doppelte Leitbild verlangt zum Beispiel die Bereitschaft der Frau, sich
als ledige und kinderlose Berufstätige erfolgreich den Erfordernissen des Marktes
anzupassen. Mit dem Beginn der Familiengründung wird aber ungebrochen vorausgesetzt, daß Frauen ihre erworbenen Freiräume zugunsten der Kinder zurücknech-
men. Aus halbwegs Gleichberechtigten werden in der Familie wieder Ungleiche.
Zwar wird das sogenannte 'Drei-Phasen-Modell' auf die gewachsenen Individualisierungsprozesse zu konzipieren versucht, indem es auf die Verkürzung des Fami-
lienzyklus und den gewünschten beruflichen Wiedereinstieg der Frau nach der
Erziehungsphase reagiert. Die Konfliktanfälligkeit der Geschlechterbeziehung bleibt
aber ungelöst (vgl. ebd.: 117ff.).

Frauen stehen mit ihrer Entscheidung für Kind und Familie oft vor dem
Problem, auf den Mann als Mehrverdiener angewiesen zu sein, weil die Öffnung
des Arbeitsmarktes für Frauen letztlich überwiegend unterbezahlte Teilzeitarbeits-
plätze anzeigt. Auch der Vollzeitarbeitsplatz läßt Frauen in klassisch unterprivi-
legierten Berufszweigen und Positionen antreffen (vgl. Pfarr 1991: 13).

Daß nach wie vor 80% der Frauen mit Kindern teilweise auch gezwungen
sind, in Ehe und Familie zu leben, verdeutlicht denn auch die Brüchigkeit der
modernen Gesellschaft (vgl. Rerrich 1988: 123; vgl. Ostner 1986).

> "Die anspruchslose Hausfrau, die ausschließlich im Dasein für ihren Mann
> aufgeht und keinerlei Freiräume für sich selbst beansprucht, wird in der jungen
> Generation zunehmend zu einer Erscheinung der Vergangenheit" (Rerrich 1988:
> 134).

Die familiären Konflikte sind damit abzusehen, weil die selbstverständlich scheinende männliche Normalbiographie allmählich angezweifelt wird. Identifizierten
sich Männer bislang einseitig über ihre Berufstätigkeit, fordern Frauen zusehends
das aktive familiäre und emotionale Engagement ihres Partners (vgl. ebd.: 136ff.).
Der Druck, das Berufsleben zufriedenstellend mit dem Familien- und Eheleben zu
vereinbaren, stellt sich dabei oft als Entscheidungslast und emotionale Überforderung dar.

Die geschlechtsspezifische Arbeitsteilung impliziert auch die unterschiedliche Fähigkeit, emotionalen und rationalen Erfordernissen gerecht werden zu
können:

> "Männer und Frauen tragen durch diese Art der familialen Arbeitsteilung zur
> Stabilisierung bestehender Herrschaftstrukturen in der Familie bei, und sie tun

dies unabhängig davon, ob beide Partner diese Lösung als zufriedenstellend
erleben oder nicht" (Rerrich 1988: 164).

Es wird zwar zusehends erkannt, daß die klassisch den Frauen zugeschriebenen und
zugemuteten reproduktiven Tätigkeiten unverzichtbare Bestandteile sind, um eine
Familie intakt zu halten. V.Werner (1980) nimmt sogar an, daß die psychische und
emotionale Abhängigkeit des Mannes größer sei als die der Frau, weil ihr vorrangig ökonomische Machtressourcen fehlen (vgl. Werner 1980: 223).
    Diese qualitativ unterschiedlichen Machtressourcen bestärken dabei
allerdings die eheliche "Machtasymmetrie" (U.Streckeisen 1991: 56), weil der
Wegfall einer Unterstützungsleistung das Scheitern der Ehe und Familie bedeuten
kann. Rerrich resümiert, "daß die Konflikte in traditionell-strukturierten Familien
noch zunehmen werden" (Rerrich 1988: 168), weil Männer u.a. - trotz einiger
Unterstützungsleistungen im Haushalt - an den Bereichen ihrer Vaterrolle eher
symbolisch und spielerisch teilnehmen. Den Frauen bleibt immer noch der über-
wiegende Teil der familiären Reproduktion überlassen (vgl. ebd.: 162ff.).

III.5. Zusammenfassung

    Die Machtbeziehung zwischen den Geschlechtern erscheint im Zuge der
Individualisierung einzigartig disponibel und prekär. Die seit der französischen
Revolution vorangetriebene und brüchige Modernisierung der Gesellschaft zeigt
dabei im 20. Jahrhundert radikale Zäsuren und Umbrüche: nicht nur das Verhältnis
zwischen Regierenden und Regierten, sondern besonders auch das Verhältnis
zwischen Männern und Frauen beginnt sich von einer eindeutig hierarchischen
Beziehung zwischen Etablierten und Außenseitern zu einer vergleichsweise egalitären zu entwickeln.
    Die freisetzenden Dimensionen des Individualisierungsschubes bergen
sowohl die Überwindung ständischer und geschlechtsständischer Schranken. Sie
konfrontieren den einzelnen zugleich jedoch mit neuen Problemlagen. Gleichsam
auf sich selbst zurückgeworfen ist der individuelle, flexible und vollmobile Berufs-
mensch gezwungen, sich eigene Sinnzusammenhänge zu schaffen. Die rationalisierte, technisierte und 'entzauberte' Welt läßt dabei jede kleinste Nische und private
Enklave wie die der Familie, Ehe und Partnerschaft bedeutender und zerbrechlicher
zugleich hervortreten.
    Individualisierungsprozesse erfassen vermehrt auch Frauen, die, nicht
zuletzt durch die modernisierende Funktion der Frauenbewegung, emanzipative
Ansprüche geltend machen und alte Sicherheiten und Sinnzusammenhänge verlieren oder aufgeben. Dennoch kann nicht von einer Beliebigkeit der weiblichen
Normalbiographie ausgegangen werden, weil die objektiven sozio-ökonomischen
Entwicklungen des Arbeitsmarktes und der Familienpolitik restaurative Tendenzen
indizieren. Der erweiterte Selektionsspielraum innerhalb der Ehe wird an den

zentralen Fragen der Erwerbstätigkeit der Frau und der Kindererziehung wieder verengt. Sie nehmen der radikalisierenden Konsequenz weiblicher und männlicher Individualisierung die Spitze und können als Versuch verstanden werden, den einzelnen zwischen alten Leitbildern und neuen Lebensformen in die Ehe und Familie als sinnstiftendes, überindividuelles Muster wiedereinzubinden.

Die individuelle Partnerbeziehung spiegelt dabei diese gesamtgesellschaftliche Entwicklung des 'Wohlfahrtsstaates' wider. Zwar zerbrechen alte Geschlechtsrollenzuweisungen an den Erfordernissen des Marktes und an den neuen Verhaltensstandards. Sie herrschen jedoch unbewußt, in den Persönlichkeitsstrukturen und im Modell 'harmonischer Ungleichheit' verankert, fort. Hohe Scheidungszahlen, Gewalt in der Ehe und die psychologische Ratgeberliteratur weisen auf die spezifische Konfliktträchtigkeit partiell modernisierter und traditionalisierter Ehe- und Familienstrukturen hin. Es bleibt dabei offen, ob und inwiefern die eheliche Machtbalance zukünftig wieder vorrangig als ein Problem der gemeinsamen ökonomischen Überlebenssicherung erscheint, oder ob nicht vielmehr psychische und affektive Ressourcen der zwischen Distanz und Nähe, Macht und Liebe pendelnden Partnerschaft thematisiert und erfolgreich ausbalanciert werden.

Kapitel IV
Zusammenfassung und Ausblick

Die Machtbeziehungen zwischen den Geschlechtern gestalten sich im historischen Rückblick konstant als ein problematischer Bereich der sozialen Beziehungen und politischen Interessen, so daß nicht von einer einzigartigen Krise der Ehe und Familie in der Moderne ausgegangen werden kann. Zwar bestehen heute qualitativ spezifische Problemlagen der Geschlechterbeziehungen, deren ungleiche Machtverteilung zusehends erkannt wird und nicht mehr auf die herkömmliche Weise kompensiert werden kann. Die Ehe als Zusammenschluß einer auf Dauer angelegten, heterosexuellen Zeugungs- und Lebensgemeinschaft unterliegt jedoch in historischen Umbruchzeiten immer bestimmten Schüben, die auf die Vergrößerung der Machtzuwächse des einzelnen Brautpaares gegenüber familiären und politischen Instanzen oder auf diejenige zwischen beiden Ehepartnern verweist; sie erfährt ebensolche Rückentwicklungen.

Die Ehe kann mithin nicht nur als ein Versuch verstanden werden, das permanente Problem der Geschlechterbeziehung zu bewältigen. Sie kann vielmehr selbst als permanent problematisches Lösungsmuster begriffen werden, weil die Zählebigkeit der Institution ihren Erfolg als nomosstiftendes Instrument überwiegt.

Während sich die Ehe in der feudalen Rittergesellschaft zum Kulminationspunkt der machtpolitischen Interessen der weltlichen Herrscher und kirchlichen Oberhäupter entwickelt, zeigt die Nachfolgezeit des aufgeklärten Absolutismus, daß spezifische Relikte der christianisierten Eheschließungsformen und Ehegebote gleichsam verinnerlicht tradiert und mit neuen höfischen Interessen vereinigt werden. Die Kirche verfolgt im Mittelalter zum einen das Interesse, die Christianisierung der 'heidnischen' und in Kebs-, Friedel- und Muntehen, in Inzest und Polygamie lebenden weltlichen Herrscher voranzutreiben. Die sittlichen Erneuerungsbestrebungen bewirken nicht nur, daß sich die bis heute unhinterfragt geltenden Rechtsgrundsätze der Eheschließungsformen und -voraussetzungen institutionalisieren, sondern auch, daß tiefergehend auf die Modellierung der Affekte, des Gefühls- und Triebhaushaltes eingewirkt wird.

Während auf der Erscheinungsebene konstant das Problem vorherrscht, den widerstrebenden aber machtvolleren Interessen der um Bündnisse bemühten Herrscherhäuser oder des absolutistischen Zentralherrn entgegenkommen zu müssen, zeigen die gesellschaftlichen Normen und Orientierungen des Ehe- und Sexualverhaltens eine spezifische Verinnerlichung religiöser Werte. Sie indiziert die strukturelle Durchsetzung kirchlicher Machtansprüche und verweist auf die Verwobenheit weltlicher und religiöser Machtinteressen.

Christianisierung kann als *ambivalenter* 'Zivilisierungsprozeß' verstanden werden, der neben den Formalitäten der Eheschließung doppeldeutige Ge- und Verbotstafeln hervorbringt. So ist schon rein formal zu erkennen, daß die archaischen Gebräuche der zwanghaft zustandegekommenen Raub- oder Kaufehe tabuisiert werden. Die Anwesenheit zweier Zeugen wie auch die Zustimmung des betroffenen Brautpaares bzw. der Braut werden fortschreitend verlangt, um eine vollgültige Ehe zu schließen. Daraus erwachsen relative Machtzuwächse, die das Verhältnis zwischen den Generationen wie auch zwischen den Geschlechtern prägen. Zwar erlangen der Sohn oder die Tochter allmählich Einfluß auf ihre eigene Verheiratung und emanzipieren sich vom instrumentellen Zugriff ihrer Familien. Sie sind aber gleichsam mit einem restriktiven Scheidungsrecht konfrontiert, so daß die wegfallenden äußeren Zwänge die individuelle Gestaltbarkeit der Ehe verlangen. Diese 'vormoderne' Individualisierung erfaßt jedoch noch rein formell die Rahmensetzung der Ehe, weil ständische Vorgaben in der sozialen Realität Mitgiftheiraten und Bündnisehen dominieren läßt.

Die eheliche Auseinandersetzung um die Machtverteilung kann entsprechend dem kriegerischen und gewalthaften Niveau der gesellschaftlichen Entwicklung als zugunsten des Mannes ausgerichteter Geschlechterkampf und regelrechter 'Ehekrieg' verstanden werden. Er dreht sich vorrangig darum, die ökonomische und gesellschaftliche Überlebenssicherung zu gewährleisten und zeigt noch keine starke Ausprägung affektiver Machtressourcen. Der Geschlechterkampf läßt neben der ökonomischen, rechtlichen und sozialen Machtressource des Mannes unkontrolliert die physische Dominanz überwiegen.

Während zunächst religiöse und sittliche Kennzeichnungen die Ehe als ein Sakrament legitimieren, zeigt die säkulare Eheauffassung des aufgeklärten Absolutismus naturrechtliche Legitimationsmuster. Gleichsam aus Vernunftgründen und durch lebenspraktische Erfordernisse angeregt, stellt sich für die Naturrechtstheoretiker die Ehe als ideale Institution dar, um die Versorgung der Nachkommen vertraglich zu gewährleisten. Dabei ist bedeutsam, daß sich auch die sittlichen Vorgaben über die Sexualpraktiken zum Kulminationspunkt schichtenspezifischer Auseinandersetzungen entwickeln. Die vermeintliche Frivolität des Hofes zeigt dabei, daß die Ehe nach wie vor von Sexualität getrennt bleibt und die erstrebte Versittlichung als machtpolitisches Medium der aufstiegsorientierten bürgerlichen Mittelschichten fungiert. Die Mittelschichten und der Landadel bleiben jedoch noch zu sehr von der Gunst des absolutistischen Herrschers abhängig, als daß sich ihre spezifischen Vorstellungen durchsetzen können. Die Rechtsprechung des absolutistischen Preußen ist exemplarisch als Lösungsmuster der disparaten und interdependenten Machtfiguration des Hofes und der aufsteigenden Mittelschichten zu verstehen.

Der Lockerung der Ehescheidung stellt sich dabei zusehends das Motiv der romantischen und übersteigerten Glückserwartung anheim, die zugleich eine Erotisierung ermöglicht, indem die aggressive Ausrichtung des Sexuallebens, die körperliche Mißhandlung und Vergewaltigung in der Ehe gesellschaftlich und rechtlich sanktioniert werden. Diese ständische Individualisierung ist dabei noch nicht vorrangig von geschlechtsspezifischen Zuschreibungen gekennzeichnet, sondern ermöglicht im Gegenteil erste sexuelle Emanzipationsversuche der Frauen der Oberschicht, deren affektive und intellektuelle Machtressource wächst. Die Kultivierung des zivilisierten und affektbeherrschten Verhaltens kann als entscheidender Progreß gegenüber dem mittelalterlichen (oft als vermeintliche Sinnenfreude stilisierten) Sexualverhalten der Männer verstanden werden.

Sexualreglement stellt sich hier nicht nur als Machtinstrument der Obrigkeit dar, sondern befördert als unbeabsichtigter Nebeneffekt die widersprüchliche Erweiterung weiblicher Handlungsspielräume, zumindest solange, als Gewalt, mangelnde Geburtenkontrolle und die Risiken der Geburt die weiblichen Handlungsspielräume und die Sexualität einschränken. Dieser Prozeß der relativen Humanisierung ehelicher Gebote wird jedoch mit den restaurativen, patriarchalischen Tendenzen des monarchistischen Verfassungsstaates im 19. Jahrhundert zurückgenommen. Die partielle Selbstbestimmung der höfischen Dame oder der gebildeten Landadeligen wird im Zuge der gesellschaftlichen Individualisierung des Berufsbürgers rückgebunden, nicht zuletzt, weil bis in die 1840er Jahre Frauen der Oberschichten die liberalen Ehescheidungsgesetze des ALR ausschöpfen und sich so den 'Lasten' der Ehe entziehen können.

Die gesellschaftliche Entwicklung indiziert zugleich eine Komplexitätssteigerung und Ausdifferenzierung des entstehenden Berufslebens gegenüber dem affektbeladenen Familienleben, die sich nun wechselseitig als unverzichtbare komplementäre Unterstützungsleistungen darstellen. Die ständischen Individualisierungsprozesse erfahren eine geschlechtsständische Färbung, die, gesellschaftlich segmentiert, jede Frau vorrangig auf ihre generative und reproduktive Rolle in der Ehe verpflichtet.

Die Emanzipation des bürgerlichen Subjekts zeigt zwar, daß die normative Freisetzung der Ehe Liebesheiraten anstelle vertraglicher 'Geldheiraten' theoretisch zuläßt und eine Individualisierung von schichtenspezifischen Schranken meint. Sie bleibt jedoch zu sehr auf die Männer der Ober-, Mittel- und Unterschicht verwiesen und erfordert die gleichzeitige Traditionalisierung der weiblichen Lebenswelt. Ohne die idealtypische Konzipierung des Geschlechterantagonismus, ohne die restriktive Ehegesetzgebung des BGB und den 'zwanglosen Zwang' weiblicher Selbstunterweisung droht die wiedererstarkende und zugunsten der Männer ausgerichtete Machtbalance zwischen den Eheleuten zu zerbrechen.

Die Ehe gestaltet sich weniger als vernünftige, den individuellen Prämissen des einzelnen entgegenkommmende Instituition des Naturrechts zur Steigerung der menschlichen Glückseligkeit; sie stellt sich vielmehr in eigentümlicher Affinität zur mittelalterlichen Ehe als überindividuelle Einrichtung der politischen und sozialen Ordnung dar und subsumiert individuelle Prioritäten. Paradoxerweise wird nun, mit der institutionalisierten Verbindung von Sexualität, Liebe und Ehe, die charakterliche und individuelle Zuneigung der Eheleute bedeutsamer, weil jegliche außereheliche Sexualbetätigung strengstens bestraft bzw. schamhaft verdeckt wird.

Die Ehe erfährt im bürgerlichen Zeitalter eine gesellschaftliche Verbreitung, die auf die gewandelte Machtbalance zwischen den enger verflochtenen Ober-
Mittel- und Unterschichten verweist. Heiratsverbote für die Mittellosen entfallen
beispielsweise und ermöglichen es ihnen, ihre nach wie vor bestehende ökonomische und politische Machtlosigkeit zu kompensieren. Die Glücksvorstellung der
Naturrechtslehre beginnt sich in allen Schichten zum Leitmotiv und Kulminationspunkt ehelicher Machtprobleme zu entwickeln, obgleich in der sozialen Realität der
Oberschichten 'Mitgiftheiraten', die 'Liebesheiraten' überwiegen.

Die Mittel der ehelichen Machtkämpfe haben sich dabei entscheidend
gewandelt und erfahren in der Moderne eine spezifische Ausdifferenzierung. An
die Stelle der 'keifenden' und 'widerspenstigen Weiber' des Mittelalters und der
frühen Neuzeit tritt nicht nur die 'schöne Seele' der Romantik, sondern zusehends
die depressive, stille Leidensfigur der enttäuschten Ehefrau, deren gesellschaftliche
Handlungsspielräume sich in der Persönlichkeitstruktur verinnerlicht widerspiegeln.
Nicht nur der Verlust der Selbstkontrolle stellt sich insgesamt in der komplexeren
und sinnentleerten Lebenswelt als größte Gefahr dar, um das Getriebe der Moderne
zu erschüttern.

Insbesondere die u.a. von der Frauenbewegung verstärkten ehelichen
Ausbruchsversuche von Männern und besonders von Frauen drohen in letzter
Konsequenz die geschlechtsspezifische und schichtenspezifische Strukturierung der
arbeitsteiligen 'Risikogesellschaft' zu gefährden. Hohe Scheidungszahlen, der
Versuch, alternative Lebensformen zu etablieren, und die zwischen partieller
Individualisierung und Traditionalisierung pendelnde Familienpolitik wie auch der
'Beziehungsalltag' selbst verdeutlichen letztlich die grundlegende Bedeutsamkeit
und Konflikthaftigkeit der Institution der Ehe und ihrer inhärenten Werte. Ohne die
Wiedereinbindungsversuche des Staates gegenüber der individuellen Gestaltbarkeit
von egalitären ehelichen oder außerehelichen Partnerschaften überschätzen zu
wollen, kann vermutet werden, daß die tendenziellen sozio-ökonomischen Prozesse
den unternommenen Versuch, die Machtbalance zwischen den Geschlechtern ausge-
wogener auszurichten, gefährden. Diese Prozesse beinhalten eine 'Feminisierung
der Armut', die Streichung wohlfahrtsstaatlicher Unterstützungsleistungen für
geschlagene Frauen, die Problematik der Vergewaltigung in der Ehe und schließlich
den Fortbestand des §218.

Es bleibt dabei offen und weiter zu erforschen, ob sich angesichts fortschreitender funktionaler Differenzierung der Gesellschaft und angesichts der
gewachsenen individuellen Ansprüche an die Liebe die privaten Lebensbereiche der
Ehe und Familie als dysfunktionales aber zählebiges Relikt einer geschlechtsspezifischen Machtverteilung zu reformieren beginnen. Oder, so wäre zu diskutie-
ren, bringen die auseinandertretenden Bereiche der Liebe, Elternschaft, Partnerschaft und Sexualität eine 'postromantische' Pluralisierung von Lebensstilen hervor,
die letztlich nur noch die Angst vor dem Alleinsein als das machtvollere Medium
der 'Beziehungsprobleme im Wohlfahrtsstaat' hervortreten lassen?

Literaturverzeichnis

Quellentexte

ALR, 1970, (Allgemeines Landrecht für die Preußischen Staaten von 1794) mit einer Einführung von Hans Hattenhauer, Frankfurt a.M., Berlin.

BGB, 1991, (Bürgerliches Gesetzbuch) Textausgabe mit ausführlichem Sachregister und einer Einführung von Helmut Köhler, München.

Brackert, Helmut, 1983 (Hg.), Minnesang. Mittelhochdeutsche Texte mit Übertragungen und Anmerkungen, Frankfurt a.M.

Der von Kürenberg, 1982, in: Des Minnesangs Frühling. Unter Benutzung der Ausgaben von Karl Lachmann und Moritz Haupt, Friedrich Vogt und Carl von Kraus, bearbeitet von Hugo Moser und Helmut Tervooren, Bd.1, Stuttgart, S.26.

Eyb, Albrecht von, 1984, Das Ehebüchlein, hg. und eing. v. Max Hermann, "Deutsche Schriften des Albrecht von Eyb", Bd.1, Hildesheim, Zürich (Berlin 1890).

Fichte, Johann Gottlieb, 1979, Grundlage des Naturrechts nach Prinzipien der Wissenschaftslehre (1796). Neudr. auf der Grundlage der zweiten von Fritz Medicus hrsg. Aufl. von 1922, Hamburg.

Flaubert, Gustave, 1990, Madame Bovary, Leipzig.

Fontane, Theodor, 1976, Effi Briest, Frankfurt a.M.

Günther, Johann Christian, 1990, "Als er sich über den Eigensinn der heutigen Welt beklagte" (1719), in: Hanspeter Brode (Hg.), Deutsche Lyrik. Eine Anthologie, Frankfurt a.M., S.65-66.

Hippel, Theodor Gottlieb von, 1986, "Über die Ehe", in: Das Insel-Buch der Ehe. Ausgewählt von Christoph Groffy und Ulrike Groffy, Frankfurt a.M., S.110-115.

Humboldt, Wilhelm von, 1903, Werke, hg.v. Albert Leitzmann, Bd.1, 1785-1795, Berlin.

Knigge, Adolph Freiherr von, 1981, Von dem Umgange unter Eheleuten 1788, in: Ute Gerhard, Verhältnisse und Verhinderungen. Frauenarbeit, Familie und Rechte der Frauen im 19. Jahrhundert. Mit Dokumenten, Frankfurt a.M., S.361-369.

La Roche, Sophie von, 1983, Geschichte des Fräuleins von Sternheim, hg.v. Barbara Becker-Cantarino, Stuttgart.

Nibelungenlied, Das, 1970, hg. übers. und mit einem Anhang versehen von Helmut Brackert, Bd.1, Frankfurt a.M.

Regensburg, Berthold von, 1965, Vollständige Ausgabe seiner Predigten. Mit Anmerkungen von Franz Pfeiffer. Neuausgabe von Kurt Ruh, Bd.1, Berlin (Deutsche Neudrucke. Reihe: Texte des Mittealalters).

Ritter von Stauffenberg, Der, 1979, hg.v. Eckhard Grunewald, Tübingen (=Altdeutsche Textbibliothek 88).

Sibote, 1961, Der vrouwen zuht. Frauenzucht, in: Friedrich von der Hagen, Gesamtabenteuer. Hundert Altdeutsche Erzählungen. Ritter- und Pfaffen-Mären. Stadt- und Dorfgeschichten. Schwänke, Wundersagen und Legenden, Bd.1, Darmstadt (Tübingen, Stuttgart 1850), S.37-57.

Wolff, Christian, 1975, Vernünfftige Gedancken (4). Von dem gesellschaftlichen Leben der Menschen und Insonderheit dem gemeinen Wesen zu Beförderung der Glückseligkeit des menschlichen Geschlechts, den Liebhabern der Wahrheit mitgetheilet 1736. Gesammelte Werke, hg.v. Hans Werner Arndt, 1.Abteilung, Deutsche Schriften, Bd.5, Deutsche Politik, Hildesheim, New York.

-, 1976, Vernünfftige Gedancken (3). Von der Menschen Thun und Lassen, zu Beförderung ihrer Glückseligkeit 1733. Gesammelte Werke, hg.v. Hans Werner Arndt, 1.Abteilung, Deutsche Schriften, Bd.4, Deutsche Ethik, Hildesheim, New York.

Zürcher Eheordnung, 1973, in: Emil Egli (Hg.), Aktensammlung zur Geschichte der Zürcher Reformation in den Jahren 1519-1533, Aalen 1973 (Zürich 1879), Nr.711, S.326-328.

Forschungsliteratur

Ahrendt-Schulte, Ingrid, 1991, Schadenszauber und Konflikte. Sozialgeschichte von Frauen im Spiegel der Hexenprozesse des 16. Jahrhunderts in der Grafschaft Lippe, in: Heide Wunder, Christina Vanja (Hg.), Wandel der Geschlechterbeziehungen zu Beginn der Neuzeit, Frankfurt a.M., S.198-228.

Ariès, Philippe, 1984a, Die unauflösliche Ehe, in: ders., André Béjin, Michel Foucault, (Hg.), Die Masken des Begehrens und die Metamorphosen der Sinnlichkeit. Zur Geschichte der Sexualität im Abendland, Frankfurt a.M., S.176-196.

-, 1984b, Eine Geschichte der Privatheit, in: Ästhetik und Kommunikation. Beiträge zur politischen Erziehung. Intimität, Heft 57/58, 15.Jhg., S.11-20.

Beauvoir, Simone de, 1984, Das andere Geschlecht. Sitte und Sexus der Frau, Hamburg.

Beck, Ulrich, 1986, Risikogesellschaft. Auf dem Weg in eine andere Moderne, Frankfurt a.M.

-, 1990, Freiheit oder Liebe. Vom Ohne-, Mit- und Gegeneinander der Geschlechter innerhalb und außerhalb der Familie, in: ders., Elisabeth Beck-Gernsheim, Das ganz normale Chaos der Liebe, Frankfurt a.M., S.20-65.

-, Beck-Gernsheim, Elisabeth, 1990, Riskante Chancen - Gesellschaftliche Individualisierung und soziale Lebens- und Liebesformen, in: dies., Das ganz normale Chaos der Liebe, Frankfurt a.M., S.7-20.

Beck-Gernsheim, Elisabeth, 1983, Vom "Dasein für andere" zum Anspruch auf ein Stück "eigenes Leben": Individualisierungsprozesse im weiblichen Lebenszusammenhang, in: Soziale Welt. Zeitschrift für sozialwissenschaftliche Forschung und Praxis, Heft 3, Göttingen, S.307-340.

-, 1990a, Von der Liebe zur Beziehung? Veränderungen im Verhältnis von Mann und Frau in der individualisierten Gesellschaft, in: dies., Ulrich Beck, Das ganz normale Chaos der Liebe, Frankfurt a.M., S.65-105.

-, 1990b, Freie Liebe, freie Scheidung. Zum Doppelgesicht von Freisetzungsprozessen, in: dies., Beck, Ulrich, Das ganz normale Chaos der Liebe, Frankfurt a.M., S.105-135.

Bennholdt-Thomsen, Veronika, 1985, Zivilisation, moderner Staat und Gewalt. Eine feministische Kritik an Norbert Elias' Zivilisationstheorie, in: Sozialwissenschaftliche Forschung und Praxis für Frauen e.V. (Hg.), Beiträge zur Feministischen Theorie und Praxis. Unser Staat?, Heft 13, 8.Jhg., Köln, S.23-35.

Berger, Peter L., Kellner, Hansfried, 1965, Die Ehe und die Konstruktion der Wirklichkeit. Eine Abhandlung zur Mikrosoziologie des Wissens, in: Sozialforschungsstelle an der Universität Münster (Hg.), Soziale Welt. Zeitschrift für sozialwissenschaftliche Forschung und Praxis, Heft 3, 16.Jhg., Göttingen, S.220-235.

Berger, Peter L., Luckmann, Thomas, 1970, Die gesellschaftliche Konstruktion der Wirklichkeit. Eine Theorie der Wissenssoziologie, Frankfurt a.M.

Blasius, Dirk, 1988, Bürgerliche Rechtsgleichheit und die Ungleichheit der Geschlechter. Das Scheidungsrecht im historischen Vergleich, in: Ute Frevert (Hg.), Bürgerinnen und Bürger. Geschlechterverhältnisse im 19. Jahrhundert, Göttingen, S.67-85.

BMJFG, 1985, (Der Bundesminister für Jugend, Familie und Gesundheit) Hg., Nichteheliche Lebensgemeinschaften in der Bundesrepublik Deutschland, Stuttgart, Berlin, Köln, Mainz.

Bogner, Arthur, 1989, Zivilisation und Rationalisierung. Die Zivilisationstheorien Max Webers, Norbert Elias' und der Frankfurter Schule im Vergleich, Opladen.

Borscheid, Peter, 1983, Geld und Liebe. Zu den Auswirkungen des Romantischen auf die Partnerwahl im 19. Jahrhundert, in: ders., Hans J. Teuteberg (Hg.), Ehe, Liebe, Tod. Zum Wandel der Familie, der Geschlechts- und Generationsbeziehungen in der Neuzeit, Münster, S.112-135.

Bosl, Karl, 1972a, Grundlagen der modernen Gesellschaft im Mittelalter. Eine deutsche Gesellschaftsgeschichte des Mittelalters, Bd.4,I, Stuttgart.

-, 1972b, Grundlagen der modernen Gesellschaft im Mittelalter. Eine deutsche Gesellschaftsgeschichte des Mittelalters, Bd.4,II, Stuttgart.

Brand, Karl Werner, Büsser, Detlef, Rucht, Dieter, 1983, Aufbruch in eine andere Gesellschaft. Neue soziale Bewegungen in der Bundesrepublik, Frankfurt a.M., New York.

Brunner, Karl, Daim, Falko, 1981, Ritter, Knappen, Edelfrauen. Ideologie und Realität des Rittertums im Mittelalter, Wien, Köln, Graz.

Buchholz, Stephan, 1988, Recht, Religion und Ehe. Orientierungswandel und gelehrte Kontroversen im Übergang vom 17. zum 18. Jahrhundert, Frankfurt a.M.

Bühl, Walter L., 1978, Art. Institution, in: Werner Fuchs, Rolf Klima, Rüdiger Lautmann u.a. (Hg.), Lexikon zur Soziologie, Opladen, S.345.

Bumke, Joachim, 1990a, Höfische Kultur. Literatur und Gesellschaft im hohen Mittelalter, Bd.1, München.

-, 1990b, Höfische Kultur. Literatur und Gesellschaft im hohen Mittelalter, Bd.2, München.

Cramer, Alfons, 1985, Die Stellung der Familie in der bürgerlichen Gesellschaft, in: ders., Ferdinand Buer, Eckhard Dittrich, Hans-Günther Thien, Roland Reichwein, Zur Gesellschaftsstruktur der BRD. Beiträge zur Einführung in ihre Kritik, Münster, S.199-234.

Dritter Familienbericht, 1979, Die Lage der Familien in der Bundesrepublik Deutschland. Bericht der Sachverständigenkommission der Bundesregierung. Bundestags-Drucksache 8/3132, Bonn.

Duby, Georges, 1985, Ritter, Frau und Priester. Die Ehe im feudalen Frankreich, Frankfurt a.M.

Duden, Barbara, 1977, Das schöne Eigentum. Zur Herausbildung des bürgerlichen Frauenbildes an der Wende vom 18. zum 19. Jahrhundert, in: Karl Markus Michel, Harald Wieser (Hg.), Kursbuch 47. Frauen, Berlin. S.125-140.

Duerr, Hans Peter, 1988a, "In der Rocktasche eines Riesen". Eine Erwiderung auf Ulrich Greiners Polemik: "Ist die Theorie vom Prozeß der Zivilisation erledigt?", in: Die Zeit, Nr.22, 27.Mai 1988, S.50.

-, 1988b, Nacktheit und Scham. Der Mythos vom Zivilisationsprozeß, Bd.1, Frankfurt a.M.

-, 1990, Intimität. Der Mythos vom Zivilisationsprozeß, Bd.2, Frankfurt a.M.

-, 1993, Obszönität und Gewalt. Der Mythos vom Zivilisationsprozeß, Bd.3, Frankfurt a.M.

Dunning, Eric, 1979, Macht und Herrschaft in den public schools (1700-1850). Eine Fallstudie und Begriffsdiskussion, in: Peter Gleichmann, Johan Goudsblom, Hermann Korte (Hg.), Materialien zu Norbert Elias' Zivilisationstheorie, Frankfurt a.M., S.327-369.

Eickelpasch, Rolf, 1974, Ist die Kernfamilie universal? Zur Kritik eines ethnozentrischen Familienbegriffs, in: Christian von Ferber, Theodor Harder, Rolf Klima u.a. (Hg.), Zeitschrift für Soziologie, Heft 4, 3.Jhg., S.323-338.

Elias, Norbert, 1971, Was ist Soziologie? Grundfragen der Soziologie, hg.v. Dieter Claessens, Bd.1, München.

-, 1985, Vorwort, in: Schröter, Michael, 'Wo zwei zusammenkommen in rechter Ehe...'. Sozio- und psychogenetische Studien über Eheschließungsvorgänge vom 12. bis 15. Jahrhundert, Frankfurt a.M., S.VIII-XI.

-, 1986, Wandlungen der Machtbalance zwischen den Geschlechtern. Eine prozeßsoziologische Untersuchung am Beispiel des antiken Römerstaates, in: Friedhelm Neidhardt, Rainer Lepsius (Hg.), Kölner Zeitschrift für Soziologie und Sozialpsychologie, 38.Jhg., Opladen, S.425-449.

-, 1987a, Engagement und Distanzierung. Arbeiten zur Wissenssoziologie I, hg.v. Michael Schröter, Frankfurt a.M.

-,1987b, Vorwort, in: Bram van Stolk, Cas Wouters, Frauen im Zwiespalt. Beziehungsprobleme im Wohlfahrtsstaat. Eine Modellstudie, Frankfurt a.M., S.9-17.

-, 1987c, Die Gesellschaft der Individuen, hg.v. Michael Schröter, Frankfurt a.M.

-, 1988, "Was ich unter Zivilisation verstehe", in: Die Zeit, Nr.25, 17.Juni 1988, S.37.

-, 1989a, Über den Prozeß der Zivilisation. Sozio- und psychogenetische Untersuchungen, Bd.1. Wandlungen des Verhaltens in den weltlichen Oberschichten des Abendlandes, Frankfurt a.M.

-, 1989b, Über den Prozeß der Zivilisation, Sozio- und psychogenetische Untersuchungen, Bd.2. Wandlungen der Gesellschaft. Entwurf zu einer Theorie der Zivilisation, Frankfurt a.M.

-, Scotson, John L., 1990, Etablierte und Außenseiter, Frankfurt a.M.

-, 1990a, Die höfische Gesellschaft. Untersuchungen zur Soziologie des Königtums und der höfischen Aristokratie. Mit einer Einleitung: Soziologie und Geschichtswissenschaft, Frankfurt a.M.

-, 1990b, Studien über die Deutschen. Machtkämpfe und Habitusentwicklung im 19. und 20. Jahrhundert, hg.v. Michael Schröter, Frankfurt a.M.

Engels, Friedrich, 1977, Der Ursprung der Familie, des Privateigentums und des Staates. Im Anschluß an Lewis H. Morgans Forschungen, Berlin.

Erle, Manfred, 1952, Die Ehe im Naturrecht des 17. Jahrhunderts. Ein Beitrag zu den geistesgeschichtlichen Grundlagen des modernen Eherechts, Göttingen.

Flandrin, Jean-Louis, 1984, Das Geschlechtsleben der Eheleute in der alten Gesellschaft: Von der kirchlichen Lehre zum realen Verhalten, in: Philippe Ariés, André Béjin, Michel Foucault (Hg.), Die Masken des Begehrens und die Metamorphosen der Sinnlichkeit. Zur Geschichte der Sexualität im Abendland, Frankfurt a.M., S.147-165.

Foucault, Michel, 1983, Sexualität und Wahrheit, Bd.1. Der Wille zum Wissen, Frankfurt a.M.

Frankfurter Rundschau, 1991a, "Vorstoß gegen Vergewaltigung", Nr.230, 4.Oktober 1991, S.32.

-, 1991b, "Ein 'Nein' der Frau reicht nicht", Nr.280, 3.Dezember 1991, S.20.

Friedberg, Emil, 1965, Das Recht der Eheschließung in seiner geschichtlichen Entwicklung, Aalen (Leipzig 1865).

Gay, Peter, 1986, Erziehung der Sinne. Sexualität im bürgerlichen Zeitalter, München.

Gerhard, Ute, 1981, Verhältnisse und Verhinderungen. Frauenarbeit, Familie und Recht der Frauen im 19. Jahrhundert. Mit Dokumenten, Frankfurt a.M.

Goudsblom, Johan, 1979, Aufnahme und Kritik der Arbeiten von Norbert Elias in England, Deutschland, den Niederlanden und Frankreich, in: ders., Peter Gleichmann, Hermann Korte, Materialien zu Norbert Elias' Zivilisationstheorie, Frankfurt a.M., S.17-101.

Greiner, Ulrich, 1988, "Nackt sind wir alle". Über den sinnlosen Kampf des Ethnologen Hans Peter Duerr gegen den Soziologen Norbert Elias, in: Die Zeit, Nr.21, 20.Mai 1988, S.54.

Hagemann-White, Carol, Rerrich, Maria S., 1988, Einleitung, in: dies. FrauenMännerBilder. Männer und Männlichkeit in der feministischen Diskussion (Forum Frauenforschung 2), Bielefeld, S.1-11.

Hartfiel, Günter, 1982 (Hg.), Wörterbuch der Soziologie, Stuttgart.

Hartmann, Heinz, 1978, Art. Macht, in: Werner Fuchs, Rolf Klima, Rüdiger Lautmann u.a. (Hg.), Lexikon zur Soziologie, Opladen, S.469-470.

Hausen, Karin, 1976, Die Polarisierung von "Geschlechtscharakteren" - Eine Spiegelung der Dissoziation von Erwerbs- und Familienleben, in: Werner Conze (Hg.), Sozialgeschichte der Familie in der Neuzeit Europas, Stuttgart, S.363-394.

-, 1988, '...eine Ulme für das schwanke Efeu'. Ehepaare im Bildungsbürgertum. Ideale und Wirklichkeiten im späten 18. und 19. Jahrhundert, in: Ute Frevert (Hg.), Bürgerinnen und Bürger. Geschlechterverhältnisse im 19. Jahrhundert, Göttingen, S.85-118.

Held, Thomas, 1978, Soziologie der ehelichen Machtverhältnisse, Darmstadt-Neuwied.

Honegger, Claudia, Heintz, Bettina, 1984, Zum Strukturwandel weiblicher Widerstandsformen, in: dies. (Hg.), Listen der Ohnmacht. Zur Sozialgeschichte weiblicher Widerstandsformen, Frankfurt a.M., S.7-69.

Honegger, Claudia, 1991, Die Ordnung der Geschlechter. Die Wissenschaften vom Menschen und das Weib 1750-1850, Frankfurt a.M., New York.

Hull, Isabel V., 1988, >Sexualität< und bürgerliche Gesellschaft, in: Ute Frevert (Hg.), Bürgerinnen und Bürger. Geschlechterverhältnisse im 19. Jahrhundert, Göttingen, S.49-67.

Joeres, Ruth-Ellen B., 1985, "Das Mädchen macht eine ganz neue Gattung von Charakter aus!" Ja, aber ist sie deshalb eine Feministin? Beobachtungen zu Sophie von La Roches "Geschichte des Fräuleins von Sternheim", in: dies., Annette Kuhn (Hg.), Frauen in der Geschichte, Bd.6. Frauenbilder und Frauenwirklichkeiten. Interdisziplinäre Studien zur Frauengeschichte in Deutschland im 18. und 19. Jahrhundert, Düsseldorf, S.92-116.

Jurczyk, Karin, 1980, Familienpolitik - Strategien zur Erhaltung familialer Eigenstruktur, in: Ilona Ostner, Barbara Pieper (Hg.), Arbeitsbereich Familie. Umrisse einer Theorie der Privatheit, Frankfurt a.M., New York, S.171-208.

Ketsch, Peter, 1984, Frauen im Mittelalter, Bd.2. Frauenbild und Frauenrechte in Kirche und Gesellschaft. Quellen und Materialien, hg.v. Annette Kuhn, Düsseldorf.

Kiss, Gabor, 1991, Systemtheorie oder Figurationssoziologie - was bietet die Figurationsforschung?, in: Helmut Kuzmics, Ingo Mörth (Hg.), Der unendliche Prozeß der Zivilisation. Zur Kultursoziologie der Moderne nach Norbert Elias, Frankfurt a.M., New York, S.79-95.

Klein, Anne, 1980, Zur Ideologie des weiblichen Charakters im 19. Jahrhundert, in: Ilona Ostner, Barbara Pieper (Hg.), Arbeitsbereich Familie. Umrisse einer Theorie der Privatheit, Frankfurt a.M., New York, S.73-96.

Kleist, Bettina von, 1991, Verweigerung der Frauenrolle in der Ehe...Frauen und Männer sprechen von der Scheidung, in: Frankfurter Rundschau. Zeit und Bild. "Frau und Gesellschaft" , Nr.272, 23.November 1991, S.5.

Klima, Rolf, 1978, Art. Gruppe, in: ders., Werner Fuchs, Rüdiger Lautmann u.a. (Hg.), Lexikon zur Soziologie, Opladen, S.291-292.

Knapp, Gudrun-Axeli, 1990, Zum Problem der Radikalität in der feministischen Wissenschaft, Oldenburger Universitätsreden, Oldenburg.

Kocka, Jürgen, 1988, Bürgertum und bürgerliche Gesellschaft im 19. Jahrhundert. Europäische Entwicklungen und deutsche Eigenarten, in: ders. (Hg.), Bürgertum im 19. Jahrhundert. Deutschland im europäischen Vergleich, Bd.1, München, S.11-79

König, Réne, 1969, Art. Ehe, in: Wilhelm Bernsdorf (Hg.), Wörterbuch der Soziologie, Berlin, S.197-206.

Krumrey, Volker, 1979, Strukturwandlungen und Funktionen von Verhaltensstandards - analysiert mit Hilfe eines Interdependenzmodells zentraler sozialer Beziehungstypen, in: Peter Gleichmann, Johan Goudsblom, Hermann Korte (Hg.), Materialien zu Norbert Elias' Zivilisationstheorie, Frankfurt a.M, S.194-214.

-, 1984, Entwicklungsstrukturen von Verhaltensstandarden. Eine soziologische Prozeßanalyse auf der Grundlage deutscher Anstands- und Manierenbücher von 1870-1970, Frankfurt a.M.

Kurzrock, Ruprecht, 1979 (Hg.), Die Institution der Ehe. Forschung und Information, Bd.24, Berlin.

Kuzmics, Helmut, 1989, Der Preis der Zivilisation. Die Zwänge der Moderne im theoretischen Vergleich, Frankfurt a.M.

-, 1990, Das moderne Selbst und der langfristige Prozeß der Zivilisation, in: Hermann Korte (Hg.), Gesellschaftliche Prozesse und individuelle Praxis. Bochumer Vorlesungen zu Norbert Elias' Zivilisationstheorie, Frankfurt a.M., S.216-255.

Lenz, Ilse, 1983, Was macht die Macht mit den Frauen? Anmerkungen zum "Politischen" in den Reproduktionsverhältnissen, in: Peripherie. Zeitschrift für Politik und Ökonomie in der dritten Welt. Frauen und gesellschaftliche Macht, Bd.13,4.Jhg., Berlin, Münster, S.26-37.

Londner, Monika, 1973, Eheauffassung und Darstellung der Frau in der spätmittelalterlichen Märendichtung. Eine Untersuchung auf der Grundlage rechtlicher, sozialer und theologischer Voraussetzungen, Berlin.

Luhmann, Niklas, 1975, Macht, Stuttgart.

-, 1982, Liebe als Passion. Zur Codierung von Intimität, Frankfurt a.M.

-, 1987, Gesellschaftliche Grundlagen der Macht: Steigerung und Verteilung, in: ders., Soziologische Aufklärung 4. Beiträge zur funktionalen Differenzierung der Gesellschaft, Opladen, S.117-126.

-, 1988, Die "Macht der Verhältnisse" und die Macht der Politik, in: ders., Heinrich Schneider, Norbert Lohfinkel (Hg.), Macht und Ohnmacht, Wien, S.43-51.

Mikat, Paul, 1971, Art. Ehe, in: Adalbert Erler, Ekkehard Kaufmann (Hg.), Handwörterbuch zur deutschen Rechtsgeschichte, Bd.1, Berlin, Sp.809-833.

-, 1988, Die Polygamiefrage in der frühen Neuzeit, Opladen.

Molnar, Thomas, 1988, Krise und Kritik. Versteckte Macht, in: Caspar von Schrenck-Notzing (Hg.), Criticon. Konservativ-Kritisch-Konstruktiv, Nr.107, München, S.104-105.

Muchembled, Robert, 1990, Die Erfindung des modernen Menschen. Gefühlsdifferenzierung und kollektive Verhaltensweisen im Zeitalter des Absolutismus, Hamburg.

Mühlfeld, Claus, 1982, Ehe und Familie, Opladen.

Napier, Augustus Y., 1990, Alle Macht für beide, in: Psychologie Heute. "Macht und Liebe: Wie die Balance gelingt", Heft 7, 17.Jhg., S.20-27.

Ostner, Ilona, Piepèr, Barbara (Hg.), 1980, Arbeitsbereich Familie. Umrisse einer Theorie der Privatheit, Frankfurt a.M., New York.

Ostner, Ilona, 1986, Prekäre Subsidiarität und partielle Individualisierung - Zukünfte von Haushalt und Familie, in: Johannes Berger (Hg.), Die Moderne - Kontinuitäten und Zäsuren. Soziale Welt. Sonderband 4, Göttingen, S.235-261.

Pfarr, Heide, 1991, "Mit dem 'Ja' zum Kind sackt die weibliche Berufsbiographie ab". Von der Illusion einer beliebigen Vielfalt der Lebensentwürfe der Frau. Heide Pfarrs Rede zum Elisabeth-Selbert-Preis, in: Frankfurter Rundschau. Dokumentation, Nr.280, 3.Dezember 1991, S.13.

Rerrich, Maria S., 1988, Balanceakt Familie. Zwischen alten Leitbildern und neuen Lebensformen, Freiburg.

Rosenbaum, Heidi, 1982, Formen der Familie. Untersuchungen zum Zusammenhang von Familien-verhältnissen, Sozialstruktur und sozialem Wandel in der deutschen Gesellschaft des 19. Jahrhunderts, Frankfurt a.M.

Rossiaud, Jaques, 1984, Prostitution, Sexualität und Gesellschaft in den französischen Städten des 15. Jahrhunderts, in: Philippe Ariès, André Béjin, Michel Foucault (Hg.), Die Masken des Begehrens und die Metamorphosen der Sinnlichkeit. Zur Geschichte der Sexualität im Abendland, Frankfurt a.M., S.97-121.

Röttgers, Kurt, 1980, Art. Macht, in: Joachim Ritter, Karlfried Gründer (Hg.), Historisches Wörterbuch der Philosophie, Bd.5, Basel,Stuttgart, Sp.585-604.

Schaeffer-Hegel, Barbara, 1984 (Hg.), Frauen und Macht. Der alltägliche Beitrag der Frauen zur Politik des Patriarchats, Berlin.

Schäufele, Eva, 1979, Normabweichendes Rollenverhalten. Die kämpfende Frau in der deutschen Literatur des 12. und 13. Jahrhunderts. Göppinger Arbeiten zur Germanistik, Bd.272, Göppingen.

Scharffenorth, Gerta, 1991, 'Im Geiste Freunde werden'. Mann und Frau im Glauben Martin Luthers, in: Heide Wunder, Christina Vanja (Hg.), Wandel der Geschlechterbeziehungen zu Beginn der Neuzeit, Frankfurt a.M., S.97-108.

Schelsky, Helmut, 1970 (Hg.), Zur Theorie der Institution, Düsseldorf.

Schröter, Michael, 1984, Staatsbildung und Triebkontrolle. Zur gesellschaftlichen Regulierung des Sexualverhaltens vom 13. bis 16. Jahrhundert, in: Peter Gleichmann, Johan Goudsblom, Hermann Korte (Hg.), Macht und Zivilisation. Materialien zu Norbert Elias' Zivilisationstheorie 2, Frankfurt a.M., S.148-192.

-, 1985, 'Wo zwei zusammenkommen in rechter Ehe...'. Sozio- und psychogenetische Studien über Eheschließungsvorgänge vom 12. bis 15. Jahrhundert, Frankfurt a.M.

-, 1990, Scham im Zivilisationsprozeß. Zur Diskussion mit Hans Peter Duerr, in: Hermann Korte (Hg.), Gesellschaftliche Prozesse und individuelle Praxis. Bochumer Vorlesungen zu Norbert Elias' Zivilisationstheorie, Frankfurt a.M., S.42-85.

Schücking, Levin L., 1974, Das Zusammenfließen der aristokratischen mit der bürgerlichen Kultur, in: Dieter Claessens, Petra Milhoffer (Hg.), Familiensoziologie. Ein Reader als Einführung, Frankfurt a.M., S.38-62.

Sonntag, Cornelie, 1969, Sibotes "Frauenzucht". Kritischer Text und Untersuchungen. Hamburger Philologische Untersuchungen, Bd.8, Hamburg.

Spiegel, Der, 1987, "Ich bin der Herr, dein Gott". Notzucht im Ehebett - das erlaubte Massendelikt, Nr.27, 41.Jhg., 29.Juni 1987, S.24-31.

Stammer, Otto, 1969, Art. Macht, in: Wilhelm Bernsdorf, (Hg.), Wöterbuch der Soziologie, Berlin, S.650-653.

Statistisches Bundesamt, 1990 (Hg.), Statistisches Jahrbuch für die Budesrepublik Deutschland 1990, Stuttgart, Wiesbaden.

Stolk, Bram van, Wouters, Cas, 1987, Frauen im Zwiespalt. Beziehungsprobleme im Wohlfahrtsstaat. Eine Modellstudie, Frankfurt a.M.

Streckeisen, Ursula, 1991, Statusübergänge im weiblichen Lebenslauf. Über Beruf, Familie und Macht in der Ehe, Frankfurt a.M.

Taubes, Jakob, 1970, Das Unbehagen an den Institutionen. Zur Kritik der soziologischen Institutionenlehre, in: Helmut Schelsky (Hg.), Zur Theorie der Institution, Düsseldorf, S.67-77.

Taureck, Bernhard, 1983, Die Zukunft der Macht. Ein philosophisch-politischer Essay, Würzburg.

Vogel, Ursula, 1988, Patriarchale Herrschaft, bürgerliches Recht, bürgerliche Utopie. Eigentumsrechte der Frauen in Deutschland und England, in: Jürgen Kocka (Hg.), Bürgertum im 19. Jahrhundert. Deutschland im europäischen Vergleich, Bd.1, München, S.406-439.

Vowinckel, Gerhard, 1983, Von politischen Köpfen und schönen Seelen. Ein soziologischer Versuch über die Zivilisationsformen der Affekte und ihres Ausdrucks, München.

Weber, Georg, Weber, Renate, 1985, Zendersch. Eine siebenbürgische Gemeinde im Wandel, München, Münster.

Weber, Marianne, 1907, Ehefrau und Mutter in der Rechtsentwicklung.

Weber, Max, 1976, Wirtschaft und Gesellschaft. Grundriß der verstehenden Soziologie, hg.v. Johannes Winckelmann, Bd.1,1, Tübingen.

Weber-Kellermann, Ingeborg, 1974, Die deutsche Familie. Versuch einer Sozialgeschichte, Frankfurt a.M.

Wehler, Hans-Ulrich, 1987, Deutsche Gesellschaftsgeschichte, Bd.1. Vom Feudalismus des Alten Reiches bis zur Defensiven Modernisierung der Reformära 1700-1815, München.

Werner, Vera, 1980, Zur Bedeutung der informellen sozialen Kontrolle für "abweichendes Verhalten" von Frauen, in: Dietlinde Gipser, Marlene Stein-Hilbers (Hg.), Wenn Frauen aus der Rolle fallen. Alltägliches Leiden und abweichendes Verhalten von Frauen, Weinheim, Basel, S.217-230.

Wingen, Max, 1984, Nichteheliche Lebensgemeinschaften. Formen, Motive, Folgen, Osnabrück, Zürich.

Wunder, Heide, Vanja, Christina, 1991, Einleitung, in: dies., (Hg.), Wandel der Geschlechterbeziehungen zu Beginn der Neuzeit, Frankfurt a.M., S.7-12.

Wunder, Heide, 1991, Überlegungen zum Wandel der Geschlechterbeziehungen im 15. und 16. Jahrhundert aus sozialgeschichtlicher Sicht, in: dies., Christina Vanja (Hg.), Wandel der Geschlechterbeziehungen zu Beginn der Neuzeit, Frankfurt a.M., S.12-27.